中国近代西北历史研究

Zhongguo Jindai Xibei Lishi Yanjiu

杨红伟 郝婧 主编

蘭州大學出版社

图书在版编目（CIP）数据

中国近代西北历史研究 / 杨红伟，郝婧主编. -- 兰州 : 兰州大学出版社，2014.5
ISBN 978-7-311-04442-8

Ⅰ. ①中… Ⅱ. ①杨… ②郝… Ⅲ. ①西北地区—近代史—研究 Ⅳ. ①K294

中国版本图书馆CIP数据核字(2014)第092005号

责任编辑 锁晓梅 李 丽 马继萌
封面设计 张友乾

书 名 中国近代西北历史研究
作 者 杨红伟 郝 婧 主编
出版发行 兰州大学出版社 （地址:兰州市天水南路222号 730000）
电 话 0931-8912613(总编办公室) 0931-8617156(营销中心)
0931-8914298(读者服务部)
网 址 http://www.onbook.com.cn
电子信箱 press@lzu.edu.cn
印 刷 兰州奥林印刷有限责任公司
开 本 710 mm×1020 mm 1/16
印 张 16.5
字 数 188千
版 次 2014年5月第1版
印 次 2014年5月第1次印刷
书 号 ISBN 978-7-311-04442-8
定 价 38.00元

作者简介

黄正林(1964—),男,甘肃环县人,历史学博士,陕西师范大学西北历史环境与经济社会发展研究院教授,主要从事陕甘宁边区史与近代西北社会经济史研究。

刘进(1967—),男,甘肃会宁人,历史学博士,五邑大学政法系教授,主要从事中国近代西北区域史与华侨史研究。

杨红伟(1975—),男,河南泌阳人,民族学博士,兰州大学历史文化学院副教授,主要从事中国近代西北区域史与藏学研究。

李晓英(1970—),女,河北承德人,历史学博士,西北师范大学文史学院副教授,主要从事中国近代西北区域经济史研究。

刘继华(1978—),男,江西安福人,历史学博士,兰州大学历史文化学院讲师,主要从事中国近代西北区域史与基督教史研究。

买玉华(1980—),女,甘肃武威人,历史学硕士,新疆社会科学院历史研究所助理研究员,主要从事中国近代西北区域史研究。

段金生(1981—),男,云南师宗人,历史学博士,云南民族大学人文学院副教授,主要从事中国近现代史及边疆史地研究。

储竞争(1983—　),男,安徽淮北人,华中师范大学近代史研究所博士研究生,主要从事中国近代西北区域史研究。

张江川(1986—　),男,山西太原人,兰州大学历史文化学院硕士研究生,主要从事中国近代西北区域史研究。

陈光辉(1989—　),男,河南扶沟人,兰州大学历史文化学院硕士研究生,主要从事中国近代西北区域史研究。

米龙(1988—　),男,河北石家庄人,兰州大学历史文化学院硕士研究生,主要从事中国近代西北区域史研究。

近代西北的范围、特点与研究价值（代序）

中国的西北地区，深居亚洲内陆，高原际会，山岳绵亘，江河发源。远古时期，温润的气候条件，造就了西北地区远较当今优越的生态环境：山间林地密集，旷野草场广布，河谷台地沃土厚积。宜人宜耕宜牧的气候条件，不仅使这里成为中华民族的重要发祥地，也使繁衍生息其间的众多族群较早完成了动植物驯化，发展出各具特色的农牧业。经济结构的差异性与互补性，成为族际交流、交易乃至互相征伐持续不断的动力。族际交流构成了中华文明持续的创新能力与开放的包容性；族际交易既打破了单个族群生活的地域限制性，也从物质层面形成了族际间的互相依赖性；族群内部及族际间的互争雄长，一方面促进了小共同体向大共同体的发展，一方面亦因族群迁徙，将固有的族际交易推向更远。自传说中的三皇五帝时代至汉唐，西北地区在中国历史的发展过程中具有轴心地位：它构成了中国政治中心与基本经济区的重要组成部分，也以举世闻名的玉石之路与丝绸之路，构成了中国对外开放的主要通道和前哨。

宋代以降，一方面由于长期的滥垦政策导致的生态环境持续恶化，一方面由于政治、经济中心东迁、南移，西北地区也就被边缘化了。延及近代，随着国际政治、经济、文化联系海洋化的色彩日益凸显，西北地区后发外源型现代化的启动与国内其他地区相比无疑更加迟滞。在现代化特别是经济现代化的标尺下，西北地区的结构性位置持续下滑的趋势不断加剧。因而，对大部分中国人来说，和西北地区实在隔膜得厉害。即便一般的史学工作者，也因西北地区在中国近代史上不具有"先进的典型性"，常常置之不理。结果长期以来，且不论近代西北地区的历史特点与历史地位，即便是近代西北的地域范围，也陌生得紧。所以，在今天就有了对相关历史知识重新温习的必要。

西北原不过是一个表示方位的词，在中国应该用来指位于国土西北部的疆域。然而，表示方位的词，在地理学以外，就要受到政治、经济、文化等中心与边缘观念的考量，观察者所持中心观念不同，由方位词指称的地域范围也就有了差异。汉唐时期关中平原算得上是国家的政治、经济、文化中心，西北当然要远指西北边地，具有边疆的意味，多少蕴涵着视边疆为经济、文化两相落后的味道，似乎是与京畿腹地异质的社会。唐以后，就连关中平原也脱离了中心区，西北的其他地区更是远离中心区。在中心与边缘的概念框架下，国人看西北为边疆的味道，越来越浓厚，即使是昔日的京畿之地也不能幸免。这种趋势到了近代更为明显，也是人们视经世致用思潮中专门研究西北边疆史地与族群问题的学者为"西北史地学派"的原因。

不过，西北的区域范围直到20世纪30年代初还是个模糊的概念。东北事变之后，受到刺激的国人开始关注西北开发问题，期以"失之东隅，收之桑榆"①。时人才在国族主义的砥砺之下，从中国疆域的完整性与一体性的角度，讨论西北的地域范围。在这场西北地域范围的讨论中，由于论者所持学理与观察角度不同，有持方位说

①作舟：《建设西北的序幕》，载《东方杂志》1934年第31卷第11号，第3页。

者，有持自然地理说者，有持政区说者，也有持文化说者，可谓人言各异，莫衷一是。其情形，即如王金绂所言："西北之范围，言人人殊，有谓西藏、西康、青海、甘肃、新疆、外蒙、宁夏等地，为西北者；有谓外蒙古、新疆、热河、察哈尔、绥远、黑龙江、辽宁及陕西一部，为西北者；有谓新疆、科布多、唐努乌梁海等地，为西北者；又有谓甘肃、青海、陕西、宁夏、新疆等地，为西北者。"他从区域社会经济综合开发的角度提出："西北之地域，当包括新疆、青海、甘肃、宁夏、陕西及绥远六省区。"①斯论从当时及现今看来，均较为允当。

区域范围的确定，就为观察近代西北社会的特点提供了便利。所谓近代西北社会的特点，必然需要从纵向的古今之变与横向的地域之异中去寻找。对此，陶保廉曾有一段论述陕西的话，颇能说明问题：

窃观秦中北边各郡，地瘠民贫，凋敝殊甚。南山各府厅，土民少而客民多，良莠不一，伏莽难清。西、同、凤三郡，较为繁庶，惟习俗近懦，十民五瘾，与《国风》秦俗强悍之说迥殊。省城回纥逾万，西接陇右，群回充斥。若辈不啖豕肉，不沾烟瘾，故生齿日繁。汉民财力既不及回民，畛域之见又不肯释然，敛怨积仇，乱萌隐伏，此人事之难也。关中越在西北，大河急溜，不使行舟，东抵汴梁，东南出丹、浙，皆须十余日，其它尤虑鞭长。山径崎岖，邮程濡滞，无事艰于挽输，有事艰于策应。南山古称陆海，今则林木告罄，倘营宫殿，无所取材，此地利之难也。……关中王气索然。当汉、唐时，江海之利未尽辟，豪杰悉聚关中，以西北制东南，绰然有余。近世泽国利便，见闻广博。西北购书艰，耳目隘，以钝驭狡，未易就范，此古今形势之不同也。②

在近代人的观念中，陕西尚属内西北，关中已是"王气索然"，其

①王金绂：《西北之地文与人文》，上海：商务印书馆，1935年，第1－2页。

②陶保廉：《辛卯侍行记》，兰州：甘肃人民出版社，2002年，第154页。

他外西北区域情形当为更甚。由此而推演，则近代西北社会的基本特点就是：1. 经济上由于生态环境的破坏，地瘠民贫；2. 交通上山岳绵亘，峰高谷深，内外交流不便；3. 文化上闭塞内向，交流隔绝，民风积弱；4. 政治上山高皇帝远，尾大不掉，地方势力集团蜂起；5. 族群成分复杂，族际文化差异显著，积怨显隐起伏，构成社会治安隐患。

然而就是这样一个从外部比较显然欠发达的地区，自身又存在诸多难以克服的发展障碍，何以在20世纪30年代会引起国人的广泛关注，积极讨论她的开发问题呢？透过时人的西北开发观念，我们即可获知展开近代西北历史研究的社会意义。1936年，马鸿亮在总结西北开发思潮泛起的社会心理时，指出：

自"九一八"事变东北数百万方里财富之区改图易色，平津威逼，华北势危，而内蒙遂将隔绝，识时之士不得不转其视线于西北。盖一则为我族发祥之地；二则居高临下，山河四塞，自古为金城汤池，有进攻退守之资。且复沃野千里，宝藏丰富，其胜概超东北，亟宜从事开发，既可巩固国基，亦可解救国家之经济，安置内地过剩之劳工，以及被迫返国之侨胞。振兴实业，充实国防，便利交通，广施教育，扩充航空，精练劲旅，卧薪尝胆，期以十年，则国耻可雪，失地可复。①

表面上看来，时人主张西北开发似乎有不得已为之的味道，而实际上国人将目光转向西北又有西北自身固有的价值所在：1. 作为民族重要的发祥地，其文化与历史遗存，可足为国族构建与振奋民族精神的宝贵资源；2. 高原耸峙，山河四塞，具有不可替代的国防战略区位，"进则可以控制天下规复失地，退则可以闭关自守为民族复兴根据地"②；3. 矿产资源蕴藏丰富，如得以开发，"将来我国的工业，大有

①马鸿亮：《国防线上之西北》，上海：上海经纬书局，1936年，第2页。

②王超凡等：《拟请组织健全机构集中人力财力积极开发西北以裕民生而固国本案》，载秦孝仪主编《革命文献》第89辑，第68页。

希望,不必仰赖他国,不致受他国的牵制"[①]。更有人从国族主义出发,一改古人的歧视性观念,发现西北诸少数族群之种种可爱,期"以之编为军队,则可成中国之劲旅;以之经营工商,则可为实业竞争之前趋"[②]。这些观念对今天西北区域治理仍有重要的参考价值。

从纯学术的角度而言,对中国近代西北历史也自有其不得不进行研究的价值。近代西北区域在中国近代史上,虽然不具备第一等的区位重要性,但作为中国疆域连续地理体的重要组成部分,不对其研究,中国近代史自然就缺少了一个重要的环节。再就历史学在人文社会科学中的基础性地位而言,西北地区多族群、多宗教的社会构成,使其在近代时期具有鲜明的传统与现代因素并存、多种文化交织,以及多元化与多样化的社会组织、经济组织共生的特点,展开历史学的研究,亦可为其他学科,特别是社会学、人类学、经济学、管理学与语言学等学科,在资料收集整理、史实钩沉方面,可发挥先导作用。

兰州大学始建于1909年,地当中国地理之中心,身处西北交通之中枢,外感国内外风云际会,内察地方社会风土人情,特别是一度为西北地区仅存之高等院校,实具执西北文化、教育牛耳之地位。因而兰州大学历来有重视西北社会研究的传统,其中关于近代西北社会的研究,几乎如兰州大学自身的历史一样久远。一些早期的兰大教职员,如赵元贞、邓春膏、田炯锦、朱铭心、王自治、郭维屏等人,早在学生时代就已较为深入讨论西北地区政治、经济、文化与社会的发展问题,甚至组织团体,创办专门的报刊。他们就职兰大以后,更是西北区域内西北开发思潮的重要推动力量。不过严格来讲,他们的研究均带有浓厚的时政色彩,算不得严格的近代史研究,但仍为我们今

①邵元冲:《开发西北的重要》,载秦孝仪主编《革命文献》第88辑,第33页。
②王金绂:《西北之地文与人文》,第6页。

天了解近代西北社会不可多得的重要文献。

兰州大学近代西北史研究的传统与国学大师顾颉刚先生不无关系。1931年前后，顾颉刚先生深感国势日蹙，有亡国灭种的危险，转而研究中国边疆问题、族群问题。彼时，他或从历史文献中梳理西北的疆域变迁与族群的历史，或通过实地考察做史地、语言与族群的检讨，或做口述史的开发研究，基本上奠定了此后近代西北史研究的基本框架。此后，赵俪生先生对晚清西北史地学派的发掘，则为近代西北史地之学、民族之学找到了与传统相异的源头。自历史文化学院（历史系）中国近现代史专业组建以来，诸位先生亦能时时关注近代西北历史。如何玉畴先生对晚清陕甘回民起义的研究，杨定名先生对中俄关系的研究，杜经国先生对左宗棠经略西北的研究，朱允兴先生对杨增新思想与施政的研究，各以所专，扩展了近代西北史研究的领域。不过这些研究，还多少有些副业的味道，因为诸位先生的主要关注还在近代史领域的别处。

兰州大学近代西北史的研究，自王劲先生开始，有了方向的改变，即由副业变成了主业。他由近代西北政治人物的研究开始，渐次扩展至政治史，旁及教育史与经济史，近年来又梳理近代西北开发思想。受先生影响，门下弟子多专攻近代西北历史研究，虽然规模还不大，毕竟开始形成了一支小队伍。先生学行高洁，传承薪火，严师慈父，不遗余力；待人淳厚谦和，有古君子之风。众弟子心怀感念，乃互相集合，不揣浅陋，汇成此编，以表对前贤之思慕，亦以之为吾师王劲先生稀寿之贺。

选编之论文，既有精深之作，亦有学步之论。2008年，张克非、王劲二位先生曾辑《西北近代社会研究》一书，奖掖后进，以示对近代西北史研究之鼓励。本书亦承此意，故辑精深之作，以为示范；选学步之论，以为后备队伍之培养。黄正林先生对近代西北社会经济史的研究卓有建树，应允赐稿《农贷与甘肃农村经济的复苏（1935—1945年）》，亦为难得佳作，且对王劲先生素执弟子礼，有高义，尤为表率。刘进、段金生、刘继华、买玉华、李晓英诸位先生，皆出自王劲先生门下，为近代西北历史研究之中坚力量。刘进先生专攻近代西北政治社会史与开发史，素有专长。段金生为研究近代西北边疆史后起之秀。刘继华在近代西北基督教史研究方面，以善于利用外文文献而见长。买玉华则集中于民国时期新疆历史人物研究。李晓英对近代西北羊毛对外贸易的研究，有大量成果。杨红伟兴趣较广，研究涉及近代西北教育、经济、开发、生态、宗教、族群等问题，故广而不精，此次所提交之《近代甘青藏区市场研究》亦不过略备史料价值而已。储竞争、张江川、陈光辉、米龙等人尚为在读之博士研究生与硕士研究生，以为学步之作，乃期以经此次之历练，异日亦为中坚之力量。

本书编辑过程中，承蒙曾晟堂、刘喜堂、贾宜、杨荣、任灵兰、潘日波、苏培新、孙功达、黄明、江峰、欧阳正宇、王志润、杜生一、张奇、程小成、刘跻鑫、李作斌、朱小兵、杨永福、刘亚妮、王荣华、谢亮、赵志龙、赵富春、徐洪波、陈彦通、吴悦、陈策、管龙陵、汪红娟、卢毅彬、付春峰、杨惠娟等诸位先生大力襄助。本书编纂，承陈文江教授一直关注，并得兰州大学重点建设处、社会科学处经费支持；出版过程中兰州大学出版社王永强先生竭诚相助，精心组织编辑、校对工作。在此，谨致以诚挚的感谢！

杨红伟

2012 年 5 月 25 日于兰州大学衡山堂 313 室

目 录

农贷与甘肃农村经济的复苏(1935—1945年)

黄正林

关于近代中国农业和农村经济发展与衰落的问题,学术界曾有过热烈的讨论,大致形成两种不同的观点,一种观点认为近代以来直到民国时期,中国农业和农村经济完全处于破产状态;一种观点认为农业和农村经济有一定的发展。① 且在以往的讨论中,学术界关注的是经济较发达的"中心"地区,对欠发达的"边缘"地区则缺乏讨论。因此,笔者以1935年至1945年国民政府对甘肃的农贷为中心,探讨"边缘"地区农业与农村经济问题,抑或对探讨相关问题有所借鉴。

1935年5月,中国农民银行兰州支行建立后,国民政府的农贷政策开始惠及甘肃。抗战期间,按照国民政府的要求,四联总处在甘肃铺设金融网,建立银行分支机构、合作社和合作金库,为农贷在甘肃的推行奠定了基础。关于国民政府的农贷问题,学术界已有比较多的研究,大体形成三种不同观点:一是对农贷基本持否定态度,如有学者认为南京国民政府推行农贷"不是为了培植农村经济,而是为了

①李金铮:《20年来中国近代乡村经济史研究的新探索》,载《历史研究》2003年第4期,第169-182页。

宣泄垄断金融资本的过剩资金”[①]；农贷不但没有消除高利贷对农民的剥削作用，反而“助长了农村高利贷与商业投机的作用”，为“帝国主义、官僚资本主义和农村封建势力开辟了剥削中国农民的新途径”[②]；新式农贷在地方豪绅的把持下，“异化成集团高利贷的基金，成为掠夺农民的新手段了”[③]。二是有贬有褒，如于治民等学者一方面肯定银行资本“在农村的某些地方产生了积极影响”，另一方面则强调地主豪绅把持农贷，使农贷的实际效果大打折扣。[④] 易棉阳论述了抗战时期四联总处的农贷，认为农贷促进了后方农业生产的发展，但真正需要农贷资金的广大贫苦农民却得利甚微。[⑤] 这种观点可以概括为农贷“过大于功”。三是对农贷的作用充分肯定，认为农贷发挥了应有的作用。如李金铮从新式借贷关系的角度探讨了农贷的意义，认为农贷在一定程度上冲击了高利贷剥削，救济了农民生活，刺激了生产，增加了农民收入。同时指出，新式借贷业显示出许多不足，尚未形成一个有效的借贷系统，远不能满足农民的生产生活需要，未能取代传统借贷尤其是高利贷的优势地位，借贷过程的种种弊端也大大影响了农贷的效果。[⑥] 游海华通过对闽浙赣边区农贷的研究，认为农贷对于当地社会经济复苏发挥了“显著的积极作用”[⑦]。从

①姚会元：《国民党政府“改进农村金融”的措施与结局》，载《江汉论坛》1987 年第 3 期，第 67 页。

②韩德章、詹玉荣：《民国时期新式农业金融》，载《中国农史》1989 年第 3 期，第 82 页。

③侯德础：《中国合作运动的缘起与初试》，载《档案史料与研究》1995 年第 2 期，第 62 页。

④于治民：《十年内战期间中国农村金融状况》，载《民国档案》1992 年第 2 期，第 77 – 84 页；黄立人：《抗战时期国统区的农贷》，载《近代史研究》1997 年第 6 期，第 135 页。

⑤易棉阳：《抗战时期四联总处农贷研究》，载《中国农史》2010 年第 4 期，第 77 – 87 页。

⑥李金铮：《民国乡村借贷关系研究》，北京：人民出版社，2003 年，第 369 – 374、394 页。

⑦游海华：《农村合作与金融“下乡”——1934—1937 年赣闽边区农村经济复苏考察》，载《近代史研究》2008 年第 1 期，第 82 页。

学界研究的情形来看，国民政府的农贷还有进一步探讨的余地。本文主要利用近代报刊与甘肃省档案馆藏资料，试图通过对民国时期甘肃的农贷与农村经济问题进行实证研究，一方面讨论民国时期农贷的绩效问题[①]，另一方面讨论近代“边缘”地区农业与农村经济是发展还是衰落的问题。

一、农贷系统的建立与实施

民国时期，甘肃农贷系统主要由新式银行、合作社及合作金库[②]构成。

早在1933年10月，蒋介石就过问四省农民银行在甘肃设立分行之事[③]，次年12月开始筹备兰州分行[④]。1935年5月，中国农民银行（以下简称农行）兰州支行成立后，随之在皋兰、榆中两县设立合作社，这是国民政府在甘肃为发放农业贷款、设立新式金融机构的滥觞。抗战前夕，甘肃只有1家中央银行和3家农民银行的分支机构。抗日战争爆发后，国民政府为充实基层金融机构起见，责成四联总处就西南和西北各省重要地方建立金融机构。[⑤] 由于国民政府的努力

①关于民国时期甘肃农贷，裴庚辛利用档案资料对甘肃农贷进行了论述，其对农贷的评价不高（《民国时期甘肃小额农贷与农业生产》，载《甘肃社会科学》2009年第3期，第222－225页）；高石钢认为西北新式农贷机构分布不均匀，一些农贷机构被地主、富农操纵，农贷所产生的积极作用相当有限（《民国时期新式金融在西北的农贷活动绩效评价》，载《中国农史》2009年第3期，第81页）；陈正卿、赵刚论述了抗战时期国民政府对西北的投资活动，认为后期投资“成为掠夺人民的工具”（《抗战时期国民党政府西北投资活动述论》，载《历史档案》1989年第1期，第115－119页）。

②因合作金库在甘肃农贷中所占份额不大，作用不明显，本文不做讨论。

③《蒋介石电催筹设四省农民银行甘肃省分行》（1933年10月11日），中国人民银行金融研究所：《中国农民银行》，北京：中国财政经济出版社，1980年，第50页。

④《中国农民银行成立后增设各分行处》，载《中国农民银行月刊》1936年第1卷第1期，第139页。

⑤戴铭礼：《十年来之中国金融》，载《经济汇报》1943年第8卷第9－10期合刊，第91页。

推动,国家金融机关逐步在甘肃主要市镇建立,截至 1941 年底,农民银行在甘肃设立分行 1 家,办事处 3 家,在 16 县设立了分理处。[①] 除农行外,中国银行(以下简称中行)、交通银行(以下简称交行)也在甘肃设立了分支机构,据 1943 年 6 月统计,甘肃有中央银行 6 家,中行 9 家,交行 5 家。[②] 通过各家银行铺设,国家银行在甘肃的分支机构达到了 40 家,是抗战前的 13 倍。除了国家银行外,本省银行在各地设立了分支机构,据 1945 年统计,各地有 8 家分行,65 家办事处[③],除了中共政权控制的地区(陕甘宁边区控制区),各地均有省行的分支机构。国家和地方银行相互配合,甘肃金融机关达到 110 多家,基本上实现了国民政府在西北建立金融网的目标。

银行在农村推行农贷,主要依靠在乡村组建合作社来实施。甘肃省乡村合作社从创立、普及到转型,大致经历了三个阶段。

第一阶段从 1935 年 5 月至 1937 年 9 月,是合作社的创立阶段。1935 年 5 月农民银行兰州支行成立后,农行农贷员孙友农和亢复汉开始动员和指导皋兰、榆中农村建立合作社,至年底,在两县建立合作社 50 所,社员 3078 人。[④] 以此为开端,"合作种子,已在西北边疆发芽,而引起一般农民之欢迎与社会人士的注意"[⑤]。1936 年 3 月 28 日,甘肃省农村合作社事业委员会成立,直属省政府,1939 年改组为甘肃省合作委员会,由省政府主席任主任,建设厅长任常务委员(下文简称"合委会")。合委会一面配合银行发放农贷组建合作社,一面

①姚公振:《十年来之中国农民银行》,载《经济汇报》1941 年第 6 卷第 11 期,第 35 页。

②李京生:《论西北金融网之建立》,载《经济建设季刊》1944 年第 2 卷第 4 期,第 156 页。

③《甘肃省统计总报告》(1945 年),甘肃省档案馆藏,档案号:4-3-72-193。

④中国农行:《中国农民银行民国二十四年度各省农村合作事业》,载《农村合作月报》1936 年第 1 卷第 6 期,第 147 页。

⑤顾祖德:《甘肃省合作事业与农业金融》,载《中农月刊》1940 年第 1 卷第 4 期,第 127 页。

培养合作人才。同年,省合委会与农行相互配合,将合作社推广到陇西等8县,与上年合计共10县,组建合作社229所,社员13207人。[①]合作社已经覆盖了全省东西南北与中部各地,远至河西走廊的酒泉、金塔也建立了合作社。[②] 1937年,国民政府决定大规模推广农贷,第一期以岷县等15县为区域[③],合委会派往各地的指导员"负调查组社责任",农行派往各地人员"负调查放款责任"。该项工作从6月开始至9月底结束,组织合作社409个,社员增至18205人。[④] 本阶段以组建信用社为主,如在上述合作社中,只有皋兰有水利、住宅合作社各1所,"其余皆为信用合作社"[⑤]。

第二阶段从1937年10月至1941年4月,合作社普及除中共政权外的全省各县。为推动合作事业的发展,农行和合委会做出了相应的政策调整。一是制定了《扩大甘肃农村合作事业纲要》,以推动和规范合作社[⑥];二是调整了组社办法,决定"合作推行暂时停止,开始建成互助社,普遍各县救济贷款"[⑦]。农民没有缴纳股金的顾虑,提高了入社积极性,"纷请组贷"[⑧],推动了甘肃互助社的普及。1938年1月,农行举办第二期农贷,3月份完成组社工作,在41个县组建互助社926所,社员50815人。[⑨] 5月,举办第三期农贷,分两批进行。第一批仍在第二期的41县进行,9月底结束,组建合作社1160所,社员

①杨子厚:《对甘肃农贷之实质建议》,载《新西北月刊》甲刊,1942年第6卷第1-3期合刊,第178页。

②熊子固:《甘肃合作事业发展的现状》,载《农友》1936年第4卷第9期,第7页。

③林嵘:《七年来中国农民银行之农贷》,载《中农月刊》1940年创刊号,第98-99页。

④顾祖德:《甘肃省合作事业与农业金融》,第127页。

⑤邹枋:《进展之中陕甘合作事业》,载《实业部月刊》1936年第1卷第7期,第114页。

⑥敬之:《最近农贷情报》,载《农友》1938年第6卷第3-4期合刊,第19页。

⑦顾祖德:《甘肃省合作事业与农业金融》,第128页。

⑧甘肃省合作委员会:《甘肃合作事业》,1942年印行,第5页。

⑨甘肃省合作委员会:《甘肃合作事业》,第5页。

77696 人;第二批举办剩余的 26 县,从 8 月开始到年底结束,共组社 1160 所,社员 53421 人①;第三期农贷后,到 1938 年年底,甘肃省"除环县及肃北设治局情形特殊,未能举办外,全省各县局,均已办理"。② 参加合作社的农家几乎占到全省户数的 1/4③;农贷举办比较早的榆中县参加合作社的农户占总农户的 45.12%④。互助社在普及方面取得了比较好的效果。

第三个阶段从 1941 年 5 月至抗战结束,合作社业务以国民经济建设为中心。1941 年,国民政府的农贷政策由原来的救济性贷款转变为国民经济建设贷款。随着国家农贷政策的转变,甘肃省合作社委员会"推行产销合作,使由金融疏通阶段与新县制配合,实施国民经济建设"⑤。按照省合作管理处的部署,共派出视察员 5 人,督导员 10 人,各级指导员 342 人,银行农贷员 50 人⑥,分赴各地指导整顿合作社。从现有的资料来看,各县整顿均促进了合作社的转变。如通渭在"一旬之内整理旧合作社 77 处,指导组织新社 35 处,新旧社员共 4800 余人,贷款总额 40 万元"⑦。镇原在合作社整顿中,充实各级合作社的社务与业务;加强对合作社职员的训练;侧重在各地组建生产合作社。⑧ 经过整顿,合作社由比较单一的信用社向专营社、综合

①顾祖德:《甘肃省合作事业与农业金融》,第 128 页。

②陈永寿:《甘肃合作事业之过去与将来》,载《陇铎》1941 年第 2 卷第 3 期,第 12 页。

③李中舒:《甘肃合作事业之过去,现在和将来》,载《西北经济通讯》1941 年第 1 卷第 4-6期合刊,第 18 页。

④洪谨载:《榆中县信用合作社及社员经济状况调查》,载《甘肃科学教育馆学报》1940 年第 2 期,第 106 页。

⑤甘肃省合作委员会:《甘肃合作事业》,第 7 页。

⑥李中舒:《甘肃合作事业之过去,现在和将来》,第 24 页。

⑦《通渭农贷工作进展甚速》,载《甘行月刊》1941 年第 1 卷第 3 期,第 61 页。

⑧《甘肃省镇原县合作事业报告书》(1943 年 8 月),手抄本,甘肃省图书馆西北文献阅览室藏。

社发展,合作社的组织层次也发生了变化。1944 年 12 月统计,甘肃省不同层次的合作社有 10 种,其中省联社 1 社,县联社 41 社,乡镇社 454 社,保社 2628 社,运销社 17 社,供给社 1 社,消费社 125 社,公用社 2 社,生产社 739 社,信用社 1720 社。[①] 各类合作社共计 5728 社,其中信用社只占 30%,说明合作社成功地实现了职能转变。

值得一提的是,在合作社普及的过程中,少数民族各县也建立了合作社。如夏河县组织了 31 所,“其中纯番民(藏民)组织的有 12 社,社员有 594 人,大多是沿大夏河的农耕番民”[②],占该县合作社的 38.7%。临潭 1937 年 10 月开始举办合作事业,截至 1940 年年底,共组建合作社 69 所,社员 2900 人,共发放农贷 13.83 万元。[③] 截至 1942 年 7 月,夏河、临潭、卓尼、西固(今舟曲)四县,组织藏民合作社 45 所,社员 1401 户,贷款 12 万余元。另在回族比较集中的固原、化平(今泾源)、静宁、华亭、临夏等地组社时,“特别将回教徒与汉民合组合作社”[④]。合作社也普及了少数民族地区。

由此可得,随着甘肃金融与农贷体系的建立,形成了“政府—银行—合作社—农户”的农贷模式,政府为农贷政策的制定者,银行为农贷资金的提供者,合作社为农贷的实施者,农户居于终端,是农贷的受益者。

甘肃农贷始于 1935 年,以 1941 年为界可分为前后两个阶段,第一个阶段(1935—1940 年)属于农村救济贷款,第二个阶段(1941—

---

①《甘肃省合作事业推行概况》,手抄本,成书年不详(根据内容大约 1945 年成书),甘肃省图书馆西北文献阅览室藏。

②李京生:《论西北金融网之建立》,第 159 页。

③陆俊光:《临潭之生产概况与合作事业》,载《新西北月刊》1942 年第 6 卷第 1-3 期合刊,第 205 页。

④李中舒:《甘肃农村经济之研究》,载《西北问题论丛》1943 年第 3 辑,第 85 页。

1945 年)属于国民经济建设贷款。[①]

第一阶段(1935—1940 年),主要由农行与甘肃合作行政机关相互配合,组社放贷,以农村救济贷款为中心。20 世纪 30 年代初期的西北社会,一方面,各地灾害频仍,社会动荡不安,农民流离失所,农业萧条和农村经济破产;另一方面,“九一八”事变东北沦陷后,西北社会与经济建设开始受到政府和民间人士的关注。针对西北农村面临的问题,社会普遍认为解决的主要办法是组建农村合作社,改善农村金融环境,以谋社会经济发展。因此,1935 年 5 月,农民银行总行派农贷员孙友农等到甘肃组建合作社[②],孙友农等人选择距离兰州较近的皋兰、榆中指导农民组建合作社 50 所,贷款 35976 元(法币,下同)。[③] 这是农行在甘肃发放的第一批农业贷款。

1936 年甘肃发生旱灾后,农村备受灾害,在 10 个县发放农贷 25.2万元,这是发放的第二批救济贷款。1937 年,国民政府决定扩大救济贷款额度和范围,分三期发放,获得贷款的地区也逐渐由局部扩大到全省。第一期“拨款 50 万元,作为救济贷款……利息月息 7 厘,还期以 27 年大收为限”,规定每社员借款最高不得超过 50 元,平均不得超过 30 元。[④]实际放出农贷 49.5 万元,有 15 个县获得了救济贷款[⑤],占全省总县数的 22%。第二期救济农贷始于 1938 年 1 月,国民政府拨付甘肃农贷 100 万元,“贷款利率月息 7 厘(互助社贷于社员

①甘肃农贷最初只有农行 1 家办理,1940 年有甘肃省银行和农民银行 2 家,1941 年交通、中国、中央信托局也参加到农贷中来,共有 5 家金融机构发放农贷,同年 9 月根据政府规定,农贷又归农行统一办理。

②《甘肃推进农村合作》,载《农友》1935 年第 3 卷第 6 期,第 26 页。

③成治田:《甘肃农贷之回顾与前瞻》,载《中农月刊》1945 年第 6 卷第 10 期,第 30 页。

④林嵘:《七年来中国农民银行之农贷》,载《中农月刊》1940 年创刊号,第 97、99 页。

⑤成治田:《甘肃农贷之回顾与前瞻》,第 31 页。

月息1分),还期为28年年底"[①]。此次农贷工作从12月份开始组建互助社,次年3月结束,贷款98.8万元。[②] 农贷覆盖全省41县,占总县数的58%。第三期始于1938年5月,国民政府令银行发放农贷350万元,农贷数量较大,农行与甘肃省合作社委员会商定分两次贷放。第一次分配地区为41县(与第二期农贷县同),贷款额为190.5万元。[③] 第二次农贷区域为剩余的26县(局),8月开始到年底结束,实际放贷145.9万元。[④] 到1938年年底,实际贷款额340.9万元,受益社员13.3万户[⑤],占全省总农户的15.8%。1939年,甘肃省农贷推行过程中,决定"互助社还款后之改组信用社,同时并注重社员之训练工作,以企质量之日臻健全,而发扬合作之真精神"[⑥]。截至当年10月底,所有互助社改组为信用社。当年组建新社1224所,社员12.9万人,发放农贷710.7万元。[⑦]

因此,1935年至1939年,农民银行在甘肃发放农贷的主旨在于救济农村社会,通过合作社、互助社的组织方式把农民动员起来,使农民对农贷及合作社有了新的认识,为进一步推行国民经济建设贷款奠定了基础。

第二阶段(1941—1945年),农贷以国民经济建设为中心。国民政府迁都重庆后,改变了以往农村救济为主的农贷政策,开始转向国民救济建设。1940年1月4日,四联总处规定农贷包括8种:农业生产贷款、农业供销贷款、农产储押贷款、农田水利贷款、农村运输工具

①林嵘:《七年来中国农民银行之农贷》,第99页。
②顾祖德:《甘肃省合作事业与农业金融》,第128页。
③林嵘:《七年来中国农民银行之农贷》,第100页。
④顾祖德:《甘肃省合作事业与农业金融》,第128页。
⑤成治田:《甘肃农贷之回顾与前瞻》,第31页。
⑥顾祖德:《甘肃省合作事业与农业金融》,第128页。
⑦成治田:《甘肃农贷之回顾与前瞻》,第31页。

贷款、佃农购置耕地贷款、农村副业贷款、农业推广贷款。[①] 农贷重点已转至国民经济建设方面，标志着“我国农贷事业遂步入统一正规”。[②] 1941 年，太平洋战争爆发后，国民政府颁布的《政府对日宣战后处理金融办法》规定：“农业贷款，以举办农田水利工程，及能直接增加必需农产者为主，对于农村之一般信用贷款，应切实紧缩。”[③]据此，1942 年，农贷政策以“紧缩放款”与“直接增加农业生产”为原则，取消“农村消费”“农村公用”两种贷款。[④] 1943 年的农贷政策是“注重农田水利及农业推广贷款，以增加粮食生产及战时所需各种为中心”。[⑤] 1944 年农贷以农田水利和农业推广贷款为中心。[⑥] 从各年政策来看，增加粮食生产成为 1941 年以后农贷的中心，农田水利、农村副业、农业推广等贷款都是围绕这个中心进行的。

据不完全统计，在以国民经济建设为中心这一阶段，甘肃农业贷款的大致情形是：1940 年 12 月 31 日，省政府与四联总处签订了贷款合约，贷款 2000 万元，其中合作贷款 1400 万元，农田水利贷款 400 万元，农业推广贷款 200 万元。[⑦] 关于 1941 年增粮贷款，省政府联合中、中、交、农与省银行“组成增粮贷款团，共同投资于农村增粮事业”。第一次共投资 850 万元，其中中央、交通各投资 127.5 万元，各占 15%；中行投资 212.5 万元，占 25%；农行投资 382.5 万元，占

①《各种农贷暂行准则》，载《中农月刊》1940 年第 1 卷第 4 期，第 137－138 页。

②翟克：《中国农贷之发展与问题》，载《中农月刊》1946 年第 7 卷第 9－10 期合刊，第 89 页。

③四联总处秘书处：《四联总处文献选辑》，1948 年印行，第 54 页。

④《中中交农四行局三十一年办理农贷方针》，载《中中交农四行联合办事处三十年度农贷报告》附件，1942 年印行。

⑤《四联总处三十二年农贷方针》，载《农贷消息》1943 年第 6 卷第 9－10 期合刊，第 87 页。

⑥郭荣生：《我国近年来之农贷》，载《经济汇报》1944 年第 10 卷第 9 期，第 76 页。

⑦《中中交农四行联合办事处三十年度农贷报告》，第 21－22 页。

45%。第二次共投资1150万元，其中甘肃省银行投资300万元，占26.1%；中行投资250万元，占21.7%；交行投资150万元，占13%；农行投资450万元，占39.1%。第三次投资1000万元，中央、交行各投资150万元，各占15%；中行投资250万元，占25%；农行投资450万元，占45%。以上三次贷款，共计3000万元。[①] 增粮贷款共发放36县，"增产粮食以小麦为主，其次为各种杂粮，贷款时，按照合作社社员田亩多寡，每亩贷予十元至十五元，秋收登场时，每亩交粮三市斗至五市斗，再由政府介绍收粮机关，按市价收买"[②]。1942年，甘肃省与金融机关签约贷款6108万元，年底实际贷款额分别为：农业及副业贷款290余万元；农田水利贷款1500余万元；农业推广100万元；边区贷款113万元，共计4600余万元。[③] 1943年，四联总处给甘肃的农贷定额为8468万元，其中农田水利贷款7768万元，农业推广贷款700万元；贷款余额分别是农业生产贷款3084.2万元，农田水利贷款8776.7万元，农业推广贷款63.4万元，农产运销贷款290.6万元，农村副业贷款1065.6万元。[④] 截至1945年年底，甘肃各种贷款余额79891.6万元，其中农业生产贷款12450.7万元，大型农田水利53580.8万元，小型农田水利3595.9万元，农业推广107.1万元，农业运销2913.9万元，农村副业5663万元，边区贷款305.9万元，农业投资1143.7万元。[⑤] 从各年农贷看出，农业生产、农田水利和农村副业是农贷重点，如1941年增粮贷款占60%；1942年农业及副业贷款、

---

①成治田：《甘肃农贷之回顾与前瞻》，第33页。

②《中中交农四行联合办事处三十年度农贷报告》，第22页。

③《四联总处三十一年度办理农业金融报告》，中中交农四行联合办事总处秘书处，出版年不详，第86－89页。

④郭荣生：《我国近年来之农贷》，第82－83页。

⑤《甘肃省统计总报告》（1945年），甘肃省档案馆藏，档案号：4－3－72－196－197。

农田水利贷款占 75.7%；1943 年农田水利贷款占 91.7%；1945 年农贷余额中，农业生产贷款占 15.6%，大型农田水利贷款占 67.1%。

二、农贷与农村经济建设

（一）农贷与农业生产

甘肃农贷能否起到推动农业生产的作用，主要看农贷用途是否按照政府的要求用于农业生产。甘肃首批农贷发出后，“社员借款，皆能用于生产”①。另一调查也说“社员借款，又都能用于生产，这是很庆幸的”②。表 1 是 1937—1940 年甘肃农贷用途情形的统计。

表 1　甘肃各县合作社社员借款用途统计表（单位：%）

用途	牲畜	籽种	土地	农具	食粮	肥料	小贩	还债	纳款	付工钱	其他
甘肃统计季报	36.96	5.62	2.26	2.86	20.28	0.29	1.21	4.60	4.67	17.5	3.75
顾祖德统计	30.2	20.0	—	8.2	1.2	10	15	9.4	6.0	—	—
李中舒统计	44.4	13.7	5.72	4.96	17.1	3.48	—	—	—	—	9.88

资料来源：①《甘肃省第一期陇西等十五县贷款用途百分表》，载《甘肃统计季报》第 2 卷第 1－4 期，1938 年 11 月，第 20 页；②顾祖德《甘肃省合作事业与农业金融》，载《中农月刊》第 1 卷第 4 期，1940 年 4 月，第 133 页；③李中舒《甘肃合作事业之过去，现在和将来》，载《西北经济通讯》第 1 卷第 4－6 期合刊，1941 年 12 月，第 19 页。

说明：李中舒一栏，其他指还债和婚丧。

表 1 统计中，《甘肃统计季报》是对 1937 年 15 县农户贷款用途的统计，顾氏和李氏是对 1939 年前后的统计。从中看出，购买牲畜、籽种等是农贷的主要用途，分别占到农贷的半数以上。直接用于生产的款项（包括购买牲畜、籽种、农具、土地、肥料等），《甘肃统计季

①中国农行：《中国农民银行民国二十四年度各省之农村合作事业》，载《农村合作月报》1936 年第 1 卷第 6 期，第 147 页。

②孙友农：《甘肃之农村合作事业》，第 73 页。

报》占 49.2%,顾氏占 83.4%,李氏占 72.25%;用于非生产性贷款(如购买食粮、还债、纳款、婚丧等),《甘肃统计季报》占 50.8%,顾氏占 16.6%,李氏占 27.1%。从上述 3 家统计来看,从 1937 年到 1940 年农贷用于农业生产的比例有了较大的提高。又如对临潭 69 个合作社的 13.83 万元农贷款的调查中,用于生产(购牲畜、籽种、农具、土地、建筑)9.5 万元,占 68.7%;用于副业(小工业、小商业、洮石林业)1.5 万元,占 10.7%;用于消费等(购粮、还债、婚丧、纳公款)2.83 万元,占 20.6%[①],前两项共占 79.4%。说明随着甘肃农贷的普及,农贷的 70%~80%能够用于农业和副业生产。

1941 年农贷转为以国民经济建设为中心后,增进粮食生产成为农贷的主要目的。甘肃省增产的方向是:(1)扩充食粮作物面积,如垦殖荒隙地,利用冬夏季休闲田地种植小麦杂粮,限制非必要的作物增种食粮作物;(2)增加单位面积之产量,如推广改良品种,增施肥料与兴修水利以及各种农业技术改良;(3)防除灾害以减少损耗,如防治病虫害、防除水患、推广防旱作物等。[②] 抗战时期,甘肃增粮普及全省 66 县(局),占全省总县数的 94%。表 2 是根据有关资料对本省增粮成效的估算。

①陆俊光:《临潭之生产概况与合作事业》,载《新西北月刊》1942 年第 6 卷第 1-3 期合刊,第 205 页。

②孙福绥:《陕甘豫三省之粮食增产》,载《农业推广通讯》1944 年第 6 卷第 12 期,第 17 页。

表2　1941—1943年甘肃农业增产工作成效统计表

项　目	1941年		1942年		1943年		备　考
	数量	增产(担)	数量	增产(担)	数量	增产(担)	
推广优良麦种	49949亩	14985	17371亩	5211	51673亩	11502	每亩增产3市斗
鉴定各县优良麦种	13种	—	14种	—	3种	—	—
利用休闲地	8000亩	8000	108465亩	108465	712285亩	712285	每亩增产1市担
利用隙地、荒地	—	—	11216亩	11216	34075亩	34075	每亩增产1市担
减少非必需作物	—	—	52871亩	79306.5	20862亩	31023	每亩增产1.5市担
推广杂粮良种	1600亩	1600	24466亩	7340	99255亩	29776	每亩增产3市斗
防治麦类黑穗病	2736109亩	820833	2188422亩	656526	2168693亩	650608	每亩减少损失3市斗
改良马铃薯储藏窖	1948个	1948	2980个	2980	960个	960	每窖减少损失1市担
防治杂粮病害	—	—	1172523亩	251757	1590853亩	477256	每亩减少损失3市斗
增施肥料	—	—	32942亩	16471	26016亩	13008	每亩增产5市斗
兴修农田水利	—	—	1400亩	1400	3679亩	3679	每亩增产1市担
繁殖耕牛	—	—	332头	—	—	—	—
防治牛瘟	—	—	2273头	11365	5082头	25410	每头增产5市担
推广优良农具	—	—	71亩	—	—	—	—
扩大冬耕	—	—	319348亩	—	—	—	—

资料来源：李中舒《甘肃农村经济之研究》，载《西北问题论丛》第3辑，1943年12月，第104－105页。

从表2看，1941年推广279.6万亩，可增粮84.7万担；1942年推广392.9万亩，可增粮115.2万担；1943年推广474万亩，可增粮199万担。另1944年(截至8月)推广203万亩，增产82.5万担。[①] 可见1941—1944年农贷增粮工作取得了比较好的成绩。

为了推广小麦优良品种，农行与地方政府合作发放小麦种子实物贷款，放贷办法是“由农行农贷人员协同技术及推广机关人员，预期购买，至贷放期则于低于市价贷于农民团体，以需要量多寡，分配

①孙福绥：《陕甘豫三省之粮食增产》，第18页。

于各农户,农行自负盈亏之责"①。此项农贷开始于1943年,试办区域包括皋兰等12县。表3是1943年小麦种子贷款统计表。

表3 1943年农行与甘肃省增粮督导团贷放种子统计表

县名	品种	数量(石)	金额	种植面积(亩)
岷县	蓝麦	198	119808	1817
皋兰	半截芒、长芒	232	163199	1833
天水	蚂蚁麦、白齐麦	136	160000	1281
榆中	红芒、白芒	106	79999	1063
临洮	红麦、齐头	160	80000	1153
靖远	同上	175	80000	1314
张掖	白麦	165	80058	830
武威	红光头	51	20400	510
永登	白芒、红芒	155	80000	775
小计1	—	1378	863465	10576
武威	—	575	461500	6000
张掖	—	309	180250	3610
陇西	—	300	183884	3000
定西	—	470	269860	3525
临洮	—	441	253771	4466
酒泉	—	732	707141	7180
敦煌	—	425	390000	3400
小计2	—	3252	2446406	31181

资料来源:成治田《甘肃农贷之回顾与前瞻》,载《中农月刊》第6卷第10期,1945年10月,第46页。

说明:①农行与甘肃省增粮督导团共同购买放贷种子的统计;②农行独立购买放贷种子的统计。

①成治田:《甘肃农贷之回顾与前瞻》,第45页。

1943年,农行在甘肃小麦种子贷款分两部分,一部分是农行与地方政府共同进行,在9县购买种子1378石,贷出后播种面积10576亩;一部分是农行独立进行,在7县购买种子3252石,贷出后播种面积为31181亩。实物借贷麦种,既解决了农民拿到贷款买不到种子的问题,也可杜绝农家将农贷挪作他用。

砂田是黄河上游谷地的一种传统农作技术,土地铺砂具有保墒、保热、保肥、抗碱、抗风的作用。土地铺砂周期为二三十年至五六十年不等[①],20世纪三四十年代所使用的砂地大多是左宗棠经营西北时期所铺[②],已经老化,需铺新砂。1942年冬,农行开始在甘肃举办土地改良铺砂放款。[③] 关于铺砂贷款,农民银行规定:(1)放款区域主要集中在甘肃中部干旱少雨,有砂田传统的皋兰、靖远、榆中、永登、临洮、洮沙、景泰、兰州市及湟惠渠特种乡公所等地;(2)放款以农民组织的信用合作社为对象;(3)贷款办法规定凡申请贷款的社员,"须以改良之土地,交由合作社为向农行申请贷款之抵押担保"[④]。1943年年底,组建112社,贷款1043.2万元,改良砂田13547亩。[⑤] 1944年贷款3300万元,区域扩大至9县市,截至7月底已贷出2000余万元,铺新砂地2万余亩。[⑥] 抗战时期,甘肃铺砂贷款举办了4年,截至1945年6月底,共计组建土地信用合作社288个,社员9820人,发放贷款7691.4万元,改良砂田4.7万亩。[⑦] 土地经过铺砂改良后,土地

①陈赓雅:《西北考察记》,兰州:甘肃人民出版社,2002年,第105页。

②秦翰才:《左文襄公在西北》,上海:商务印书馆,1947年,第195页。

③李中舒:《甘肃农村经济之研究》,第73页。

④张宗汉:《甘肃中部之砂田》,中国农民银行土地金融处印行,1947年,第34-36页。

⑤李中舒:《甘肃农村经济之研究》,第88页。

⑥张华民:《二年来之甘肃土地金融业务》,载《甘肃地政》1944年第1卷第1期,第19页。

⑦张宗汉:《甘肃中部之砂田》,中国农民银行土地金融处印行,1947年,第33-35页。

生产力得到了提高,以小麦亩产量为例,据1944年调查,甘肃旱地小麦常年亩产量为0.78市担[①],新铺砂地亩产量达到2市担[②],比旱地增加2.6倍。可见,铺砂贷款获得的成效比较显著。

(二)农贷与农田水利建设

甘肃农贷兴办农田水利工程始于1941年,“各渠工款,均取给予农田水利贷款,由省政府向中中交农四行联合办事处洽借”[③]。甘肃农田水利贷款分大型农田水利和小型农田水利两种贷款。大型农田水利因工程浩大,费资较多,同时横跨数个乡村乃至数县,由政府与银行组成的“甘肃水利林牧公司”来承担,该公司成立于1941年4月,资金1000万元,省政府承担30%,中行募集70%,“以兴办农田水利为主要业务……农田水利事业费,不得少于投资额之七成”[④]。表4是1941—1945年兴办大型农田水利贷款统计表。

表4　甘肃省兴办大型水利贷款一览表(单位:万元)

年度	贷款额	省政府配套	利率	期限	备　注
1941	400	100	0.08	5年	渠成放水利用后之次年起,于5年内清偿贷款本息。
1942	2000	500	0.08	5年	—
1943 追加	3960 2700	440 300	0.12 0.15	7年 7年	所列条款中,虽列有按所列年限摊还本息及提前归还本息之一部或全部之规定,因实际不可能,现在电请欠照渠成利用后次年起规定逐年摊还。
1944 追加	4860 2610	540 290	0.25 0.25	5年 5年	渠成放水利用后之次年起,于5年内清偿贷款本息。
1945 追加	25650 702.6	2850 60	0.25 0.25	5年 5年	—

①甘肃省政府:《甘肃省统计年鉴》,1946年印行,第99页。

②张宗汉:《甘肃中部之砂田》,第38页。

③赵宗晋:《甘肃农田水利概述》,载《新甘肃》1947年第1卷第1期,第42页。

④沈怡:《甘肃水利林牧公司概述》,载《中农月刊》1941年第2卷第12期,第84页。

资料来源:《农田水利工程概要》,甘肃省档案馆藏,档案号:38－1－11。

由于获得国家银行农贷和政府拨款的支持,1941 年甘肃省政府计划修建水利工程 20 项①。其中大型水利工程 11 项,办理情形如表 5。

表 5　1941 年 8 月至 1946 年甘肃兴办大型农田水利工程统计表

名称	所在地	水源	渠长（千米）	实际贷款（万元）	开工时间	办理情形	灌溉面积（市亩）
洮惠渠	临洮	洮河	28.30	819.97	1942 年 4 月	1943 年春竣工	27000
湟惠渠	湟惠乡	湟水	31.27	663.27	1939 年 3 月	1942 年 5 月竣工	25000
溥济渠	临洮	洮河	19.29	525.42	1939 年 11 月	1945 年 5 月	35000
汭丰渠	泾川	汭河	13.14	808.00	1942 年 5 月	1944 年 4 月竣工	10000
永丰渠	永靖	黄河	25.02	2030.00	1942 年 1 月	1944 年竣工	23000
永乐渠	永靖	大夏河	25.00	991.93	1942 年 1 月	1943 年 5 月竣工	46000
靖丰渠	靖远	黄河	18.00	1975.00	1942 年 1 月	1946 年 7 月竣工	20000
兰丰渠	皋兰	黄河	75010	2131.00	1942 年 1 月	1946 年停工	—
平丰渠	平凉	泾河	83053	165.84	1942 年春	1942 年停工	—
登丰渠	永登	大通河	7.55	56.00	1945 年复工	1946 年春竣工	4500
鸳鸯池水库（肃丰渠）	酒泉及金塔	讨赖河及洪河	—	3410.00	1942 年 7 月	1946 年 5 月竣工	70000

资料来源:甘肃省政府秘书处《甘肃省统计年鉴》,1946 年印行,第 143、147 页;赵宗晋《甘肃农田水利概述》,载《新甘肃》第 1 卷第 1 期,1947 年 6 月,第 40－42 页。

说明:实际贷款数是指四行局水利贷款的实际数(1944 年 11 月 15 日实际贷款的累计数额)。

从表 5 来看,1941 年至 1944 年 12 月通过农贷完成的大型水利工程 6 项,抗战结束后竣工 3 项,停办 2 项,抗战时期完成的水利工程占 54.5%。各渠获得了较大的收益,地价也有提高,如永乐渠灌溉 4.6万余亩,“每亩可增收小麦 3 斗 6 升,每斗以三十一年(1942 年)市

①刘克让:《甘肃农林水利概况》,载《西北论衡》1941 年第 9 卷第 3 期,第 21－22 页。

价 50 元合算,则每年总计之收益值为 828 万元之谱……至地价之增益,尤为可观"。[①] 洮惠渠"受益田亩为 2.7 万市亩,若尽种小麦,每亩增收以 6 斗计,全渠可增产粮食 1.62 万余市石"[②]。湟惠渠原设计灌溉面积 1.5 万亩,渠成后实际灌田 2.5 万亩[③],比设计灌田多 1 万亩。1945 年夏全省苦旱,"满目枯槁,而本渠灌溉范围,禾苗挺秀,其产量且有增加"[④]。该渠地价也有了大幅度的增加。[⑤] 为解决酒泉、金塔两县民众争水械斗和诉讼,1942 年 7 月,甘肃省水利农牧公司筹划修建鸳鸯池蓄水库,次年 6 月开工,省政府与农民银行投资 7251.7 万元(截至 1944 年 12 月)[⑥],1946 年 5 月底竣工,该水库蓄水量 1400 万立方米。不仅可灌溉两县农田 7 万余亩,且"未再酿成斗争"[⑦]。说明大型水利贷款发挥了较好的经济与社会效益,达到了预期的目的。

抗战时期,农行秉承国民政府旨意,在甘肃省积极推进小型水利。小型水利贷款的对象是"(1)合法登记之合作社或专营水利合作社;(2)专办农田水利事业之农民组织,如水利协会等;(3)农民个人"[⑧]。据统计,1941 年 9—12 月,皋兰、靖远、临洮组成水利合作社(下同)7 社,贷款 14.75 万元;1942 年,兰州等 5 县市组建合作社 57

---

①《甘肃之水利建设》,出版年不详,第 66 页。

②甘肃省银行经济研究室:《甘肃之水利》,1945 年 4 月印行,第 40 页。

③《湟惠渠工程》(1942 年 12 月 28 日),甘肃省档案馆藏,档案号:38 - 1 - 11。

④赵宗晋:《甘肃农田水利概述》,载《新甘肃》1947 年第 1 卷第 1 期,第 40 页。

⑤黄汉泽:《湟惠渠灌溉区域扶植自耕农之实施》,载《甘肃地政》1944 年第 1 卷第 1 期,第 28 页,表 3《二十八年湟惠渠灌溉区内地价之调查》;第 29 页,表 4《三十一年三月及六月份地价变动比较表》。

⑥甘肃省政府:《甘肃省统计年鉴》,第 147 页。

⑦赵宗晋:《甘肃农田水利概述》,载《新甘肃》1947 年第 1 卷第 1 期,第 42 页。

⑧《中中交农四行局办理各县小型水利贷款暂行办法》,载《中行农讯》1942 年第 10 期,第 21 页。

所,贷款122.46万元[1];1943年,皋兰等17县市组建合作社120个,贷款436万元。[2] 1944年1—4月,上述17县市组建合作社134个,贷款640.98万元。[3] 小型水利贷款主要用于修建小型渠道、淤地、凿井、筑堤、护滩、水车等方面:(1)小型渠道。1941年以来利用农贷兴建的小型水渠有泾川的阮陵渠,甘谷的渭济渠,天水的三阳川渠,宁定的三家集、石那奴渠,临洮的新民渠,靖远的复兴新渠,康乐的义磨滩、古龙沟渠,高台的三清渠,永昌的金龙坝渠,张掖的永兴渠,实际灌溉面积共计12.4万亩。[4] 其中1945年,农行贷款1300万元兴修渭济渠,半年完成,渠长14.7公里,灌溉面积8000市亩;武山东顺渠、天水三阳川渠均在当年完成,两渠灌溉7000余市亩。[5] (2)滩地。如靖远县城东20里黄河东岸的广海滩,原有耕地5000亩,1937年河身变迁,将堤坝冲毁,"该滩食粮,遂而锐减"。当地农民利用小型水利贷款,修筑堤坝,恢复滩地5000亩。1941年农行农贷员在临洮地方绅士的配合下,贷款6万元,新修滩地2000余亩。(3)利用地下水灌溉。一是泉水利用。如敦煌西南70公里南湖附近农民申请,贷款13万元,筑坝一座,除灌溉周围农田外,还可灌溉新垦耕地1500亩。二是凿井。1942年11月,农行贷款1万元,在靖远大坝渠凿井6处,利用辘轳汲水灌溉,灌田460余亩。[6] (4)水车灌溉。水车灌溉是甘肃黄河谷地的传统,抗战时期开通过合作社发放水车贷款,发展农田水利。如1942年春,甘肃农业推广所雁滩推广试验区指导农民组织合

---

①成治田:《战时甘肃省小型农田水利概述》,载《中农月刊》1944年第5卷第9-10期,第42页。

②李中舒:《甘肃农村经济之研究》,第89页。

③成治田:《战时甘肃省小型农田水利概述》,第42页。

④《农田水利工程概要》,甘肃省档案馆藏,档案号:38-1-11。

⑤农行天处:《三十四年度天处陇南区农贷报告》,甘肃省档案馆藏,档案号:55-1-46。

⑥成治田:《战时甘肃省小型农田水利概述》,第45-46页。

作社2处,贷款2万余元,修建水车2座,共灌溉1100亩。[1] 1941年11月至1944年3月,农行向皋兰、靖远、永靖3县贷予农民小额贷款,用于新建和修理水车,共计贷款525500元,受益农田1.3万余亩。[2] 这些都说明,抗战时期甘肃小型水利贷款收到了应有的效果。

(三)农贷与农村副业

甘肃农村副业贷款始于抗战时期。1939年4月,"工合"天水事务所成立,以此为开端推动了甘肃工业合作社的勃兴与发展。5月统计,甘肃成立工业合作社71家,共计社员824人[3],涉及纺织、榨油、制鞋、毛巾、造纸、面粉、制革等行业。1941年,农贷政策变化后,通过"工合"与农行的推动,以发展农村纺织业为中心的生产合作社在甘肃省各地建立起来。如1941年,在17个县组成纺纱合作社57所,织布合作社26家[4];1942年3月统计,有社188所,社员5327人[5];1944年12月统计,专营工业合作社287社,社员9107社,分布在43各县,即占全省县数62.3%。[6]

国民政府支持农村副业政策出台后,国家银行主要选择一些副业前景好的农村,发放副业贷款。如天水毛家村一带,人稠地狭,年产粮食不足半年食用,"村民多赖纺织副业之收入,维持生计。因限于资金、原料等常感周转不敷",中行便协助村民组织纺织合作社,"各社社员所经营之纺织副业,一律成立纺织部,订定业务规则及土

①《黄河上游水利之一》,载《甘肃农推通讯》1942年第1卷第2期,第5页。

②成治田:《甘肃农贷之回顾与前瞻》,第40页。

③根据《西北区工业合作之回顾与前瞻》,载《西北工合》1939年第2卷第1-2期合刊,第16-17页表统计。

④根据董正钧《兰州市及其附近花纱布之生产情况》,载《经济汇报》1944年第9卷第7期,第93-96页表格统计。

⑤《甘肃省合作事业推行概况》,手抄本,甘肃省图书馆西北文献阅览室藏。

⑥甘肃省政府:《甘肃省统计年鉴》,第236页。

布合销办法,以扩张其生产”。[①] 该县三阳川在中行农贷的帮助下,1941 年年底成立纺织社 12 家,社员 429 人,纺车 676 台,织机 462 架,社员家庭纺织 980 人,共贷款 11 万元,供销贷款 9.8 万元。[②] 该行还在两当县城区创办机器纺织社,“训练技术人员,以及改良旧式织机”[③]。岷县清水沟等地村民以铸铜器为主要副业,有铜炉 12 座,1941 年,中行农贷人员帮助成立铜器生产合作社,每座铜炉贷款 5000 元[④],解决了资金缺乏的问题。秦安的纺织合作社“资本最多者七八千元,少至一二千元者,多系中国农民银行贷款”[⑤]。渭源县成立纺织合作社后向农行贷款 4 万元。[⑥] 1943 年,省合作社通过农行贷出纺织款 380 万元,其中皋兰纺织合作社 50 万元,天水三阳川 300 万元,兰州市 30 万元。[⑦] 1945 年,农行给天水三阳川贷款 3000 余万元,甘谷毛编业贷款 835.5 万元。[⑧] 这些贷款部分地解决了当地土布生产和毛编织业发展的资金问题。

抗战期间,农行还与“工合”联合发放农村副业贷款。1943 年 4 月,农行与“工合”签订了农村工业合作贷款协议,其中给甘肃兰州、天水、平凉发放毛纺织业贷款,贷款对象是生产合作社。贷款原则是:(1)利用当地廉价农产品原料者;(2)利用当地剩余农民劳力者;

---

①《本行各省农贷工贷业务动态》,载《中行农讯》1941 年第 4 期,第 22 页。

②《本行各省农贷工贷业务动态》,第 21 页。

③《本行各省农贷工贷业务动态》,第 22 页。

④《特种农贷》,载《中行农讯》1941 年第 5 期,第 22 页。

⑤秦安办事处:《秦安经济概况》,载《甘行月刊》1941 年第 1 卷第 6 期,第 41 页。

⑥《渭源县政府合作指导室指导员郭其洤工作总报告》(1943 年 8 月),手抄本,甘肃省图书馆西北文献阅览室藏。

⑦《合作消息》,载《甘肃合作通讯》1943 年第 1 卷第 2 期,第 7 页。

⑧农行天处:《三十四年度天处陇南区农贷报告》,甘肃省档案馆藏,档案号:55-1-46。

(3)生产战时军民必需品者;(4)生产国际贸易品者。[①] 根据协议,农民银行给兰州毛纺织合作社贷款200万元,天水毛纺织合作社贷款100万元,平凉毛纺织合作社贷款150万元。[②] 1945年4月,双方协议给甘肃毛纺织贷款2400万元,其中兰州、天水各800万元,平凉、岷县各400万元。[③] 农行与"工合"联合推进农村工业的贷款协议生效后,农村副业由双方共同投资。如1945年岷县合作社贷款215万元,其中"工合"贷款140万元,占65.1%;农行贷款75万元,占34.9%。[④]

为推进农村副业,农行还举办实物借贷。随着棉花种植的推广,轧花成为一种新兴的农村副业,但农家通过商人购买轧花机每架16万余元,远远高于市场价格。因此,1943年12月,农行派员赴西安购买轧花机12部,以每部8.66万元(含市场价、运费、贷款利息)贷给靖远各合作社,深受农家欢迎,故"未贷各社,纷纷来请,意极恳贽",故1945年,农行再购买13部,贷放给靖远各社。[⑤] 1944年11月至次年1月,农行天水分处收购棉花16337市斤,按照市价9折贷给武都、礼县、西和3县的纺织合作社,该项棉花贷款"每市斤可使农民节省七十元"。[⑥] 实物贷款不仅帮助农家副业组织了货源、原料,也节省了成本,方便了农家的生产与生活。

为推进甘肃畜牧事业的发展,发放畜牧贷款是农贷的主要内容。

---

①《中国工业合作协会(会方)中国农民银行(行方)农村工业合作贷款推进办法协议书》(1943年4月1日),甘肃省档案馆藏,档案号:46-1-264。

②《本行三十二年度工业合作贷款区域种类及贷额表》,甘肃省档案馆藏,档案号:46-1-264。

③《中国工业合作协会(会方)中国农民银行(行方)农村工业合作贷款推进办法协议书》(1945年4月1日),甘肃省档案馆藏,档案号:46-1-198。

④根据陈联佑:《岷县工合简介》,载《工业合作》1945年第19期,第7页表计算。

⑤成治田:《甘肃农贷之回顾与前瞻》,载《中农月刊》1945年第6卷第10期,第47页。

⑥农行天处:《三十四年度天处陇南区农贷报告》,档案号:55-1-46。

1941 年,四联兰州分处与夏河拉卜楞寺保安司令部合作,在拉卜楞寺管辖的范围内发放"畜牧贷款",到期以蒙藏牧民所出皮毛和各种土产作价归还。[①] 8 月,中行在该县撒合儿庄组建合作社,"纯系藏民",贷款 2100 元,用于购买牛马羊等。[②] 同年,岷县组织畜牧合作社,向中行申请贷款,购买母牛 19 头,母羊 300 只。[③] 1941 年春,中行在祁连山藏区组建合作社,"借款一千六百元以作繁殖牛羊之需,至期本利清偿,恪守信用,去冬该社欣然来本行继续申请贷款,当予二千五百元,以协助其牛羊之繁殖"[④]。1943 年,甘肃省合作处选定岷县、海原作为畜牧贷款县,分别发放贷款 30 万元和 50 万元。[⑤] 据不完全统计(截至 1944 年 10 月),抗战时期农行在甘肃 20 县举办畜牧放款,占全省县数的 29%。贷款对象为合作社与畜牧经营会、农会小组、畜牧改进所等单位,其中合作社 83 所,畜牧经营会 8 个,共计贷款 1203.2 万元。[⑥] 畜牧合作社饲养羊、牛、马、猪等 106249 头,总值 7744 万元[⑦],产值是贷款额的 6.4 倍。

农贷支持甘肃经济建设是多方面的,上述数端只是举其要者。仅从这几个方面就可以看出,1935 年到 1945 年甘肃农贷发放 10 年,农贷在支持甘肃农村经济建设方面是比较积极的。如果甘肃农村经济呈上升态势,农贷应是重要推动因素之一。

三、甘肃农村经济的复苏

增加农业生产、充实农村金融与改善农民生活,是国民政府农贷

①《四联农贷简讯》,载《中行农讯》1941 年第 2 期,第 17 页。

②《特种农贷》,第 23 页。

③《特种农贷》,第 21 页。

④《特种农贷》,第 21 页。

⑤《合作消息》,第 7 页。

⑥成治田:《甘肃农贷之回顾与前瞻》,第 44 – 45 页。

⑦《甘肃省合作事业推行概况》,手抄本,甘肃省图书馆西北文献阅览室藏。

的主要目的。下面主要从粮食产量、农村副业和农村社会变化等方面，考察1935—1945年甘肃农村经济问题。

（一）粮食产量有所提高

粮食产量是考察农业生产水平的主要标志。据许道夫的统计，1932年至1946年，甘肃耕地面积为2351.0~2616.7万市亩，其中小麦、玉米、大麦、高粱、谷子、糜子、水稻（包括籼稻与粳稻）、燕麦、蚕豆、豌豆等10种作物种植面积占1803.2~2076.4万市亩[①]，占76.7%~79.4%。因此，表6中关于1931年至1945年的10种粮食产量的统计，基本上能代表甘肃的粮食生产水平。

表6　1931—1945年甘肃主要粮食作物产量统计表（单位：千市石）

年份	小麦	玉米	大麦	高粱	谷子	糜子	水稻	燕麦	蚕豆	豌豆	合计	指数1	指数2
1916年	4976	684	420	402	—	399	523	718	970	—	9092	100.0	—
1932年	5744	1310	815	1411	3863	3963	143	731	208	1163	19351	212.8	100.0
1933年	5799	3099	894	2195	4497	5062	169	831	229	809	23584	259.4	121.9
1934年	9761	2487	1586	2534	3985	4721	131	685	173	1236	27299	300.3	141.1
1935年	8918	3015	1740	2706	4426	4833	132	678	223	1444	28115	309.2	145.3
1936年	7887	3079	2006	2484	4327	5505	130	504	441	1591	27954	307.5	144.5
1937年	8328	2706	1939	1989	3297	4517	135	674	434	1465	25484	280.3	131.7
1938年	10331	3039	1823	2583	3667	5419	146	724	520	1539	29791	327.7	154.0
1942年	9077	2889	1922	1980	2888	5348	170	601	430	1264	26569	292.5	137.3
1944年	10830	3217	1988	2062	3072	5262	170	714	417	1162	28894	317.8	149.3
1945年	7580	2292	1282	1502	2263	4808	178	465	271	769	21410	235.5	110.6

资料来源：1916年总产量数据来源于农商部总务厅统计科《中华民国第五次农商统计》，第44－58页。其余数据来自许道夫《中国近代农业生产及贸易统计资料》，第66－69页；1934—1938年产量，见国民政府主计处统计局《中华民国统计提要》，1940年印行，第35－44页；1932年水稻、豌豆、蚕豆、燕麦的产量，见宋仲福主编《西北通史》第5卷，兰州：兰州大学出版社，2005年，第322页。指数为笔者所加，指数1以1916年为100，指数2以1932年为100进行计算。

说明：①1916年产量中蚕豆970千市担指的是豆类的产量；②在许道夫的统计中，1939年至1941年

①许道夫：《中国近代农业生产及贸易统计资料》，上海：上海人民出版社，1983年，第9、66－69页。

缺玉米、水稻、燕麦的产量;1943 年缺大麦、燕麦、蚕豆、豌豆的产量。故将上述年份未列入表内。

抗战时期,对甘肃粮食产量有过两次调查,一次是 1938 年夏秋之交,调查区域包括全省 66 个县、227 个区、4239 个村庄,是农行"组社贷款后直接向社员们询问出来的,他们的关系相当密切,瞒报的地方比较少"。[①] 说明这次调查是可信的。农行农贷员孙友农对这次调查做了细致的研究,15 种粮食作物产量是 509870.2 万斤,其中马铃薯 149322.5 万斤,其余粮食产量是 360547.7 万斤[②],折合 2842.6 万市担,与表 6 中 1938 年的粮食产量基本接近。另一次调查是在 1943 年秋至 1944 年 3 月,在调查前,"各县建设人员 103 人在兰受训之便,将调查方法讲授各员,并由主办人员领导实习后,令其回县后亲履各县每保,切实调查"。这次调查也是比较可信的。通过对调查的 17 种粮食作物统计,总产量为 3422.3 万石[③],折合 391507.1 万市斤。其中马铃薯产量为 760.4 万石,剩余粮食产量为 2661.9 万石,接近表 6 中 1942 年的统计。这两次调查印证了表 6 的统计能够反映甘肃粮食产量的真实水平。

通过表 6 的指数 1 看出,20 世纪 30—40 年代,甘肃粮食生产总量超过了民国初期 1916 年的水平。指数 2 说明,1932 年至 1945 年甘肃的粮食产量有增有减,但总趋势呈上升状态,1938 年与 1944 年超过了抗战前的总产量。1941 年至 1943 年是北方发生灾害比较频繁的时期,甘肃 1941 年受灾 47 县,1942 年和 1943 年受灾均为 57 县[④],粮食有比较大的减产,但还是超过 20 世纪 30 年代早期的产量。

①孙友农:《甘肃农业问题回顾(一)》,载《农业推广通讯》1943 年第 5 卷第 3 期,第 64 页。

②孙友农:《甘肃农业问题回顾(三)》,第 42 页。

③张心一:《甘肃农业概况估计》(1945 年 9 月),甘肃省档案馆藏,档案号:38 - 1 - 10。

④《甘肃省政府三年来重要工作报告》(1940 年 12 月 6 日—1944 年 4 月 15 日),1944 年 5 月印行,第 51 页。

就人均粮食产量而言,1916 年,全省粮食总产量 909.2 万石,马铃薯 283.4 万市担①,共计 1192.6 万市担,折合共计 133315.3 万市斤。②以 1912 年甘肃 499 万人口计算③,人均粮食产量为 267.2 市斤。在 1938 年的调查中,人均粮食生产量为 761.2 斤;在 1943 年至 1944 年调查的粮食总量中,以 1944 年甘肃 655.4 万人口计算,人均生产粮食 597.4 市斤,也就是说 20 世纪 30 年代至抗战时期,人均粮食产量已远远超过民国初年的水平。

随着粮食总产量的增加,抗战时期甘肃有了余粮。1938 年的调查者指出:如果以"每人每日消费粮食平均照 1.5 斤,全年照 365 日折合,每人平均年应消费粮食 547.5 斤。甘肃全省 66 县局人口推算总数为 6698219 人……全省每年消费粮食 3667274902 斤,全省每年余粮总量 1421427593 斤"。④ 一些县还有了余粮出售,如武威"小麦大麦除供给本县食用"外,向民勤县输出 4.6 万石;渭源"除供本县食用外",向邻县销售 16.9 万石;清水"食粮除供自食外,尚可向邻县输出十余万石";镇原"除供本县食用外",余粮销往平凉、西峰镇、固原等

---

①民国时期粮食产量增加,马铃薯的推广种植是一个很重要的因素。马铃薯在甘肃推广是在嘉、道之后,之前的地方志鲜有记载,晚清、民国的地方志对马铃薯记载比较普遍。随着马铃薯的推广和大面积种植,马铃薯成为居民主要辅助食物。皋兰"马铃薯年产约 640000 石,帮助食料非浅";靖远"洋芋年产约 15000 石,为贫民之辅助食品";固原"马铃薯年产 98000 石,可为贫民之补助食料";静宁马铃薯年产约 156.4 万斤,"可为人民之辅助食料";华亭马铃薯年产 4 万石,"为贫民辅助食料"(统计组:《甘肃各县局物产初步调查》,载《甘肃贸易季刊》第 5 -6 期合刊,1943 年 9 月)。

②市石与市斤之间的换算关系是:水稻 1 石 =108 市斤;玉米、小米、高粱、黍子、糜子 1 石 =150 市斤;小麦、大麦 1 石 =115 市斤;豆类 1 石 =154 市斤(见许道夫《中国近代农业生产及贸易统计资料》,第 344 页),马铃薯按照 100 市斤为 1 市石计算。下文市斤、市石的折合都是按照上述计算方法换算的。

③侯杨方:《中国人口史》第 6 卷(1910—1953),上海:复旦大学出版社,2001 年,第 134 页。

④孙友农:《甘肃农业问题回顾(3)》,第 42 页。

地约6.4万石;华亭以生产杂粮为主,每年有玉米5.6万石、杂粮1.2万石运销陕西、平凉等地;临夏"食粮颇有剩余",每年"销兰州、夏河之小麦,皆有数万石";临洮"食粮生产足敷全县需要而有余",每年向"兰州及附近各县输出不下一百万石左右";康县"食粮生产尚丰",每年向陕南输出粮食1.75万石[①];天水每年约产粮食81万石,除本县消费外,外销11万石。[②] 张掖1942年粮食产量185.4万石,除人畜消费外,输出外县76.9万石[③],占41.5%。定西粮食"除供自给外,尚可输出一部至兰州"[④]。据20世纪40年代调查,年产各种主要食粮约58.9万石,除供本县食用外,年可销往兰州及甘草店17.7万石[⑤],占总产量的30.1%。酒泉年产粮食40万市担,年消费量为30万市担,"尚有十万石剩余,粮食足够敷用,可无问题"[⑥]。临潭西路"地方经济,很足自给,如果再能集约经营,富裕可立致";东北路"农村食粮足以自给而有余"。[⑦] 从以上论述来看,从南京国民政府到抗战时期,甘肃农业有所恢复,某些方面还有所发展。

(二)农村副业有了变化

由于"工合"与银行、合作社发放副业贷款,促使甘肃农村副业有了比较大的变化。

第一,农村传统副业复苏,并得到一定程度发展。甘肃农村传统

①统计组:《甘肃各县局物产初步调查》,载《甘肃贸易季刊》第5-6期合刊,1943年9月,第11、32、41、53、59、66、73、87页。

②天水分行:《天水县经济概况》,载《甘行月刊》1941年第1卷第3期,第33页。

③王兴荣:《张掖经济概况》,载《甘肃贸易季刊》1943年第23期合刊,第53页。

④《甘肃省定西县金融市场调查》,甘肃省档案馆藏,档案号:27-3-284。

⑤甘肃省银行经济研究室:《甘肃省各县经济概况》,甘肃省银行经济研究室,出版年不详,第19页。

⑥之元:《酒泉概况》,载《新西北月刊》1942年第5卷第4-6期合刊,第133页。

⑦陆俊光:《临潭之生产概况与合作事业》,载《新西北月刊》1942年第6卷第1-3期合刊,第203页。

副业包括小手工业、小矿山、农家负贩、小型运输、工匠、畜牧和园艺采集等①，涵盖了社会生活的各个方面。近代以来，甘肃经历了1862—1873 年的回民事变、1920 年海原大地震和 1928—1929 年西北大旱灾，社会经济遭到了严重破坏，农村副业也一蹶不振。抗战时期，沿海工业城市相继沦陷，工业产品出现短缺，给农村手工业的发展带来了机遇。特别是 1938 年“工合”运动的兴起和 1941 年开始发放副业、运销等贷款后，农村传统副业逐渐发展起来。如陇西县因有“农民银行的贷款和支持，还有省社的指导和扶助”，使“手工业生产合作事业得以较快的发展”。② 如生产土布为天水三阳川的传统副业，“嗣因洋布输入，土布之生产曾经中衰。自七七事变起后，洋布输入较前困难，而后方需要又复增加，故土布生产之农家副业又渐兴起。仅就三阳川之石佛镇、雷家集、熊棋寨三市镇而言，隔日一集，每集土布产销量即达千匹以上”。③ 近代以来，农家使用的胰子“因受化学香皂之竞争，营业以大不如前”，抗战以来，外来肥皂减少，使“羊胰子一跃而为肥皂之惟一代替品，销路日广，制造者益众，大有一日千里之势”。④ “估计全省以造胰为生活者，至少有 4000 人，每年生产各式旧式肥皂，不下 100 万斤。”⑤织褐是临夏农家的传统，从 1939 年开始增产，原因是“纺织毛褐之农民，因感织褐之利益，于是积极经营，遂使蓬蓬勃勃之现象”⑥。说明抗战时期部分家庭手工业得到了恢复，而且生产规模有了扩大。

---

①陈鸿胪：《发展甘肃农村副业》，载《农村月刊》1948 年第 2 卷第 7 期，第 44 页。

②王振纪：《关于陇西解放前小手工业的见闻》，载《陇西文史资料选辑》第 1 辑，1995 年 1 月印行，第 61 页。

③常文熙：《天水农家纺织副业之促进》，载《中行农讯》1941 年第 4 期，第 7 页。

④王树基：《甘肃之工业》，甘肃省银行，1944 年印行，第 89 页。

⑤甘肃省政府：《甘肃省经济概况》，1944 年印行，第 133 页。

⑥王树基：《甘肃之工业》，第 36 – 37 页。

毛织业、土布业是甘肃农村最普遍的传统副业，关系到居民穿衣问题，抗战时期推广农村副业“以棉毛纺织业为中心”①。因此，在各种农村传统副业中，毛棉纺织业的恢复与发展最为突出。如1941年调查，天水县纺手约3万人，织手约8000人，纺车约2.9万架，纺机约6000架，每日可生产纱2300余斤，布1100余匹；甘谷县纺手约1.8万人，织手2500人，纺车1.5万架，织机1000架，全县每日生产量纱2800余斤，布900匹；秦安县纺手5.05万人，织手3.62万人，纺车4万架，织机2.1万架，每日全县产量纱约1万斤，布5千匹。② 通渭县平壤镇970户，4316人，家家户户从事毛纺织业，“每户约有木板钩针一具或二具不等，不论男女老幼，商店学徒，纸烟摊贩，卖饼小儿，亦各手执木板钩针，工作异常兴奋……平壤镇及其他各乡镇操是项副业者，共以4000人计，每日可出毛衣1000件，全年以十月计，每年约计30万件”③。在兰州、天水、秦安等地毛纺织副业的影响下，河西、陇东以及一些偏远地方的毛纺织业也得到了恢复。据统计，抗战时期全省年产大小毛编织物130万件，毛褐布29.7万匹。④

在副业贷款的支持下，甘肃土布业也得到了长足发展。据1944年调查，天水有“纺织合作社56所，约计7000纺织业，在甘肃各县农村副业中，最为发达，平均每户至少有织布机1架，纺纱机2架”，年产土布约35万匹；武都县抗战前因洋布畅销，土布“几于绝迹”，抗战后各“乡村副业，以纺织布为主，平均每户有纺纱机1架，10户有织布

①《甘肃省合作事业推行概况》，手抄本，甘肃省图书馆西北文献阅览室藏。

②薛瑞华：《陇南天水甘谷秦安三县手纺调查》，载《农本》1941年第35期，第21页。

③杨志宇：《通渭秦安天水甘谷四县手工纺织业概况》，载《甘肃贸易季刊》1944年第10－11期合刊，第67页。

④陈鸿胪：《甘肃省之固有手工业及其新兴工业》，载《西北问题论丛》1943年第3辑，第142页。

机1架”,年产土布约50万匹;张掖家庭纺织业因鸦片种植和洋布输入而中断,但抗战时期重新兴起,“农民于农闲时,以土机纺织各种土布”,全县从业农家2000户,纺纱机2000架,织机1600架,年产土布9万匹。另外,土布年产量超过2万匹的县还有:文县年产7万匹,靖远6万匹,庆阳4万匹,武威3万匹,临泽、礼县2.5万匹,金塔2万匹,其余各县数千至万匹不等,全省年产土布236.4万匹。农村副业纺织的土布能满足全省布匹需要量的25%。[①]

第二,新的手工业行业的出现,为农家提供了新的副业。近代以来,随着工业品的输入和对外贸易的发展,兴起了一些新的手工业种类,如弹花、轧花、火柴、肥皂、洗毛、打包等。如随着棉花的种植和纺织业的发展,弹花成为农村的一项副业,一些棉工“携带弹弓周游农村或市场兜揽工作,以斤计价,今日此处,明日彼处,或三五成群,或一人独行,无固定生产据点,兰州、平凉、天水、武威以及各产棉区,多有此项棉工之足迹,估计全省约有二千人”[②]。火柴厂建立后,与火柴生产相关的新副业出现了。天水炳兴火柴公司成立后,除了部分固定工人外,“糊盒、排签、装盒、包封等工序均雇用临时工,其中以女工居多”[③]。兰州同生火柴厂也雇用了一些临时工,装火柴的女工20余人,另有糊盒工约六七十人,“西园一带的妇女在家中劳动”[④]。新型工业的兴起也带动了农村副业的发展,为农民带来了新的就业机会。

第三,农家副业经营方式与生产水平有了提升。甘肃农村传统副业经营完全是以单个家庭为生产单位,自产自销或自用,不论生产

---

①王玉芬:《土布在甘肃》,载《甘肃贸易季刊》1944年第10-11期合刊,第38-40页。

②陈鸿胪:《甘肃省之固有手工业及其新兴工业》,第138页。

③张石父:《解放前天水火柴业的概况》,载《甘肃文史资料选辑》第4辑,兰州:甘肃人民出版社,1987年,第131页。

④陆星桥:《同生火柴股份有限公司》,载《甘肃文史资料选辑》第4辑,第128-129页。

还是销售都是分散的，资金与原料供应困难，生产规模小。抗战时期"工合"与银行资本的介入，使合作社成为农村副业一种新的经营方式。四联总处在推行副业贷款时，规定主要对象是"合作社或各级联合社、农民团体及个人"①。凡农贷和"工合"支持的农村副业，均以合作社为经营方式。合作社成为农家副业经营的新方式，且提高了农家副业的生产规模与产品的质量，如"甘肃陇南各县纺织手工业……经中国工业合作协会，及农民、中国等银行，先后组设纺织生产合作社，贷放资金，改进技术，出品已获不少改良"②。1941 年 12 月，天水三阳川合作社纺织联合供销处，"担负各社员社原料之供给，成品之推销，以及改良纺织机具，训练纺织技术等工作"。该社成立的最初 5 个月时间内，就购买十支纱 65 包，分发给各社员使用；为更新设备，购买钢线 20.85 万根，木机梭 1000 个，竹杼 1000 个，分别供给各社员；在推销方面，收受社员所织白布 10578 匹，已销售 5010 匹。合作社成立后，还推行生产标准，以提高质量，"以十支机纱为经，土纱为纬，较其他各地土布成色为高，故颇获各方客商之赞许，接洽订货者日多"③。商品化程度也有了提升，如三阳川土布年产量为 45 万匹，自用 2 万匹，销售 43 万匹④，商品率占 95.6%。以合作社方式经营农家副业，不仅解决了资金问题，改进了技术，生产规模也有所扩大，商品化程度也有了提高。

（三）农村社会经济有了变化

20 世纪二三十年代之交的甘肃，因自然灾害、战争和社会动荡不

①《四联总处各种农贷暂行准则》，载《中农月刊》1940 年第 1 卷第 4 期，第 137－138 页。

②杨志宇：《通渭秦安天水甘谷四县手工纺织业概况》，第 66 页。

③常文熙：《天水三阳川合作社标准国布之产销》，载《中行农讯》1942 年第 11 期，第 6 页。

④杨志宇：《通渭秦安天水甘谷四县手工纺织业概况》，第 75 页。

安，在记者、考察者和一些社会调查者的笔下，甘肃农村社会完全是一种衰败的景象。但随着农贷制度的建立和推行，甘肃农村社会经济发生了一些变化，主要表现在以下几个方面：

第一，农村借贷关系发生了变化。在农贷发放以前，甘肃的传统借贷关系中，借贷来源以商店、富户、军人阶层、当铺、银号和寺院等为主。如汤惠荪等人的调查中，甘肃借贷商号占 51.68%，富户占 32.69%，其他占 15.63%[①]；《申报年鉴》对甘肃 21 县统计，农家借款来源地主占 3.2%，富农占 42.6%，商家占 17.8%，钱局占 4.8%，其他占 30.4%；粮食借贷亲友占 8.5%，地主占 5.1%，富农占 56.3%，商家占 13.5%，其他占 13.6%。[②] 寺院也放债，如拉卜楞市场，一般小商人“每以重利向寺中喇嘛借贷”[③]。随着新式金融机关的建立，甘肃农村的借贷关系发生了变化。抗战初期调查，甘肃的借贷主要有 5 种，即私人借贷、土地抵押借贷、店铺赊账、当铺质典和信用合作社借贷。[④] 银行与合作社成为新的借贷关系，如 1942 年调查，甘肃借贷来源中银行占 24%，合作社占 48%，钱庄、典当、商店、私人占 30%[⑤]，新式金融机关占借贷来源的 70%。据 1945 年统计，本省的借贷来源中，银行贷款占 44%，合作社占 27%，政府机关占 5%，钱庄、典当、商店和私人占 24%[⑥]，新式借贷关系占 76%。可见，银行、合作社在借

---

①汤惠荪、雷男、董涵容：《甘肃省农业调查》，载《资源委员会季刊》1942 年第 2 卷第 2 期，第 169 页。

②申报年鉴社：《申报年鉴》，1935 年 5 月印行，第 45 页。

③马鹤天：《甘青藏边区考察记》第 1 册，上海：商务印书馆，1947 年，第 68 页。

④钟圭一：《抗战期中甘肃省狭义的经济设施之管见》，载《新西北月刊》1939 年第 1 卷第5－6期合刊，第 122 页。

⑤《民国三十一年各省农村放款机关及放款期限统计》，载《中农经济统计》1943 年第 3 卷第 4－5 期合刊，第 16 页。

⑥《民国三十四年各省农村放款机关及放款期限统计》，载《中农月刊》1946 年第 7 卷第 7－8期合刊，第 148 页。

贷关系中占有越来越重要的地位。抗战时期对一些县借贷关系的调查也反映出这种变化,如榆中1934年私人、商店借贷占96%以上,抗战时期合作社借款上升到24.33%。[①] 平凉、武威、天水3县农家借贷来源,按贷入次数说,平凉以合作社为第一,占80%,商店占15%,富户占5%;天水以富户为第一,占73.69%,合作社占18.42%,商店占7.89%;武威也以合作社为第一,占53.13%,富户占40.61%,商店占6.13%。[②] 如果将3县借贷来源平均计算,合作社借款占50.18%,富户占39.77%,商店占9.67%。因此,随着农贷的发放,农村借贷关系发生了比较大的变化,新式银行与合作社成为农家借贷的主要来源之一。

第二,农村地权分配趋于分散。农贷对地权分配趋向有无影响?从农贷用途来看,一部分用于购买土地,如定西"农民借得款项,多用之于购买田地或农具"[③]。临潭1937—1940年的农贷用于购买土地34355元,占全部农贷的24.8%。[④] 有调查表明,1938年陇西等15县农户贷款用于赎地占2.26%,用于买地占0.06%[⑤];1940年农贷用于购买土地占全部贷款的5.72%[⑥],说明农贷用于赎回或购买土地比较普遍。随着农贷政策的转变,扶持自耕农贷款成为农行土地金融业务的主要内容之一,用于政府为创设自耕农征购土地、农民购买或赎

①洪谨载:《榆中县信用合作社及社员经济状况调查》,载《甘肃科学教育馆学报》1940年第2期,第四表。

②李中舒:《甘肃农村经济之研究》,第47页。

③甘肃省银行经济研究室:《甘肃省各县经济概况》,第27页。

④陆俊光:《临潭之生产概况与合作事业》,第205页。

⑤《甘肃省第一期陇西等十五县贷款用途百分表》,载《甘肃统计季报》1938年第2卷第1-4期,第20页。

⑥李中舒:《甘肃合作事业之过去,现在和将来》,第19页。

回土地等。[①] 1941 年,甘肃省政府决定将湟惠渠灌区划为扶持自耕农示范区,办法是由政府征收土地,划分若干农场,供给自耕农耕种。[②] 由省政府与农民银行商贷 1600 万元(其中现金 1280 万元,土地债券 320 万元),利率月息 2 分 3 厘至 2 分 5 厘,期限为 4 年或 5 年。[③] 截至 1945 年 8 月,该项工作共进行三期,第一期 1944 年 11 月完成,征购不在地主及未依法登记土地 5036 亩;第二期 1945 年 1 月完成,征购荒地、老砂地和公用地 5822 亩;第三期 1945 年 8 月完成,征购水地及新砂地 14786 亩。共计土地 25644 亩,其中 500 亩分配农业改进所使用,256 亩举办合作农场,新住宅地 382 亩,其余土地划分为 1162 个自耕农农场。[④] 另外,靖丰渠建成后,淤地 10858 亩,共放给无地农户 1383 户,“农场地价,视筑渠放淤总工程费而定,分五年由承领人缴清”[⑤]。通过扶持自耕农贷款,湟惠渠灌区地权集中的问题得到解决。1940 年湟惠渠有 541 户,其中占有 100 亩以上的农家有 65 户,占总户数的 12%;有土地 13500 亩,占全部土地的 55.1%。显然地权比较集中。建立扶持自耕农示范区后,灌区有农户 1162 户,土地 5~10亩有 4 户,占 0.3%;10~15 亩 367 户,占 31.6%;15~30亩 791 户[⑥],占 68.1%。说明通过农贷扶持自耕农,解决了地权集中的问题。我们再来看 20 世纪 30 年代至抗战时期甘肃地权分配变化的情形。据 1931 年至 1934 年调查,佃农所占比例在 20%~25%之间,自耕农

---

①《中国农民银行兼办土地金融业务条例》(1941 年 9 月 5 日),载《经济汇报》1941 年第 4 卷第 7 期,第 129 页。

②魏宝珪:《湟惠渠灌溉渠之扶持自耕农》,载《人与地》1943 年第 3 卷第 7-8 期合刊,第 64 页;黄汉泽:《湟惠渠灌溉区域扶植自耕农之实施》,载《甘肃地政》1944 年第 1 卷第 1 期,第 29 页。

③甘肃省政府:《甘肃省统计年鉴》,1946 年印行,第 45 页。

④甘肃省政府:《甘肃省试办扶植自耕农初步成效报告》,1946 年 6 月印行,第 9-11 页。

⑤甘肃省政府:《甘肃省试办扶植自耕农初步成效报告》,第 16 页。

⑥甘肃省政府:《甘肃统计年鉴》,第 46-47 页。

在53%～62%之间。[①] 又据1937年统计，甘肃佃农所占比例为19%，自耕农占61%，半自耕农占20%[②]；1944年对全省67县（局）的统计，佃农占12.1%，半自耕农占14.3%，自耕农占73.6%。[③] 从上述调查来看，1944年甘肃佃农比抗战初期降低近7个百分点，比20世纪30年代初降低了8～13个百分点，说明甘肃地权分配趋于分散。地权趋向分散，农贷政策的实施是其原因之一，应是毋庸置疑的。

第三，农家生活有了改善。我们先看农家粮食剩余的问题。缴纳田赋是农家的主要赋税，以1943年为例，甘肃征实田赋160万石[④]，人均征粮为0.24石，约折合36市斤；当年调查人均粮食产量597.4市斤（见前文）计算，除缴纳赋税外，尚余551.4斤。据1942年调查，甘肃人均常年粮食消费量是627.4市斤[⑤]，以此计算，尚缺76市斤。也就是农业产量的增加能够解决农民粮食需求量的87.9%。不足部分主要通过农家副业来补充，如20世纪40年代陇西"手工业生产合作事业的发展，促进了地方经济的发展，给一些贫穷家庭的男女劳动力开辟了一条出卖劳动以谋生的门路"[⑥]。渭源"抗战以还，谋利尤易，新旧商人多获厚利，故富者生计无不优裕，贫穷之家，间有从事手工纺织者，尚可勉维生计"。临夏"本地人民使用简单，衣服朴素，住房简陋，虽产品无多，而生活尚称裕□。所有市面之繁荣，农村

①《民国二十四年各省农佃之分布及其近年来之变迁》，载《农情报告》第5卷第1期，1937年1月15日，第8页。

②《中华民国二十七年农本局业务报告》，第9页。

③甘肃省政府：《甘肃统计年鉴》，第95页。

④《甘肃省政府三年来重要工作报告》（自1940年12月6日起至1944年4月15日止），1944年5月，第31页。

⑤根据《民国三十一年各省食粮消费概况》，载《农报》1943年第8卷第7－12期合刊，第140页表计算。

⑥王振纪：《关于陇西解放前小手工业的见闻》，载《陇西文史资料选辑》第1辑，1995年1月印行，第64页。

经济之发展,实赖民风之崇尚勤俭,强力经营之所致”[①]。兰州西郊以农村“因工业纺织合作社之组织,该村男女老幼一二千人,全能手纺毛线。据说,他们的收入也比过去好得多”[②]。农贷发放后,各地农家生活趋于稳定,即“自民廿五年政府举办农贷以来,农村生产渐形恢复,人民生活日趋稳定”[③]。永登县“农村经济颇能因而调剂,农民亦多额手称庆”[④]。也就是说,通过十年农贷和农村经济建设,农业和农村副业都有了一定程度恢复与发展,尽管农村尚未摆脱贫困,但农民的生活有了改善,绝大多数农家已经过上比较稳定的生活,甘肃农村至少已经不是以前饿殍遍地的状况了。

四、余论

关于近代以来中国农村经济发展与否的问题,吴承明指出,20 世纪以来中国粮食总产量是增长的,到 1936 年达于高峰,1937 年以后急剧衰退,只有解放区和大后方“颇有发展”[⑤]。抗战爆发后,甘肃农业和农村经济在此基础上继续发展,成为农业继续增长的一个范例。因此,综合粮食总产量、农村副业的恢复与发展以及农村社会变化等方面的情形,笔者认为抗战时期是近代以来甘肃农业和农村经济发展状况最好的时期,并针对农贷中的一些问题谈谈自己的看法。

第一,关于地主、富农是否把持农贷的问题。地主、富农把持农贷是学术界对国民政府农贷批评的主要问题之一。甘肃情形如何?1935 年 6—12 月,皋兰县最初创办合作社时,“社员的成分自耕农占

①甘肃省银行经济研究室:《甘肃省各县经济概况》,第 37 页。

②徐旭:《论西北工业建设》,载《中国工业》1942 年第 5 期,第 7 页。

③甘肃省银行经济研究室:《甘肃省各县经济概况》,第 37 页。

④永登办事处:《永登》,载《甘行月刊》1941 年第 1 卷第 2 期,第 53 页。

⑤吴承明:《中国近代农业生产力的考察》,载《中国经济史研究》1989 年第 2 期,第 73 页。

60%与佃农占36%，地主仅占4%"[①]；1936年组建的合作社中，通过对皋兰等7县的调查，社员中佃农占2.05%，半自耕农占11.02%，自耕农占82.13%，半地主占1.08%，地主0.45%，其他(包括工、商、学者)占1.48%，不明身份占0.64%[②]；1938年，第一期农贷发放后，通过对陇西等15县的调查，社员中自耕农占68.9%，半自耕农占20.32%，半地主占4.75%，佃农占4.45%，雇农占0.4%，地主占0.15%，其他占1.03%[③]；1939年对甘肃全省调查，社员中自耕农占56%，半自耕农占34%，佃农占7.7%，半地主占1.4%，雇农占0.6%，地主占0.3%[④]；1940年，对全省21918户农贷社员调查，自耕农占82.28%，半自耕农占11.24%，佃农占4.26%，半地主占1.55%，地主占0.12%，其他(指小商人、小手工业者等)占0.56%[⑤]，其中自耕农和半自耕农占93.52%；1941年，合作社经济处调查结果是自耕农约占82.27%，半自耕农占11.24%，佃农占4.26%，半地主占1.55%，地主占0.22%，其他(包括商人、工匠、教师、学生等)占0.36%。[⑥] 从上述历年的调查来看，地主在合作社中所占比例极低，主要是自耕农和佃农。另外，皋兰、榆中两县首次举办互助社，"颇少发现土劣之操纵"[⑦]。主持两县合作社的孙友农也说："照过去组织的

①孙友农：《甘肃之农村合作事业》，载《农友》1936年第4卷第1期，第73页。

②罗子为：《甘肃省农村合作运动之回顾与前瞻》，载《农友》1937年第5卷第1期，第21页。

③《甘肃省第一期陇西等十五县社员分级百分表》，载《甘肃统计季报》1938年第2卷第1-4期合刊，第20页。

④顾祖德：《甘肃省合作事业与农业金融》，第132页。

⑤李中舒：《甘肃合作事业之过去，现在和将来》，第18页。

⑥甘肃省合作委员会：《甘肃省合作事业》，1942年印行，第8页。

⑦中国农行：《中国农民银行民国二十四年度各省之农村合作事业》，载《农村合作月报》1936年第1卷第6期，第147页。

情形,很少发现土劣的操纵。”[①]有些地方曾出现土豪干扰合作社的事情,如固原县合作社成立初期,曾出现“农民受土豪煽惑,不肯踊跃参加”的现象,但合作社组织起来之后,“社内负责人,以少有资产而为众人所推崇者,如保长、大地主很少得为社内职员”[②]。地主对农民的行为及合作社影响力比较小。当然,也不排除存在地主成为农贷的受益者的现象,如文县合作社社员中,自耕农占 60%,半自耕农占 25%,佃农占 6%,雇农占 4%,地主占 5%。[③] 不能因为有地主参加了合作社,就断定合作社为地主所把持。从甘肃的情形看,合作社并不完全由地主、富农把持。

第二,关于农民是否受益于农贷的问题。有学者指出“1945 年甘肃省有合作社社员 54.3783 万人,占全省农业总人口 292.4251 万人的 18.6%,那么其余 81.4% 的农民就不能享受低息农贷款了”,并认为“大量的农贷被土劣获得,而贫苦农民则获得贷款甚少”。[④] 上述关于农贷获益农民比例的算法本身就是错误的。合作社社员并不是所有农民都可以参加,而是以家庭为单位,也就是说每农家不管人口多寡,只有 1 人成为社员。因此,计算农贷受益比例,应以农户为单位。如 1941 年全省总户数是 109.1 万户[⑤],以甘肃农户占全部户数的 77.1% 计算[⑥],农户数量为 84.1 万户,当年社员数为 35.1 万人,合作

①孙友农:《甘肃之农村合作事业》,载《农友》1936 年第 4 卷第 1 期,第 73 页。

②固原办事处:《固原经济概况》,载《甘行月刊》1941 年第 1 卷第 3 期,第 46 页。

③李秉璋、韩建笃:《文县要览》,经济合作组织,1947 年石印本,第 13 页 B。

④裴庚辛:《民国时期甘肃小额农贷与农业生产》,载《甘肃社会科学》2009 年第 3 期,第 224 页。

⑤甘肃省档案馆:《甘肃历史人口资料汇编》第 2 辑(下),兰州:甘肃人民出版社,1998 年,第 310 页。

⑥汤惠荪、雷男、董涵容:《甘肃省农业调查》,载《资源委员会季刊》1942 年第 2 卷第 2 期,第 135 页。

社社员占全部农户应为41.7%。1944年甘肃农户总数为79.3万户[①],合作社社员为54.4万人,占全部农户的68.6%。也就是说,在甘肃农贷中,至少有半数以上农家参加了合作社,成为农贷的受益者。另外,如果仔细研究农贷的过程,以1941年为界限,之前国民政府发放农贷主要属于农村救济贷款,以信用借款为主,全部贷款通过合作社贷于农家。而此后的贷款主要是进行国民经济建设,尽管大型农田水利贷款并不针对农家,但获益的农田仍是农家的土地,从本文对甘肃农贷的研究中可以看出,小型水利、土地改良和副业等贷款,主要还是以合作社为基础,受益的主要是农家。因农家是农贷的最终受益者,才有农业经济的复苏与农村社会的变化。

第三,关于农贷是否助长了高利贷的问题。我们先看农行对农贷利息的规定,银行贷款给合作社月息7厘,合作社贷给社员月息1分。[②] 抗战初期,中国银行在酒泉发放农贷,"利息甚低,仅有年息八厘左右"[③]。1941年以后,农贷利息增加,农民银行规定,合作社贷款1年以内者月息8厘,2年以内者月息9厘,3年以内者月息1分;合作社贷款给社员,利息1年以内者不得超过1分2厘,3年以内者不得超过1分3厘。[④] 据1942年调查,甘肃的各种借贷中,合作社的利率最低。[⑤] 这种低利贷款,不仅活跃了农村金融,也在某种程度上抵制了高利贷资本。如陇南的白龙镇、荔川镇"向无金融机关之组织,所有出口货款之调拨,除少数由入口货款抵冲外,多到岷县调剂。乡

①国民政府主计处统计局:《中华民国统计提要》,1945年印行,第15页。

②林嵘:《七年来中国农民银行之农贷》,第99页。

③之元:《酒泉概况》,载《新西北月刊》1942年第5卷第4-6期合刊,第132页。

④姚公振:《十年来之中国农民银行(续)》,载《经济汇报》1942年第6卷第12期,第69页。

⑤《民国三十一年各省农村放款利率统计》,载《中农经济统计》1943年第3卷第4-5期,第18页。

村利率每月每百元利息十元,自我行来岷进行农放后,乡村利率已逐渐减低"①。在河西地区,农贷对遏制高利贷"尤见成效"。② 农贷对寺院高利贷也是一个打击。如卓尼禅定寺有1万多元的公积金,"这笔钱常常放贷到穷苦的藏人佃农牧户中,利率没有一定,每年的利润亦非局外人所能确切地计算出来的,不过自去年(指1940年——引者注)卓尼举办了两万元农贷之后,这万多元的寺院贷金很受了些影响"。③ 中行在夏河办理农贷后,"一部分半农业、半游牧之人民,经贷款后已经减轻了高利贷之剥削"④。由此看出,农贷并非助长了高利贷资本,而实际情形是凡农贷所及之处,高利贷资本都受到了一定程度的遏制。

第四,关于农贷绩效不足的问题。绩效不足是学术界对国民政府农贷的共同认识,甘肃农贷同样也存在绩效不足的问题,如农贷数量有限,距离农民的需求尚远,一些地方农村高利贷还在活跃,抗战时期的定西"历年合作贷款逐渐增加,农村经济稍感宽裕,而高利贷仍然盛行"⑤。前文所述,国民政府在甘肃举办的11项大型水利工程,有2项停办,主要原因是物价上涨过快,原贷款不足完成建设项目。这些都说明甘肃农贷存在绩效不足的问题。⑥ 是什么原因导致了甘肃农贷绩效不足?笔者认为主要有两个原因。一是战时环境下

①中国银行岷县办事处:《白龙镇荔川镇商业调查报告》,甘肃省档案馆藏,档案号:56-1-42。

②甘肃省第七区行政专员兼保安司令公署:《甘肃七区纪要》,1946年10月油印本,第65页。

③明驼:《卓尼之过去与未来(续)》,载《边政公论》1941年第1卷第2期,第53页。

④柴希曾:《推进番区农贷的初步设施》,载《中行农讯》1942年第5期,第7页。

⑤甘肃省银行经济研究室:《甘肃省各县经济概况》,第131页。

⑥关于农贷绩效不足的问题,李金铮教授已经有了很好的研究(参看《绩效与不足:民国时期现代农业金融与农村社会之关系》,载《中国农史》2003年第1期,第92-98页),本文不再赘述。

物价上涨过快，影响了农贷的绩效。在农贷初创时期，农民对农贷充满了希望和信心，1937年贷款发放后，虽然数量不多，但以当时物价，农贷虽少，尚能解决一些问题；但太平洋战争爆发后，中国战略物资短缺，物价上涨速度远远超过了国民政府农贷的增长速度，导致农贷绩效不足。二是对于甘肃而言，农贷毕竟是新生事物，建立适合农村社会的农贷体系需要解决很多问题，如农业金融资本市场的建立、合作思想的普及与合作制度的完善、农贷人才的培养和农民的文化知识需要提高等，这些均是影响农贷绩效的主要因素。

抗战前西北人的地域意识与国家观念考察

刘　进

“九一八”事变后至抗战爆发之前，由于东北三省沦陷，且日本并吞中国的野心向纵深发展，引起了有识之士关注久为国人遗忘的广袤西北疆域，朝野上下屡屡兴起“开发西北”的呼声。对此史实，近年学术界有较多论述，然大多研究是从当时西北在国家整体格局中的重要战略地位出发，考察开发西北的言论、举措以及成效，甚少注意西北内部舆论如何回应和思考国人掀起的开发西北的形形色色的观点。本文主要以西北各省知识分子所办刊物或其他出版物刊载的西北本地人士言论为基础，考察西北人的地域意识和国家观念的实际状态，以及由此所反映出的当时开发西北讨论、决策、实施中被忽视的深层次问题。需要说明的是：本文所选言论，大多为曾赴内地或国外“留学”、游历、任教的西北本地人士的言论，他们大多思想开化和进步，明悉国家大势，关心家乡民众需求，在一定意义上可以看作是西北各阶层民众进步思潮的代言人。

一、国家视角与地域视角的差异

为什么开发西北？西北开发呼声本身就是在国人因应边疆危机中出现的，故此大多论者从国家视角观察此一问题；而西北知识分子多从地域的视角提出对开发西北的认识,两者之间颇有差异。

(1)西北以外人士以国家为视角,认为开发西北在保障国防、缓解内地人口压力、解决国家经济发展中的资源约束等方面具有重要战略地位。

"九一八"事变与"一·二八"事变是国人对西北认识的重要分水岭。正因为东北沦陷和日本向中国沿内地富庶地区的步步进逼,使得国人普遍关注长期被遗忘的西北。"九一八"事变后很长一段时期,国人谈起西北开发的原因和目的,大抵皆曰:"东北沦亡……"国民党政要也不例外,可见国人注重西北的真正动因在于国防。蒋介石、宋子文、张学良等都发表过许多强调西北国防建设的言论。1934年5月,宋子文到陕、甘、宁视察时,把西北建设的重要性提得很高,他说:"西北的建设,不是一个地方问题,是整个国家的问题,现在沿江沿海各省,已经在侵略者炮火之下,我们应当注意中华民族发源地的西北,赶快注重建设。"①

西北以外人士还关注与国防紧密相连的西北经济、交通、自然资源、移民等问题,概括言之,西北对于国家有两个方面重要的潜在价值:第一,西北资源丰富。戴季陶说:"大家总以为西北是贫穷寒苦不过的地方,其实何尝如此,譬如新疆是无尽藏的财富之区,陕西、甘肃也是有将来开发不尽的财富。"②这是凭当时国人泛泛的认识水平而随意说的话,并没有经过认真的调查与研究。邵元冲1932年3月21日在中央党部纪念周的讲话鲜明地体现了这一目的,他认为,开发西北"地下富藏",则中国的工业将"大有希望,不必仰赖他国,不致受他

①宋子文:《西北建设问题》,载秦孝仪主编《革命文献》第88辑,台北:中国国民党党史委员会,1980年,第103页。

②戴季陶:《向西北猛进的两大意义》,戴季陶:《西北》,南京:新亚细亚学会,1933年,第6页。

国的牵制",发展西北的畜牧业和毛纺织业,则中国"不必买别国的皮革品与毛织品了"。修建从西北直达小亚细亚的铁道,则可弥补沿海沿江"受国际上的牵制"的不足。[①] 第二,西北地域广大,是解决东南人口过剩与失业等社会问题的绝佳地域。何应钦认为:"我国现在一方面有人无地耕,一方面有地无人耕,故非移民殖边,无以调剂。至于过剩军队之编遣,游民难民之安置,舍殖边垦荒,更无法消纳。"[②]而阅读当时国人言论,此类主张与观点比比皆是。

(2)西北人士以地域为视角,希望改变西北地区与东南省份发展上的巨大差距。

陕西以西的甘肃、宁夏、青海、新疆四省,近代以来因为地方实力派把持政治、交通阻隔和社会封闭,长期与内地经济文化交流稀少。冯玉祥国民军进入西北,初步打破了以往的过度封闭状态。南京国民政府建立以后,甘宁青地区与外界的交流日渐频繁,尤其到沿海各大城市读书的青年学生数量,与日俱增。即以青海省为例,从南京政府刚成立时,第一次赴南京求学者仅有 13 人,到 1934 年年底,"青海青年学子留学于东南各省者,总计不下二三百"[③]。因为甘宁青地区被国人目为边陲,本地政府与民众把赴国内发达地区求学的学生,称为"国内留学生"。这是一股新兴力量,他们在外求学,开阔了视野,增长了见识,吸收了新的文化知识与思想观念。在新的环境、新的气息的激荡之下,他们常常情不自禁地把西北与东南进行比较。青年学生眼中西北与东南的差异,反映出西北的社会现状与西北人追求现代性意识的萌动。

---

①邵元冲:《开发西北的重要》,载秦孝仪主编《革命文献》第 88 辑,第 32 页。

②何应钦:《开发西北为我国当前要政》,载秦孝仪主编《革命文献》第 88 辑,第 35 页。

③文源:《本社之使命》,载《新青海》1934 年第 2 卷第 12 期,第 5 页。

首先,西北人体会到西北较之东南政治、社会环境上更加保守、黑暗。一位青海人说:“我们处在西北,尤其是一切梗塞的青海,犹如牢笼的雀,整日的所见所闻,只有军阀的宰割,官佞的贪污,劣绅的蹂躏,土豪的剥夺,由此种种的魔王,构成了一个奇形危状、惨不忍睹的社会,除此重重黑暗的外,欲得一丝的曙光难矣!”[①]西北在近代的社会变革中,犹如一潭死水,政治和社会更加保守、黑暗,对比之下,出外求学的青年学子敏感地捕捉到家乡所处的社会状态。西北社会新的时代气息不易输入,整个社会依然受传统政治与社会势力的控制,表现为“静”的状态。在这样的政治与社会环境里,突出的特征即是旧有秩序的顽固与封闭,老年人的老成持重受到推崇,青年人的独立观察、独立思考、独立行动被压制与束缚。[②] 甘肃、宁夏、青海的青年学子抨击三省旧社会势力操控一切,感慨地说:“在东南新文化普遍的时代”,旧势力“还大摇大摆地读喊着‘子曰’与‘人之生也’。这样,三省的文化怎能不落伍呢?三省的社会怎能不落后呢?”[③]

其次,在国家教育文化政策方面没有对落后的西北地区真正予以倾斜照顾。当时西北青年学生要突破经济、交通、思想种种障碍,方可赴外求学,其艰难困苦实在很多。此外,国家在落后地区的学生升学方面,一直没有太多的照顾与优待措施,因此,以西北学生的受教育水准,要考入东南学校就读,颇不容易。能够出外就学的学生对此颇感不平。20 世纪 30 年代初,有一位学生对于中央政治学校坚持各省学生录取标准一致,故甘宁青三省仅送 4 位学生参加考试一事评论道:

①《从显微镜中来看青海禁烟内幕》,载《新青海》1935 年第 3 卷第 6 期,第 67 页。

②《谨告甘青宁三省青年》,载《陇钟》言论集(第 1 集),南京:《陇钟》编辑社,1932 年,第 1 页。

③《谨告甘青宁三省青年》,第 1 页。

这结果甘肃的招生，也就偃旗息鼓了，三十四十，无奈何，只有四位上京。在土匪、高山、深水里跋涉的艰难，南方的幸运儿们知道吗？他们吃米饭没八个菜时嫌口淡，你苦谁信？“一样的学生，一样的考法，那么也就一样的取录，成绩不成，还请原谅！”此所以送到的仅有几位老乡，其前路也装进了谜底，拿三省的教育和东南的教育比，我们还猜什么呢？

将来的结果，固说不出一定，能收一二，我们只有磕头，这是殊恩，这是见怜。九百万人民，地居三省，而在中央所设的训练全国人才的学校里，送几个学生读书，竟是殊恩与见怜，我们还有什么说的呢？①

第三，西北人强烈感受到了西北与东南的经济水平与社会发展上的巨大差距，热切期望国家力量扶持西北地区的发展。到过东南地区的西北人，“每一谈到西北，同时便联想到‘东南’”，情不自禁地将西北与东南从诸多方面做一番比较，他们一般所说的“东南”即指江、浙、皖、赣、两湖、两粤各地，他们赞美东南秀丽的江山、便利的交通、发达的工商业、人口繁庶的城镇、富裕舒适的人民生活，痛惜西北家乡交通仍为原始的骡车和一日行不上百里的驴、马、驼、牛，感慨西北人心目中的“西北大堂”的兰州、西宁、宁夏（今银川）竟然比不上“东南一个小有名或者竟无名的市镇的繁荣”。他们认为，东南“较之任何地方都要强过数倍，而侨居其地的人，又莫不纸醉金迷，大有乐不思蜀之概”②。

这些受域外文明吹拂过的西北人士，在西北与东南的对比中看

①《悯人·还想靠人吗?》，载《陇钟》言论集（第1集），南京:《陇钟》编辑社，1932年，第112页。

②陈伯言:《开发西北与中国前途的关系》，载《新甘肃》1932年创刊号，第3-5页。

到了西北的落后与贫穷,因此期望改变这种差距。《新青海》是青海省青年在南京创办的刊物,在其《发刊词》中开宗明义地宣称其办刊宗旨为:"一面探讨青海实况介绍于国人以冀引起内地之爱国志士注意到边疆状况、国防情形;一方面则灌输内地新文化于青海,以期由此激励、唤醒青人之酣梦,促进奋发之精神,而共赴建设之途径",使家乡成为"一个现代化的合理的美丽画图"①。一位甘肃学生针对当时兰州市内普遍崇敬与供奉鬼神的情形,即想到用便利交通、传播科学知识的办法,改变此种不适时宜的现象。他说:"假若陇海路马上修到兰州,我想比较年轻,或头脑稍活动的人,一定再不花钱去给坛里神买像挂匾。因为火车伟大的科学能力和现象,的确可以战胜封建思想。"②

值得注意的是,西北地域意识在当时西北政界和知识阶层中普遍存在。但西北内部各省毕竟分属不同的政治区域,因此,在西北这样一个大的地域意识中,仍包含若干归属于西北地域意识的省意识,这体现在不同省份的西北人在谈及开发西北时往往强调本省地位的重要性,如 1932 年《新甘肃》的《发刊词》表示:"期望因国人之注意与研究,了然于甘肃问题即整个西北问题,亦即整个中国之问题,对甘肃内部之需要,如'现代文化'、'巨额资金'之输入供给,予以精神上物质上充分之资助,使新甘肃之开发建设,得于人力财力集中之下,早日实现。"③1933 年,另一位甘肃人主张:开发西北"实应以甘肃作为开发的中心。由甘肃而西及新疆,北及蒙古,南及青海、西藏,东及陕西,这种圆形的推广,不仅开发时比较省力而效大,就是结果也能

①马生芝:《新青海社成立的一周年》,载《新青海》1933 年第 8 期,第 2-4 页。

②饮真:《神教社会的兰州》,南京:《陇钟》编辑社,1932 年,第 123 页。

③《发刊词》,载《新甘肃》创刊号,1932 年,第 2 页。

发展平衡”。[①] 姑且不论这些言论的合理性与科学性,其中肯定蕴涵省域意识。

地域视角和国家视角下观察到的开发西北影像在若干重要关节点上有明显的差异,需要进一步考察。

二、应该保障西北人在开发西北中的地位和利益

西北人最关心由谁和为谁开发西北问题,能否在开发西北中保障和增加西北人自身的利益。

曾留学美国的甘肃人田炯锦对当时一般高唱开发西北者分为三类:一是“贩卖西北之骗徒”,他们“学识浅薄,在内部无活动之余地,于是出奇制胜,在西北旅行一趟,遂自命为西北通,大吹大擂,专欲给盘踞西北、搜括民财之军阀作向导”;二是“视西北为化外之政客及商贾”,唯一目的在“获金银珠宝”,“对西北人民及其生活习惯之丑诋,俨若欧美人之对吾民族”,并不真正同情、关心西北民众疾苦;三是“好谈懒做之政客及文人学士”,他们“以侈谈开发西北为时髦,或足迹仅至洛阳,遂大谈开发西北之重要及办法,或在华山上登高西望,遂盛言西北之广大富庶”,“他们都是谈谈罢了,于西北之开发,毫无裨益”。[②]

上述言论无疑有言过其实之嫌,其时国难当头,大部分国人应该出于保家卫国的真诚良好愿望建言立论。但这种对由谁和为谁开发西北开发问题上的疑虑并非空穴来风:第一,因为绝大多数西北以外的言论者并不十分了解西北的实际情态,因之替西北人考虑的不多,而曾经担任甘肃省政府主席的邵力子就洞悉为谁开发西北

①何思明:《开发西北应以甘肃为中心论》,载《拓荒》创刊号,1933 年,第 16 页。

②田炯锦:《开发西北应从解决当前难题入手》,载《泾涛》第 8 期,1933 年。

问题的重要性，他说："有种极无聊的人说：'开发西北，是为自己发财。'我们要为西北人之幸福而开发西北。不是为中央或其他省的人而开发西北。"[①]确实，综观当时包括国民党政要在内的国人的言论，他们着重强调的是西北与整个国家的关系，即西北在国防、资源、移民等方面的价值，间或有人也会说上几句"为西北人开发西北"的话语，但毕竟是沧海一粟，这种现象引起西北人士的强烈反感。第二，在现实中借开发西北之名而行掠夺西北财富、压榨西北民众之实行为的负面影响。一些"服务于西北"的某些"东南人士"，"相与夤缘为利，则无孔不入，其结果宦囊累累，满载而归；又有视西北人民蠢蠢然犹如鹿豕，己则以苏武自居"行为的强烈不满。[②] 西北人寄予开发西北以很大的希望，但经过实际观察，他们觉得"开发西北者，东南人之口头禅耳，谁都不愿意去，即有去者亦系受中央之命令，携中央之巨款，款尽人归，决无流连而忘返者"[③]，与真正实际的开发西北尚有距离。

既然从开发西北的倡导者的言论、开发西北的现实境遇推断，完全由西北以外力量主导的开发西北，对于维护自身利益而言前景不容乐观，于是一些西北人开始思考西北人在开发西北中的地位和作用问题。署名希天的人不无忧虑地说，没有西北人参与的开发，西北人所处的地位实在堪忧，因为西北人"这样没出息无能耐"，等到开发好以后，"至少要受到种种惩罚"，譬如扫院子，刷茅厕，吃冷饭，穿破衣，等等。[④] 这是他鉴于以往冯玉祥时期"开发西北"的"经验教训"

①邵力子：《怎样开发西北》，见沈云龙《近代中国史料丛刊》正编（第82辑814）《建设篇》，台北：文海出版社，1972年，第7页。

②岚：《敬告服务西北的同志们》，载《新青海》1934年第2卷第6期，第1－2页。

③陆亭林：《实际开发西北的初步》，甘肃省图书馆藏，1936年，第2页。

④希天：《开发西北声中西北人应有之觉悟》，载《公道》1932年第1卷第4期，第11页。

而产生的想法。或许正是在此种担忧的支配下，有些西北人喊出了“西北者西北人的西北，何劳东南人越俎代庖”的口号，他们认为：“东南虽多人才，然一般东南人士之视西北犹如外人之视中国，开发云者，盖欲囊括原料，鱼肉人民而已。故与其进为科学化的机械生活社会，莫如退化为原始的酋长制度。”①此虽为过激言论，但琢磨其语义，显然在追求开发西北中西北人的利益与地位。

三、西北人士的西北开发观

从地域视角出发，西北人士就如何开发西北进行了讨论，其主要观点是：

（一）切实了解西北实际，以西北民生为重

民国以来军阀政客以“开发西北”为幌子，给西北人民带来不少失望与痛苦，故此，当开发西北老调重弹时，人们不禁要问：“政府是不是真的要开发西北，我们不敢有什么过奢的希望。希望常常会误事的。”②西北人士认为：“空话害了国家，幻想误了国家，西北的开发是要拿出魄力，脚踏实地地干，才能得到一点成绩的。”③回族学者马霄石也希望：“开发西北，务须实事求是，妥筹良策，始克有济，绝非徒托空言、唱高调者可以成功也。”④抗战前，西北的政治与军事形势尚未趋于稳定，国民政府也没有多少能力解决西北民生问题。国民党大小官员不能深入西北基层与民间，体悟民生疾苦，天马行空式的“开发西北”，一直是西北人痛诋的现象。西北人士讥评

---

①岚：《敬告服务西北的同志们》，第1－2页。

②白丁：《评述两个关于开发西北的讲演》，载《陇钟》言论集（第1集），南京：《陇钟》编辑社，1932年，第180－185页。

③白丁：《评述两个关于开发西北的讲演》，第180－185页。

④马霄石：《开发西北之先决问题·自序》，西宁：青海印刷局，1936年，第1页.

国民党要人不能深入民间，真确了解西北内情。虽然宋子文、戴季陶、蒋介石诸政要先后造访西北，但他们“行则高飞空际，止又必处于各省府或某厅之间，日与接触之人，不外地方各机关之大员。谈必国家大事，听必军政要闻。人民即欲一见颜色，亦不可得。所谓民间痛苦，何由得而详知？”他们关心的是政治与军事问题，而非民生疾苦。①

西北人士常常以帝国主义与殖民地的关系来讥讽部分国人的开发西北观。② 他们期望在西北开发中得到中央政府和内地的“经济提携”“政治整理”“技术帮助”和“商工建设”，并宣称：“明乎此，则开发西北方有意义，可成功，而亦为西北人民所欢迎者。所以，在巩固中央的原则下，我们拥护统一，反对剥削，在建设西北的方法中，我们主张以民生主义的原则，由政府经营西北建设事业。同时，我们也极力欢迎热心开发西北人士的投资，然而我们反对以开发非洲的心理，作剩余资本的侵略。”③

（二）开发西北应注重和培养西北人的主体地位

西北人士并不简单地一概反对内地人开发西北，但不赞同普通移民开发之举，甚嚣尘上的“监犯移民垦殖西北”之说，尤令西北人士反感。他们主张：“移植内地文化程度较高之民众，开发西北，固所欢迎，但训练土人帮助开发，尤为必要”，也就是要培育和发挥西北当地民众在西北开发中的主体作用。希天虽觉得开发西北离不开东南的资本与人才，但他仍然认为：“无论如何，西北人在开发西北的一件事上，总应该觉悟到自己所处地位之重要，及自己所负使命之重大。先

①卓士：《对各要人调查西北感想》，载《泾涛》1935 年第 2 卷第 1 期，第 4 期。

②鸣新：《西北各省应请中央协助教款》，载《拓荒》1933 年创刊号，第 6 页。

③《发刊词》，载《拓荒》1933 年创刊号，第 1 页。

有这种觉悟，才可以立起一种志气，有了坚决的志向，才可以自动来参加这种工作，能够自动担负此种工作，将来才不至于自己落空，才不至白作牺牲工具！"[①]总而言之，西北的发展最终还得依靠自身的力量。

（三）开发西北应维护西北人的尊严和在国家中的平等地位

西北人在东南求学、游历之时，在国人开发西北的言论之中，常常感受到本地区发展落后给个人及群体带来种种心理与社会氛围方面的压迫，如有内地人以"野蛮""落后""未开化"评论西北。[②]作为落后地区的人来说，这是最敏感的话题，因为他们落后，所以常常感到自卑，心里非常敏感，即使实事求是地描述，有时亦会引起他们的反感。同属一国之人，他们希望本地区的发展能与东南诸省并驾齐驱，在社会舆论上得到国人的尊重。这是弱势群体的一般心态。无论是以帝国主义与殖民地的关系批评某些国人开发西北的主张，还是对国人有意或无意地对西北讥评言论的强烈反应，都表现了他们作为落后地区人民的自卑又自尊的心态。这些嘲讽西北人的言论，使西北人义愤的同时，也激发了他们为西北振兴而发奋图强的意志，有人呼吁："我希望今后在西北地方产的人，大家共同努力！互相奋勉！要实干！快干！硬干！继续不断地勇往直前地干去！再勿自私自利了！大家一起来干使西北一切光明！再勿蹈前辙了！现在自新！绝不要叫别人看不起！"[③]

西北人期望在国家政治生活中能发出自己的声音。一些西北人感到自己在国家政治生活中的发言权、参与权被忽视，因而非常不

①希天：《开发西北声中西北人应有之觉悟》，第 11 页。

②王光儒：《谁说西北是"野蛮""落后""未开化"？》，载《西北评论》1935 年第 1 卷第 5 期，第 47 页。

③王光儒：《谁说西北是"野蛮""落后""未开化"？》，第 47 页。

满。一位青年对邵力子“开发西北必先救济西北”的主张深有同感，感慨地说，邵氏的观察与主张，正是他们在多年以前的观察与主张，本来无足惊奇，因“我们生在西北，对西北问题当然认得清楚，不过因为我们生在西北，人(微)言轻”，所以才得不到中央政府的重视，此种现实令他们耿耿于怀。[①]

四、结论：国家观念前提下的地域意识

近代中国是半殖民地半封建社会，统一的国家市场远未形成，因为地理因素、交通问题，陕西以西的西北诸省形成一个相对封闭的政治地理单元，故近代的西北诸省各阶层人士面向内地言说时，总是自觉或不自觉地体现出“西北人”这样的集体身份意识。马士·宓亨利分析中国地方主义的起源时说：“航路，连同山脉，对各省的省界也有决定性的影响。在中国的历史和国际关系上起着那样大的作用的地方观念，溯本穷源，在不小的程度上是由这些因素而来的。”[②]对西北地区来说，这样的影响特别明显突出。

西北人的地域意识与国家观念有机地统一在一起，是国家观念前提下的地域意识。西北人士意识到，西北开发离不开国家和内地力量。大部分发表言论的西北人对自身的现实有比较清醒的认识，希天就认为，西北人智识能力浅薄落后，“更谈不到拿出巨大资本，来修路开矿，发展实业。所以无论人力财力，都需要全国同胞来共同努力，绝不是我们自己可以单独办到的”[③]。对于“西北者西北人之西北”的主张，有西北人也做了批评，虽然“此并非无的放矢，实起于不良的影响，盖可断言”，但是，“此种观念，在整个国家的立场上，未免

①哀鸿：《开发西北必先救济西北》，载《公道》1932年第1卷第7期，第5页。

②〔美〕马士·宓亨利：《远东国际关系史》，上海：上海书店出版社，1998年，第8－9页。

③希天：《开发西北声中西北人应有之觉悟》，第11页。

过于狭隘，而近于悖谬"，"此不免令有志西北之士，为之心灰意冷，丧气吞声，为国家前途抱莫大的悲观"[1]。还有人主张，"开发西北，决不容地域观念杂糅其中，应该晋材楚用，楚材晋用"，"东南同胞，果有专门技能，西北民众，即备车迓迎"[2]。西北人认为："无论籍隶西北或生长东南，当力祛过去不良的印象与观念，勿高自身份，亦勿妄自菲薄，而以互助共谅与服务的精神，为西北建设事业，打出一条光明的出路。"[3]

西北人也强调西北诸省在国防战略中的独特地位。[4] 民国以来，外蒙古在俄国的支持下，宣布"独立"，西藏在英国的操纵下，中央政令不能畅通，两地自有其特殊性，甘宁青新几省与之毗连，确有唇亡齿寒之忧，在这一点上，西北人与其他国人的认识并无二致。[5] 但西北人强调西北国防上重要性，在一定程度上是为了求得中央政府与国人重视西北、开发西北，显然，他们把地域情结和国家观念融合在了一起。

值得一提的是，少数具有学者身份的西北人士从较为中立的立场提出了自己对开发西北中地方与国家关系的理性思考。时任上海暨南大学教授的甘肃人郭维屏对将前往考察西北的东南人士语重心长地说："西北是中华民国的一部分，他的进步与落后，和整个中国的国民、政府的国策有密切的关系，好像一个小家庭，小兄弟的懦弱无能，愚昧无知，不能专责备他自己，应先问老大父兄们，是否已尽完了

---

①岚：《敬告服务西北的同志们》，第 1－2 页。

②旱：《读鲍希初西北旅行记后》，载《生存》1932 年第 1 卷第 19 期，第 3 页。

③岚：《敬告服务西北的同志们》，第 1－2 页。

④陈伯言：《开发西北与中国前途的关系》，载《新甘肃》创刊号，1932 年，第 3－5 页。

⑤《发刊词》，载《边事月刊》（青海）1932 年第 1 期。

教养的责任？自己责任没有尽到，是不应该说刻薄风凉话的。”[①]陕西人杨钟健以科学家的谨慎求实态度评论说：“若说西北是未来中国的天国，未免过于奢望，但若说西北一无所为，也是一偏之见。无论如何，西北方面，如能尽些人事，可增加国内实力，不成问题。至于国家立场上更为基本之图，亦不言而喻。”[②]

“地域观念本只是情感上的，一旦与地区性经济利害配合上以后，就会很快地形成为政治上的所谓‘地方主义’。”[③]开发西北讨论中的西北人有浓郁的地域意识，在一定意义上，也可以看作与西北人切身利益相连的地方主义。

如何看待抗战前西北人士开发西北认识中的地域意识？台湾历史学家蒋永敬先生曾评论说：“中国自晚清以降，‘地方主义’随着地方势力的兴起而抬头。表面看来，似乎造成国家统一的障碍，实则成为历史的趋势，非人为所能抗拒。但从另一角度来看，‘地方主义’对于民族的复兴，政治的民主，国家的统一，也有其正面的效应。”[④]抗战前西北人士对开发西北的地域意识，很好地印证了这一点，也就是体现了“爱乡爱国，推己及人”中国传统的精神。[⑤] 实际上，由中央政府主导的开发西北成效如何，即使着眼于全国大局的国防等重大事项，最终也要落实到西北内部政局稳定、经济发展、文化进步与社会和谐上，也就是需要顾及西北内部的实际情形和西北各阶层、各群体的感受和利益。当时的当政者和西北以外人士从国家整体层面考量得

①郭维屏：《如何考察西北》，载《西北问题季刊》1935年第1卷第4期，第31页。

②杨钟健：《关于西北问题的我见》，载《西北评论》1935年第2卷第6期，第412页。

③胡春惠：《民初的地方主义与联省自治·前言》，北京：中国社会科学出版社，2001年。

④蒋永敬：《孙中山与联治》（代序），胡春惠：《民初的地方主义与联省自治》，北京：中国社会科学出版社，2001年。

⑤蒋永敬：《孙中山与联治》（代序），2001年。

多，而从西北民众切身利益的角度思考得少。在此种情形下，一些西北知识分子对此情形曾发出过自己的呼声，从事物的另一维度观察问题，声音虽然微弱，却值得深思。

说明：本文曾在《宁夏大学学报》（社会科学版）2010 年第 1 期发表，此次收录做了修改。

近代甘青藏区市场研究

杨红伟

甘青藏区①地处青藏高原与黄土高原交汇之处,民族成分复杂,经济结构多元,自古为民族贸易活跃之区。自清朝雍正年间官营茶马贸易体制结束,民间贸易逐呈勃兴之势。延及近代,甘青藏区被卷入全球化浪潮之中,地方贸易、国内贸易、国际贸易并行发展,遂演化出具有自身特色的市场结构。以往学术界对近代甘青藏区市场的研究,或将其归入以兰州为中心市场的黄河上游市场体系中加以介绍②,或以茶叶国内贸易为切入点进行考察③,或以羊毛国际贸易为中

①所谓甘青藏区,顾名思义即甘肃、青海两省的藏文化区,包括今天青海全境及甘肃省甘南藏族自治州、天祝藏族自治县、肃南裕固族自治县等地。生活在这一地区的各民族,其主体是以藏传佛教为宗教信仰的藏族、蒙古族、土族与裕固族。汉、回、撒拉、东乡、保安等族也生活在这一区域内,与以上各民族形成了大杂居的基本格局,甚至在某些地区居于优势地位,但与藏传佛教系统各民族间形成了紧密相连的关系。

②彭英甲:《陇右记实录》卷8,甘肃官书局石印,1911年,第17－20页;张其昀:《甘宁青三省之商业》,载《方志月刊》第8卷,第11、12合期,第8－15页;王致中、魏丽英:《中国西北社会经济史》(上),西安:三秦出版社,1996年,第345－352页;黄正林:《近代甘宁青农村市场研究》,载《近代史研究》2004年第4期,第123－156页。

③倪良军:《青海茶叶市场之研究》,载《经济汇报》1943年第8卷第12期,第59－61页;叶知水:《青海茶市》,载《经济汇报》1944年第9卷第5期,第91－94页;叶志水:《西北销茶之产区数量及其市场之变迁》,载《边政公论》1944年第3卷第11期。

心进行梳理[①],或从区域经济内部民族贸易的视角进行研究[②],取得了丰硕的成果。但总体而言,以上研究多采用形式经济学的理路,虽然在某种程度上揭示了近代甘青藏区市场结构的特殊的区域经济社会环境,却忽视了市场形成与发展内在的民族性与宗教性的内涵。本文将甘青藏区视为具有自身独特性的经济区域,并试图从文化的视角,尤其是基于区域社会族群性与宗教性的特点,对近代甘青藏区市场类型、形成动力与结构特征进行深入挖掘,在对以往观点检讨的基础上,以期对近代甘青藏区市场形成整体性的把握。

一、近代甘青藏区市场的类型与数量

甘青藏区地域广袤,藏、蒙、土、汉、回、撒拉、裕固、东乡、保安等十余民族分布其间,形成了各具身份认同色彩的民族生活聚落。自然环境的空间阻隔,宗教信仰、语言文字与生活方式的差异,加之清代的民族隔离政策与民国时期地方军阀势力的羁绊,致使近代甘青藏区在抗战爆发以前较少为国人所注意。自清末至民初,真正能够深入甘青藏区者,除汉回商人外,不过寥寥十数位外国旅行家及传教士。抗战前后,面临空前的民族危机,国人方在救亡图存爱国主义思想的激荡下,高揭西北开发的旗帜,将视线投射到甘青藏区,由此而引发一股前往甘青藏区考察的热流。然而,受旅行者、调查

①王自强:《中国羊毛之探讨(续)》,载《新青海》1934 年第 2 卷第 11 期,第 11－12 页;黄正林:《近代西北皮毛产地及流通市场研究》,载《史学月刊》2007 年第 3 期,第 103－113 页;渠占辉:《近代中国西北地区的羊毛出口贸易》,载《南开学报(哲学社会科学版)》,2004 年,第 3 期,第 113－117 页;胡铁球:《近代西北皮毛贸易与社会变迁》,载《近代史研究》2007 年第 4 期,第 97－108 页。

②竞凡:《历代汉番茶马互市考》,载《开发西北》1935 年第 3 卷第 5 期,第 17－20 页;黎小苏:《青海之经济概况》,载《新亚细亚》1934 年第 8 卷第 2 期,第 22－28 页;杜常顺:《明清时期黄河上游地区的民族贸易市场》,载《民族研究》1998 年第 3 期,第 66－71 页;勉卫忠:《近代(1895—1949)青海民间商贸与社会经济的扩展》,中央民族大学博士学位论文,2009 年。

者及执政者个人偏好的影响，近代的西北书写均难全面反映近代甘青藏区市场的全貌。这种情况，不能不影响到学术界对近代甘青藏区市场的研究，尤因研究者受所选取资料的制约，从而导致在近代甘青藏区市场数量、形成时间等问题认识上的模糊，造成市场体系形成的特殊路径的误读。

中国市场史的研究常以集镇作为衡量市场体系发育程度的基本指标。这一点在甘青藏区的市场史研究中，并不适用。所谓市场，不外指商品交换的地点。因而，市场有大小之别、常设与临时的差异。作为中国农村市场研究的重要开拓者，美国学者施坚雅将中国市场等级区分为小市、基层市场、中间市场、中心市场与都市，并将与基层市场、中间市场与中心市场相对应的居民点分别称为基层集镇、中间集镇与中心集镇。① 这里的镇包括了设置的镇与非设置的镇，社区规模与辐射人口数量存在较大差异，施坚雅氏考虑的中心点与集市密切相关。然而，近代甘青藏区镇、集间的关系可能存在四种情形：(1)有镇无集，市场大多处于小市阶段，如"新堡傍洮河北岸，为临潭东南乡之大镇……附近川地宽广，农产丰富，为临潭财赋之区，独任全县税款十分之四。……尚无集市，盖临潭全域贫困之征也"②；(2)因镇设市而成集，近代甘青藏区早期各县、厅治所多为此类情形；(3)集市发展而成镇，各寺院型城镇的发展多属此类；(4)由镇自然演化为集市，军镇型市场尤为典型。

市场与集的关系同样因常设和临时与集存在多重关系：(1)临时市场虽然存在固定周期，但因周期过长，集中交易期过后，市即结束，自然无所谓集，历史上的互市、庙会、花儿会均属此类；(2)常市因其

---

①施坚雅：《中国农村的市场和社会结构》，史建云、徐秀丽译，北京：中国社会科学出版社，1998年，第5-8页。

②王树民：《洮州日记》，载《甘肃文史资料选辑》第28辑，兰州：甘肃人民出版社，1988年，第182页。

规模及辐射社区的大小与集的关系不同,小市的过渡性质,使其还未上升到集的程度;(3)当小市进一步发展,辐射区域超过一定规模,即成为街市;(4)街市一般存在两种情况,其一有常市而无集,其二有集而无常市,如由于受辐射区域内人们消费习惯、购买力的限制,"三川地区仅官亭有街。每旬二、五、八有集市。一月九集。东至下川、八旦山,西至赵木川,北至卡地沟都有人到这里来。但人并不多,即(使)是旺季(七至十月)也不过二百人。土族人民上街的极少。……街上有坐商十来家,经营多种买卖,但只是逢集开门,平时闭歇"①;(5)街市发展为集镇,便有常市与集市的区别,集"日中为市",常市则不受时间的限制。以往对甘青藏区市场的研究,未注意到市场的发育性,进而做细分化的研究,不仅市场量化处理显得粗疏,而市场体系图景的重建也不完整。

近代甘青藏区市场大体上可以分为三类,即固定市场、临时市场与流动市场。所谓固定市场,即在固定地点经常交易的市场,可以概分为小市、街市、集市、集镇与城市等5类。临时市场即临时设置的市场,虽然时间与地点大都固定,但总不脱临时性质,可以分为庙会、花儿会与物资交流会等3类。流动市场则是甘青藏区市场发育不足的表征,商人常采取走乡串户的方式进行交易,或由货郎承担起市场交易的主体。三类市场以1936年为界,分为民间力量主导期与政府力量主导期。1936年以前,无论是自然经济条件下的市场演化与逐渐纳入国际贸易体制中的商品经济条件下的市场演化,除沿袭清代前期的茶马贸易市场与治所市场的开辟外,甘青藏区市场基本上以民间力量为主导,各类市场不断发育、发展。1936年后,随着中央与地

①青海省编辑组:《青海省土族社会历史调查》,西宁:青海人民出版社,1985年,第168页。

方关系的调整，地方政治力量的强化，逐渐波及甘青藏区市场演化的路径与进程。如该年，青海省政府“为便利人民，繁荣地方起见，拟择各县各区人口集中、交通便利之地，筹设市镇，定期集会，俾民众有就近交易之场所”①，制定《筹设集市办法》，指令西宁、乐都、民和、湟源、大通、循化、化隆、互助等8县，除县城外，选择乡村33处设计集市。② 这次筹设集市工作取得了一定的成效，但受到传统交易习惯的冲击，并未完全达到目标。故1940年、1943年，青海省政府再次制定《筹设集市订筹设办法》，并派员至各地具体指导。根据这个计划，青海省各地应除县城外应设立集市92处，即西宁22处、乐都8处、大通5处、湟源6处、互助16处、民和11处、化隆7处、循化2处、门源6处、贵德7处、同仁2处。并规定：各集市附近30华里以内、资本1000元以上的商铺，一律强迫移至集市营业；开集日，附近30华里以内的商铺小贩均须移往集市作商；闭集日，禁止各乡货郎私贩营业，集市上的商铺也一律闭门歇业。③ 同时为了鼓励商人前往集市，青海省政府还特别发行集市小本贷款一千余万元。④ 但这种不遵循经济自身发展规律，拔苗助长的方式并没有实现市场结构的转型，大多数集市因为条件并不具备，成立不久即停。即使到了1951年，青海省集镇数量也不过34处。⑤ 在甘南藏区也存在同样的趋势，如西固县也在1946年，

①《布告民众本府为便利人民繁荣地方起见筹设市集仰周知由》，载《青海省政府公报》1936年第58期，第52页。

②《筹设集市办法》，载《青海省政府公报》1936年第58期，第54－55页。

③《为繁荣农村经济省府令县筹设集市订筹设办法》，载《青海民国日报》1940年6月8日；《为繁荣农村省府派员筹设集市》，载《青海民国日报》1943年2月14日；《各县筹设集市工作提要》，载《青海民国日报》1943年3月18—19日。

④《省府贷发各县集市小本贷款一千多万元》，载《青海民国日报》1943年3月29日。

⑤青海省供销社：《青海省供销合作系统1949—1953年历年统计资料》，青海省档案馆，档案号：192－永久－35。

“先后在沙湾、官亭两镇开办集场”①。有鉴于此，本文不以民国时期政府所定集市数目作为依据，并在考虑各族人民贸易习惯的条件下，兼及甘青藏区之外对甘青藏区具有较大辐射力的区域外市场。

甘青藏区市场经明清之际茶马贸易、民族互市及内部需求三重力量的培育，及至近代已经逐渐形成了以固定市场为中心，以临时市场为辅助，以流动市场相补充，而辐射整个藏区的多元化的市场结构。表1是对民国时期甘青藏区固定市场结构、数量等相关信息的统计。

表1　民国时期甘青藏区各类市场分布表

区别	县	小市	街市	集市	集镇	城市
农业区	西宁					西宁
	乐都		河滩寨、新堡子、大漥	老鸦城、瞿昙寺	高庙、城关	
	民和		总堡	巴州、峡门、大石磊	古鄯、享堂、马营、官亭、上川口	
	互助		红崖子沟、长宁堡	张其寨、哈拉直沟	威远、白马寺	
	湟中	拉沙、土门关	镇海堡、总寨、田家寨		鲁沙尔、帮巴、多巴、平戎驿、后子河、小峡、乩思观、上新庄	
	大通		塔尔湾、暗门、俄博	衙门庄、新城	桥头、白塔尔	
半农半牧区	化隆		支扎、石大仓、沙冲寺	扎巴、群科	甘都、城关、昂思多	
	循化			街子、白庄	城关	
	同仁			保安	隆务寺	
	湟源	哈拉库图、福海寺、扎藏寺		南城台	城关	

①舟曲县志编纂委员会:《舟曲县志》，北京:生活·读书·新知三联书店，1996年，第226页。

续表 1

区别	县	小市	街市	集市	集镇	城市
半农半牧区	贵德			康家寨、刘屯、昂拉、蓝角庄、童家庄	城关	
	亹源	大庄、旱台、泉沟台	永安、黄城滩		城关、鸾沟	
	夏河	博纳寺、阿木去乎寺	桥沟、清水、卡加寺、买吾旧寺	黑错寺	拉卜楞寺	
	临潭	格耳赛耳寺	电尕寺、郎木寺、新堡		旧城、新城	
	卓尼		博峪沟、禅定寺	拉柴河口		
	西固		哈儿河	沙湾、官亭	县城	
	玉树	歇武、新寨、拉卜寺	结古			
	永登		连城、古城、哈溪	安远、镇羌、岔口	县城	
游牧区	祁连、星川、河南、刚察、果洛、共和、囊谦、同德、称多、海晏、兴海、都兰	柯鲁沟、柯柯、宗加、巴隆、太吉乃、夏日、香日、察汗乌苏、日安、石藏寺、白玉寺、琼科、香达、周筠、八宝、郭仁多、鲁仓	香日德、希里沟、五柴旦、茶卡、拉加寺、赛力亥寺、大河坝、都兰寺		恰不恰、三角城、都兰县城	
合计	26	48	35	27	36	1

资料来源:(1)地方旧志:民国《甘肃通志稿》《丹噶尔厅志》《碾伯所志》《西宁府续志》《循化志》《夏河县志》《洮州厅志》《大通县志》《贵德县志稿》;(2)报刊:《青海省政府公报》

《青海民国日报》《青海政情》《新青海》《新亚细亚》《中央周刊》《地理学报》《方志月刊》《新中华》《边政公论》《旅行杂志》《资源委员会月刊》《经济汇报》《边疆通讯》《*The Alliance Weekly*》;(3)民国时期的游记与调查报告:《甘青藏边区考察记》《中国的西北角》《陕甘调查记》《青海玉树调查记》《到青海去》《甘肃西南部边区考察记》《洮州日记》《夏河日记》《西北考察记(青海篇)》《佛教香客在圣地西藏》《宁海纪行》《西北考察日记》《西北历程》《西北行》《中国西北部之经济状况》《死城之旅》《荒原的召唤》《*The Land of the Lamas*》《*The Rainbow Bridge*》以及 Arnold Arboretum Archives of Harvard University 所藏美国探险家 Joseph F. Rock 的《关于甘青藏区的调查报告与书信》;(4)《清实录》《那彦成青海奏议》《青海事宜节略》《皇朝续文献通考》《钦定大清会典事例》;(5)新中国时期甘青两省的省、市、州、县文史资料,各州、县的地方志,州、县概况,以及《青海省志·商业志》、商业档案等。

说明:(1)本表所指建制,以 1949 年前在甘青藏区的设置为准,其中西宁为县级市,设置于 1946 年;(2)游牧经济区,包括未设县的祁连、星川等 2 设治局,河南四旗、刚察千户、果洛地区等 3 个直辖区,以及共和、囊谦、同德、称多、海晏、兴海、都兰等 7 县;(2)今肃南裕固族自治县,在民国时期分属酒泉、高台、临泽、张掖、民乐各县,因其境内无固定市场,故不专列之;(3)今天祝藏族自治县,在民国时期属永登县,兼永登境内鲁土司部落的存在,故亦将与之相关市场列入。

以上统计中,民国时期甘青藏区共有各类市场 134 处,其中城市 1 处,集镇 36 处,集市 27 处,街市 39 处,小市 31 处。值得强调的是:(1)集镇既有集期亦有常市,集市则有集期无常市,因民国时期青海省政府关于筹设集市的规定,使集镇与集市的区别较为模糊,本文仅依据市场自身的形态而别,如“拉柴河口……居民十余家……有柴市曰‘折巴’,乃藏语译音,即约定日期之意,逢五、十之日为集期,到者甚众”①;(2)一般而言,集市为街市进一步发展的结果,但有集者未必已经发展到街市的阶段,前言拉柴河口也是这种情况的典型;(3)随着民国时期甘青藏区内的政权建设,一些地方有了镇的建制,但其市场本身的发育并未到达集市的层面,故仍按街市或小市分类,如都兰、结古、恰卜恰、三角城等处。

①王树民:《洮州日记》,载《甘肃文史资料选辑》第 28 辑,第 209 页。

近代时期甘青藏区固定市场发育的不足,使各族人民借助于已有的宗教活动、民间游艺或生产之季节性,发展出庙会、花儿会、物资交流会等临时市场形式,以弥补贸易的不足。20 世纪 30 年代的一些学者曾言:“青省居民,大部为蒙藏民族,故其交易尚多以物易之方式,蒙藏人交易,多定期集会,临时设市,于旷野布置帐幕或聚于寺院为之。会期多在春秋之季,地点亦无一定。至期,携其土产赴市,与汉商交易,时期十余日或二十余日。平时虽有交易,但不甚盛。”①由此可见,这些临时市场在蒙藏民众交易方式中所占的地位。

所谓庙会,在甘青藏区即“民间娱乐的季候与场所是庙会。僧道主持寺庙,往往乘农暇的时候,举行什么法会,借以化布施,充口粮,他们说神佛能赐福降祥,延嗣送子,一般愚民信之不疑,已成传统的信念,形成了各地按时按节的香会”②。这种按时按节的香会,由于短时间内大量人口的聚集,各族民众遂依之进行贸易,从而成为互通有无的场所。甘青藏区民众宗教信仰的普遍性,决定了庙会市场分布的广泛性。规模较大的寺院,其庙会的影响力固然较大。如西宁县塔尔寺的庙会,“可以说是中国境内的人种展览会,也可以说是中国历史上的博览会”③,“每届会期(塔尔寺每年有四会期,一为旧历正月十五日,二为四月十二日,三为六月六日,四为九月二十二日),远近蒙藏族男女来集。故有临时市场,张幕如街”④。庙会期间,“寺里是一片热闹的景象……街道上到处都是过节的兴致盎然的人群,场子上、山坡上、大塔附近,到处都是集市,人们争先恐后地在那里买着东西。僧俗都在漫无目的地四处逛游,寻找着各种各样的稀奇古怪

①魏崇阳:《西北巡礼(续)》,载《新亚细亚》1935 年第 9 卷第 4 期,第 133 页。

②张亚雄:《花儿集》,北京:中国文联出版公司,1986 年,第 127 页。

③袁应麟:《塔尔寺巡礼》,载《边声》1938 年第 1 卷第 8 期,第 52 – 53 页。

④马鹤天:《甘青藏边区考察记》第 2 编,商务印书馆,1947 年,第 246 – 247 页。

和独特的场景”①。作为甘青藏区最大的寺院，拉卜楞寺的庙会无疑具有最大的规模。著名藏学家李安宅记述道：“拉卜楞的公开大会，一年有七次：即夏历正月的祈祷大会（默朗姆），二月的祭会（丛确），三月的舞会（朵尔指掐），四月的斋会（尼雍乃），七月的说法大会（日禾扎），九月的禳灾杀教仇舞，十月的宗喀巴逝世纪念（昂姆掐）。正月与七月两会，外来人尤多，因为主要的贸易是在这两个季节进行的。”②规模较小的四月斋会，影响所及的范围也很广，“拉市附近乡村，以及青海各地之蒙藏民众，亦多不远数百里而来。其装饰衣服之奇异，无异开人种或古装展览会”③。卓尼的禅定寺，作为卓尼杨土司辖下最大的寺院，各以10日为期的六月寺集与十月寺集，成为境内最大的集会。④

规模较小的寺院，也在寺院影响所及的范围内，因法会的召开，吸引着各地商人前来设立临时市场。如，瞿昙寺“有喇嘛二百余人，每年正月、六月举行观经赛佛之会，近村居民前往烧香祈福者，踵趾相接，为乐都最大之集会”⑤。阎家寺大会会期“为阴历十五、十六、十七三日……寺外道旁亦布满临时货摊，约数十摊，货品以零食、饴糖及乡人所用之线带、木梳等为主”⑥。大通县“老爷山上有大喇嘛庙，藏人每年朝山者甚众，庙会之期，山上山下，骤成市集”⑦。裕固族聚居区内的西藏寺，“每年正月十五日，例有庙会，东乐克族中的六族及甘黄坝藏民头目绅士男女人等，大半均前来礼佛……附近如酒泉全

①科兹洛夫：《死城之旅》，陈贵星译，乌鲁木齐：新疆人民出版社，2001年，第249页。

②李安宅：《李安宅藏学论文选》，北京：中国藏学出版社，1992年，第36页。

③马鹤天：《甘青藏边区考察记》第1编，商务印书馆，1947年，第33－34页。

④《洮州厅志》卷3，“建置·墟市”。

⑤黎小苏：《青海现状之一斑》，载《新亚细亚》1933年第5卷第4期，第55页。

⑥王树民：《洮州日记》，载《甘肃文史资料选辑》第28辑，第162页。

⑦长江：《中国的西北角》，天津：天津大公报馆出版部，1937年，第173页。

佛寺堡一带腊会、上乘会、上道会、清查会、黄极会等各位礼佛善士，均来参加”[1]。在玉树地区，庙会更是形成了牧区民众最主要的市场交易形式：“南部番人会市多聚集于寺院，会期将届，商贩不远而来，所市之物皆番地土产，皮张、茶、糖、布匹尤为大宗，凡番人所需要者类皆有之。”[2]玉树“各族亦无常设市场，其交易也，约有一定时间、地点，略如内地乡镇之集会焉”[3]。这些“庙会商场，在寺外旷野间，皆插布帐，约三四十家。据云往年在百家以上，凡草地畜牧之藏民，皆携狩猎所得之鹿茸、麝香、兽皮以及畜产之羊皮、牛皮、酥油等，不远数千里而来，出卖各物后，买茶叶及日用品而归，即昌都、西藏商人，亦多携藏货氆氇、藏香、红花等来售”[4]。故时人指出：“观此种庙会，蒙藏各地常有之，多藉宗教胜（圣）地举行。广惠寺庙会，每年例在此季，远近各族民众群趋参加，并多携带土产以备交易。一般城市商人更藉此机会，运货赴会，临时设肆贩卖，故原其最初创设之意义，或多具宗教朝拜之性质，故又有观经会之称，但其后则变为临时交易市场矣。”[5]除上述庙会外，与藏传佛教有关的地方性著名庙会尚有互助县佑宁寺观经会、却藏寺三月十四日庙会、松番寺六月十五日庙会，循化县昂思多尖扎麻尼五月庙会、香里胡拉佛教寺院跳欠法会，湟源县东科寺的“三月观经”、庙沟四月初八的“浴佛节”、扎藏寺的“六月六观经”、福海寺的“九月观经”。可见，庙会基本上为附着在藏传佛教寺院宗教节日之上的一种常在的形态。据1930年代，除果洛地区外，

①《祁连山北麓调查报告》，蒙藏委员会调查室编印，1942年，第46页。

②黎小苏：《青海之经济概况》，载《新亚细亚》1934年第8卷第2期，第24页。

③周希武：《青海玉树调查记》，西宁：青海人民出版社，1986年，第92－95页。

④马鹤天：《甘青藏边区考察记》第3编，商务印书馆，1947年，第594页。

⑤魏崇阳：《西北巡礼（续）》，载《新亚细亚》1935年第9卷第2期，第121页。

青海“就最著名及素所知者而记载之,共计三百一十五寺”[1];民国时期,甘肃省共有藏传佛教寺院369座,其中甘南地区就有196座[2]。虽无具体统计资料,但由众多的寺院而产生的庙会数量之多,可以想见。

在每年定期的法会之外,由高僧大德举办的不定期法会,也成为临时市场形成的重要动力。如1936年班禅大师莅临拉卜楞寺,“连日到寺上朝拜的番人很多。同时寺中又请班禅举行‘时轮金刚法会’,各地的番人都带了帐房赶来听经。金刚法会从七月四日起,至七月廿一日止,一共举行了18天,远近的番人聚集了二三万,川边青海的番人都到齐了”[3]。这种临时市场,对商业的促进具有不可低估的作用。就班禅大师莅临拉卜楞寺,时人观察到:“自班禅大师抵拉卜楞后,各地蒙藏民众,不远千里而来朝谒,拉市人口,骤增万余,各商号及小摊贩,无不利市三倍。”[4]

除了与藏传佛教宗教节日相结合的庙会之外,近代甘青藏区的庙会还与道教以及民族节日、民间游乐活动结合在一起。循化地区有托坝泉端阳节踏青、游春庙会和道帏上半部农历六月初十赛马会,“各种小商、摊贩蜂拥而至,进行商品交易”[5]。互助地区有东沟大庄、姚马等地庙会,二月二威远镇擂台会,六月十一日的丹麻会等,“每逢节日,土族人民都要穿着节日盛装,争先恐后奔赴会场。在节日和庙

①青海省民政厅:《最近之青海》,新亚细亚学会,1934年,第331页。

②甘肃省地方志编纂委员会:《甘肃省志·宗教志》,兰州:甘肃人民出版社,2005年,第108页。

③庄学本:《从兰州到拉卜楞》,载《良友画报》1936年第123期,第37页。

④马鹤天:《甘青藏边区考察记》第1编,第61页。

⑤韦琮:《循化撒拉族自治县志》,北京:中华书局,2001年,第381页。

会上进行物资交流和赛马、摔跤、唱花儿、要武术等文体活动"[①]。其中以威远镇农历二月二日擂台会为最大,"每天达几万人,商贾云集,交易活跃。每逢庙会,各族群众扶老携幼,摩肩接踵。商贩的摊篷连接不断"[②]。湟源地区则有城关北极山的六月六"天贶节"[③]。临潭最为有名的则是六月二十四日的雷祖山庙会与莲花山庙会,"旧历六月二十四日,本处在城外三四里的雷祖山上有庙会……在神前烧香叩头,并在广场架篷,有卖布匹、小孩玩具及各种用品的;更有卖饭、卖水果等各种食物的"[④]。而同仁县的六月会至今仍长盛不衰。

花儿会是我国西北农村地区独有的一种传统娱乐活动,主要流行于河湟地区。这种"民间的游艺是有季令性的,按期举行迎神赛会,或开骡马大会,是交易而兼娱乐的性质,每逢会期,莫有'花儿'的地带不要说起,'花儿'的地带,俨然是一个山歌大会"[⑤]。可见,这种民间文化集会是具有较强的依附性的,往往与庙会,或者物资交流会结合在一起。在洮河流域,花儿会"大都以名山古刹、佛山庙会为依托"[⑥],如卓尼大郎庙花儿会、临潭雷祖庙花儿会、池沟大庙花儿会、八角庵花儿会、新城城隍庙花儿会、边都庵花儿会、瞿昙寺花儿会、峡群寺花儿会、七里寺花儿会、馒头寺花儿会、五峰山花儿会等都比较有名。西宁地区最大的两个花儿会场也与庙会结合在一起,"其一为郭莽寺(第五十七首歌词有郭莽寺),在青海大通县的东峡,就是'东峡

---

①互助土族自治县概况编写组:《互助土族自治县概况》,西宁:青海人民出版社,1983年,第15页。

②互助土族自治县志编纂委员会:《互助土族自治县志》,西宁:青海人民出版社,2003年,第259页。

③湟源县志编纂委员会:《湟源县志》,西安:陕西人民出版社,1993年,第304页。

④于式玉:《于式玉藏区考察文集》,北京:中国藏学出版社,1990年,第152页。

⑤张亚雄:《花儿集》,北京:中国文联出版公司,1986年,第95页。

⑥汪鸿明、丁作枢:《莲花山与莲花山"花儿"》,兰州:甘肃人民出版社,2002年,第246页。

令'的发祥地,开会日期为正月十四、十五和六月十四、十五。其二为西宁的老爷山,是六月初四至初六日举行三天"①。当然,也有独立进行的花儿会,如循化地区六月初六查甫乡和六月十五雄先乡的"踏青花儿会"。② 据不完全统计,临潭县每年从农历正月到九月中旬1 000人以上的花儿会就有63处,500人以上的达130多处③;规模较大的主要会场临潭县有10处,卓尼县有7处。④ 这些民间文化集会,贸易与娱乐并重,构成了甘青藏区农村市场的一种特殊形式。

物资交流会作为近代甘青藏区临时市场的一种表现形式,可以分为三种:(1)纯粹临时市场型的物资交流会,如北部青海蒙古人,多在春秋二季,"在本境以内集市,数百里间,皆来赶集,就旷野为市场,物贵者蔽于帐,物贱者曝于外,器物杂陈。汉商所贩者大抵皆茶、糖、布匹、木器及供佛应用之零星器物,土人所出卖者则全为本地产物。汉人欲买各物,先至蒙市拣选估价,再携蒙番至汉市,于应需物件亦任其自行挑选,至相当价值而止,每次凡二十余日乃散"⑤;(2)与城镇相结合的物资交流会,多为进行专门商品交易,临时借用城镇中某地,指定时间作为交易期,如临潭旧城"每年有牲畜会两次,各省人士购买良马,即中国陆军军马亦多采购于此"⑥;(3)以物资交流为主要目的举办的准庙会,如民国时期,永登县每年四月初八前后在青龙山举办的朝山会,"会期10至15天,远近客商及四乡农民参加者数以

①张亚雄:《花儿集》,第96页。

②化隆回族自治县地方志编纂委员会:《化隆县志》,西安:陕西人民出版社,1994年,第340页。

③马廷义、张大庆:《洮州花儿集锦》,临潭县文化体育旅游局,2005年,第78页。

④郗慧民:《西北花儿学》,兰州:兰州大学出版社,1989年,第344-346页。

⑤黎小苏:《青海之经济概况》,载《新亚细亚》1934年第8卷第2期,第24页。

⑥丁正熙:《甘肃临潭回民状况及十八年损失》,载《月华》1932年第4卷第8期,第12-13页。

万计”[1]。这种物资交流会一般都选择生产收获后的农闲季节，以便各地人民汇聚而来，集中进行交易。

由于临时市场多受时间的限制，并不能满足民众的日常需要，于是流动市场作为重要的补充形式，在近代甘青藏区的市场结构中表现得特别显著。流动市场可以分为游牧地区的负贩贸易与农牧区的货郎担两种形式。对此，时人曾总结道：“出口贸易者，于每年春间，将蒙番需用物品，运往帐房，订易皮毛，约于秋后归还，届期派商店派伙前往催收，较坐贾者为获利独厚”，“提篮行贾者，系称‘郎子’，每日上市，专售蒙番零货，其善于经营者，八口之家，以恒赖以温饱。”[2]概而言之，在游牧区以负贩贸易为主，如玉树地区“会期一过，商人即返集结古等处，亦有负贩各村落者”[3]。青海海西“清道光初年以来，湟源、湟中、张掖、酒泉等地商人，以商贸队的形式，到天峻地区经商者逐渐增多。他们所带货物，有粮、茶、布匹、烟酒、铁锅、木梢、牛马鞍具、哈达、针线以及其他民族用品。他们到天峻来，首先向头人送礼，买通商路。到天峻后，各有各的落脚处和经营范围，一般都住在头人家里，群众多数不知其姓名。商人住在谁家中，即谓谁家的‘客娃’”。[4] 甘南地区“多由临夏、临潭、贵德各地之汉回商人，运输茶布杂货面粉等物，到达各地交换皮毛等畜产品。蒙藏人即按其需给，以其剩余之皮毛与商人交易”。[5] 海南、玉树、果洛等地则有来自贵德、临潭、阿坝等地的流动商人，如“旧城之商业以对藏民交易为主，走藏区者……搭帮而不合股，合股者仅偶有之。每帮在十至二十人之间，

①永登县地方史志编纂委员会：《永登县志》，兰州：甘肃民族出版社，1997 年，第 391 页。
②蔡元本：《青海乡土志（续）》，载《新青海》1934 年第 2 卷第 12 期，第 40－41 页。
③易海阳：《青海概况（续完）》，载《边事研究》1935 年第 2 卷第 5 期，第 43 页。
④天峻县志编纂委员会：《天峻县志》，兰州：甘肃文化出版社，1995 年，第 264 页。
⑤张元彬：《拉卜塄之畜牧》，载《方志》1934 年第 9 卷第 3－4 期，第 215 页。

以牛驮载货,携帐篷、炒面、米粮、使用器具及自卫枪支等,路上同行,至交易地点后,则各投主家,由主家介绍或直接进行交易,交易用货币或物品交换均可。普通为年走一次,远至甘孜、玉树等地"[①];在农业区与农牧兼营区,则有本地的货郎以及来自集镇主要从事赊销的商人。如在民和县,"农村经商的多为货郎和来自县城主要从事赊销商品的商人"[②]。互助县专门赊销的商人"多来自威远镇和河州,主要赊销各种农具和最必需的日用品。估计这种交换方式占整个农村市场销售额的一半左右"[③]。门源县的"商店一般处于半开半闭的状态,许多商户不得不携带物品到各乡串游叫卖"[④]。这种流动性市场,因固定市场发育不足,在民族贸易中,扮演着重要的角色。

农牧经济间的互补性,使汉藏贸易并不仅限于甘青藏区之内。在区域之外,有三类市场对甘青藏区的民族贸易,具有较大的影响。首先是传统的茶马贸易市场与互市之所。如清代因袭明制,"陕西设巡视茶马御史五:西宁司驻西宁,洮州司驻岷州,河州司驻河州,庄浪司驻平番,甘州司驻兰州"[⑤]。五茶马司中就有3个在甘青藏区之外。随后,清政府更以茶马司为中心,分设茶马贸易市场,如河州茶马司明代即以积石关"为设市之处"[⑥]。甘青藏区边缘地带的互市,主要有

①王树民:《夏河日记》,载《甘肃文史资料选辑》第28辑,兰州:甘肃人民出版社,1988年,第223页。

②青海省地方志编纂委员会:《青海省志·商业志》,西宁:青海人民出版社,1993年,第72页。

③青海省编辑组、修订编辑委员会:《青海土族社会历史调查》,北京:民族出版社,2009年,第69-70页。

④青海省编辑组:《青海省回族撒拉族哈萨克族社会历史调查》,西宁:青海人民出版社,1985年,第24-25页。

⑤《清史稿》卷124,"志99·茶法"条。

⑥《循化志》卷2,"关津·积石关"。

甘州的洪水[1]、河州的双城堡与松潘的西河口[2]。这些传统市场不仅在近代时期继续发挥着重要的民族贸易作用,还进一步带动甘青藏区外缘的一批市场在民族贸易中扮演起越来越重要的角色,甚至在个别地区成为蒙藏各族进行交易的基本依靠。如在甘青藏区北缘,民国以洪水为治所设置东乐县,带动起永固、南古、六坝等农村集镇,“每逢集市之日,张掖、山丹、青海门源等县的农牧民纷纷前来赶集,交换农、畜产品,购买日杂百货”[3]。洪水之外,张掖、敦煌、玉门、酒泉、武威等区域性中心市场不仅是甘青藏区畜产贸易的重要中转市场,也是某些畜产的目标市场。如青海藏区羊毛“自永昌、黄城滩等处运出者每年约有五十余万斤;自肃州、敦煌等处运出者每年约有一百五十余万斤……牛马皮及野牛马皮运销于甘州一带者甚多”[4]。因而,河西各地逐渐发展出一批蒙藏等民众的主要消费市场。如“敦煌商业,素握关外交易之牛耳……缠头(维吾尔族)、回族、蒙古、藏族等,熙熙攘攘,互相贸易,商务颇盛”[5];威狄堡是临泽县的地方,“又是临泽县城到甘、青交界渤罗河流域去的必经之口——那儿住着西喇古儿黄番和唐乌喇黑番二族六千多口——所以在地理上说,威狄堡的确相当重要,因而成为附近村庄政治经济的中心”[6];三道沟“是关外第一大镇,比玉门安西的县治都要富厚繁荣些……常有蒙古人来交易”[7]。甘青藏区东北边缘重要的市场除以上所述者,在河州方面有马家集、洛家集、买家集、尹家集、瞿家集、韩家集、刘家集、居家集,

①《钦定大清会典事例》卷628,“兵部·绿营处分例·边禁”条。
②《皇朝文献通考》卷33,“市籴考二·市舶互市”条。
③民乐县志编纂委员会:《民乐县志》,兰州:甘肃人民出版社,1996年,第533页。
④黎小苏:《青海之经济概况》,载《新亚细亚》1934年第8卷第2期,第25-26页。
⑤陈赓雅:《西北视察记》,兰州:甘肃人民出版社,2002年,第195页。
⑥明驼:《河西见闻记》,载《西北考察日记》,兰州:甘肃人民出版社,2002年,第131页。
⑦长江:《中国的西北角》,第235-236页。

在岷县有哈答镇、宕昌镇、高桥寨、良参镇、西大寨等。如西大寨"集期为三、八日","对岸为藏民,关系亦密切,时有交易往来,多为以货相易"[①];韩家集则为桥沟、清水等地汉、回、藏民众粮食的主要购买地[②]。甘青藏区东南边缘,重要市场除松潘外,则有阿坝及文县碧口、中寨等地。阿坝作为草地中的重要商业中心,也是果洛各部落采办粮食的重要据点。[③] 文县的中寨则是甘南藏区重要的药材中转市场,"碧口为收货总口,中寨以上之'番地'——即藏人所居之山地,出参亦不少。碧口商人多在中寨有分庄,收买药材"[④]。此外,蒙藏商人还凭借朝贡贸易的机会远赴北京、天津等地,借着礼佛的名义前往拉萨等地,从而将之作为自己贸易场所的重要组成部分。如:"塔尔寺经营商业的僧人往往借来往西藏与蒙古、张家口、北京、天津的机会,从藏区贩运麝香、鹿茸、藏红花等名贵药材,羊毛、皮张等畜产品以及从西藏进口的手表、呢料等工业品到北京、天津一带,又从北京、天津购买茶叶、绸缎、珍珠、玛瑙、手工艺品等运回青海西藏销售。"[⑤]

综上所述,近代甘青藏区市场体系虽然在总体上具有以固定市场为中心,以临时市场为辅助,以流动市场相补充的结构性特征,但经济区域之间的差别还明显存在。农业区基本上形成了较为密集的固定市场网络,构成了市场的主体。半农半牧区,固定市场的数量相对区域面积而言较少,临时市场较为发达。游牧区虽然有一定数量的临时市场,但受时间的限制,流动市场成为交易的最主要形式;而

---

①王树民:《洮州日记》,载《甘肃文史资料选辑》第28辑,第154页。

②王树民:《夏河日记》,载《甘肃文史资料选辑》第28辑,第265页。

③周希武:《宁海纪行》,兰州:甘肃人民出版社,2002年,第39页。

④长江:《中国的西北角》,第58页。

⑤青海省社会科学院塔尔寺藏族历史文献研究所:《塔尔寺概况》,西宁:青海人民出版社,1987年,第149页。

大宗的民族贸易则呈现出区域外贸易的形式，具有对区域外市场的较大依赖性。多元化市场网络在总体上表征着近代甘青藏区市场体系发育具有明显的不自足性。

二、近代甘青藏区的市场演化与结构特征

近代甘青藏区多元化的市场网络，不同类型的市场，因地而异，具有各自较为特殊的演化路径。从时间上看，既有传统市场的遗存、转化，也有在近代时期的扩张及新市场的不断形成。甘青藏区固定市场的发育，经历了漫长的历史过程。甘青藏区与区域外的民族贸易由来已久，因自唐宋以降，行以茶易马法，故茶马贸易几乎成了民族贸易的同义语。明朝为达到控制甘青藏区的目的，积极强化茶马贸易官营体制，在甘青藏区及其沿边地带，分别设立河州、洮州、西宁、甘州、岷州、庄浪等茶马司。明代对茶马贸易的垄断性经营及其对私商的严厉打击，使洮州、西宁、庄浪在甘青藏区的民族贸易中长期扮演着中心市场的角色。清初将洮州、岷州二茶马司合并，驻岷州；移甘州茶马司驻兰州，但对整个甘青藏区的市场格局并无太大的影响。

清初，湟水流域诸市以西宁为中心，已经呈现出一派繁盛景象。顺治初年，定"青海蒙古贸易，在西宁、洪水二处"，康熙十一年，准"青海蒙古在镇海堡、北川二门，各委头目贸易，每次不得过二百人"①。随着清朝对甘青藏区统治的不断强化，茶马互市的格局呈现出以西宁为中心，逐渐向农牧交错地带推移的特点。其时，西宁"卫之辐辏殷繁，不但河西莫及，虽秦塞犹多让焉。自汉人、土人而外，有黑番、有回回、有西夷、有黄衣僧，而番回特众，岂非互市之故哉？城之中牝牡骊黄，伏枥常以万计，四方之至，四境之牧不与焉。羽毛齿革，珠玉

①《钦定大清会典事例》卷628，"兵部·绿营处分例·边禁"条。

布帛，茗烟麦豆之属，负提辇载，交错于道路。出其东门，有不举袂成云，挥汗成雨乎"[①]。西宁已经成为西北地区最重要的民族贸易市场和区域社会的中心市场。在西宁的市场辐射作用下，多巴"居然大市，土屋毗连，其廛居逐末，则黑番也。出而贸易，则西宁习番语之人也。驮载往来，则极西之回与夷也。居货为贾，则大通河、西海之部落也。司市持平则宰僧也，至于那颜独无之"[②]，民族贸易远及西域、卫藏等地。白塔尔因地近北川、多巴，为蒙藏人民互市的中间站，商业由此而繁荣，"四方之夷，往来如织"，"其地之皮及货，皆至自西域，非白塔儿所产，但聚于斯耳，多巴亦然"[③]。碾伯所城则更紧内地，为西宁通内地必由之路，"市集，向例每旬一、五两集，月凡六集。自康熙十二年五月起，改为每旬三、六、九三集，月凡九集。米、粮、菜、果则日有集。"[④]同时各专业市场在城区内已经有了明确的空间分布，如米粮市、苹果市在中街，柴草市、骡马市、牛羊市在东关，缨毛市、铺陈市在鼓楼十字街。而碾伯境内的瞿昙寺，可能在明代就已经在寺院附近形成了小型集镇。[⑤] 丹噶尔则为海藏出入西宁的要道，"自明末商贾渐集，与蒙番贸易，有因而世居者"[⑥]。雍正十三年议准，"青海蒙古人贸易，不准在洪水、镇海堡等处，令其在丹噶尔设市，每次不得过二百人"[⑦]。至此，青海藏区市场网络的骨架基本形成，其他市场多以此为依托，逐渐进入一个缓慢的发展期。唯各市场在结构中的重要性有所变化，尤以丹噶尔的市场地位提升迅速，"嘉道之际为最盛时

---

①梁份：《秦边纪略》，西宁：青海人民出版社，1987 年，第 63－64 页。

②梁份：《秦边纪略》，第 68－69 页。

③梁份：《秦边纪略》，第 77－78 页。

④《碾伯所志》，载《青海旧地方志五种》，西宁：青海人民出版社，1989 年，第 99－100 页。

⑤谢佐：《瞿昙寺》，西宁：青海人民出版社，1998 年，第 42 页。

⑥蔡元本：《青海乡土志（续）》，载《新青海》1934 年第 2 卷第 12 期，第 41－42 页。

⑦《钦定大清会典事例》卷 628，"兵部 · 绿营处分例 · 边禁"条。

代。伊时,海藏之货,云集辐辏,每年进口货价值至一百二十万两”[①]。至民国时期,虽仍有人认为“青海商业,以西宁为总汇,汉藏商贸,无不汇集于此”[②],但更多者则强调“青海全省商业以湟源为最盛,天津客商收买皮毛行庄咸集于此。青海输出之物产亦咸汇集于此,故成为青海之最大商场”[③]。至长江流域的玉树地区,结古位于四川茶叶运往卫藏及青海藏区的交通枢纽之上,其基本的街市格局应该在清初已经形成。[④]

甘肃藏区类同青海藏区,清初时基本的市场结构多受制于明清两代的茶马互市体制。庄浪河流域,以庄浪卫所城为中心,辐射周围地区。史载:“庄浪卫……绛节之所络绎,土汉之所杂居,黑番之所出入,盖九达之区,河西之都会也。”[⑤]由治所民族贸易带动境内商业的发达,“行商坐贾,几遍闾里,虽乡村小堡,亦多有焉”[⑥]。这种营商善贾的传统,加上便利的交通位置,使该地长期保持着区域社会市场中心的地位。至民国时期,平番尤以“以西为祁连山脉,东北为贺兰山脉,故南北细长,地位在兰州至凉州之大道上,及由西宁至宁夏亦必经此路,故为交通要道,而商业繁盛也”[⑦]。其境内民族贸易市场大都为官定茶马互市之处,如连城为鲁土司衙门所在地,规定“番僧東尔阁寺五百人,于连城中马”[⑧]。连城的商业繁荣一直保持到改土归流之前,“在改土归流以前,连城是很繁盛的,因为它是土司区内政治经

①周希武:《青海玉树调查记》,第140页。

②蔡元本:《青海乡土志(续)》,载《新青海》1934年第2卷第11期,第19页。

③黎小苏:《青海之经济概况》,载《新亚细亚》1934年第8卷第2期,第26页。

④王致中、魏丽英:《中国西北社会经济史研究》(上册),西安:三秦出版社,1992年,第347页。

⑤梁份:《秦边纪略》,西宁:青海人民出版社,1987年,第96页。

⑥乾隆《平番县志》卷3,“风俗志 · 士农工商执业 · 商”。

⑦王自强:《中国羊毛之探讨(续)》,载《新青海》1934年第2卷第11期,第12页。

⑧梁份:《秦边纪略》,第94页。

济的中心，使商业也连带地相当繁荣起来。附近的农产、林木、皮毛贸易都在这里成交。每年交易数额是很客观的。自从土司区里的政治重心解体，连城的繁荣景气也就渐渐消失"①。洮河流域则以洮州旧城市场为胜。洮州新城为洮州卫城，有南门外营、西河滩二集，并有庙会性质之三月会集、七月会集。② 然而，"临潭县商业，以旧城为最盛，新城虽为政治中心，但与旧城比较，实有霄壤之别……新城虽为全县政治中心，而人口不若旧城之多，商贾亦大有逊色"③。尽管清代甘南藏区的市场结构有所变化，但旧城作为区域社会市场中心的地位未曾有根本的动摇。至民国时期，"临潭旧城，不独为该县商业中心，抑且为卓尼之转口市场"④，"旧城去卓尼四十里，至临潭县城六十里，西北至黑错、陌务一带，南至双岔、郎木寺、拱巴寺一带，北至申甘藏北山旗等地，各处汉藏人民皆集中此地贸易，故临潭旧城乃卓尼汉回行商总号所在，为临潭、卓尼贸易之枢纽，番地输出入以此为集散地"⑤。此种市场结构的基本骨架，也是在清初就已经形成的。

自清代雍正、乾隆时期开始到清末，甘青藏区进入一个固定市场逐渐发育的阶段。首先，随着厅县格局的基本完善，治所型城镇集市得到设立。循化厅城，在乾隆年间"自陆续裁拨兵丁之后，临街兵房改为铺面，始立街市"⑥。贵德厅城"所治向无市集，不使银钱，军民商贾咸称不便"，佥事杨应琚等乃"创设南关厢，又分东南西三街，遂移粮食、牛、羊、骡马各市关厢，召集商贾营业贸易，每旬以三八为期，一

①岳剑寒:《青甘边缘走马记》，载凌鸿勋等:《西北行(第二集)》，中国旅行社，1945 年，第 185 页。

②《洮州厅志》卷 3，"建置志 · 墟市"。

③王志文:《甘肃西南部边区考察记》，兰州:甘肃省银行经济研究室，1942 年，第 81 页。

④王志文:《甘肃西南部边区考察记》，第 87 - 88 页。

⑤倪锴:《临潭旧城——商业中心》，载《边疆通讯》1945 年第 3 卷第 7 期，第 5 页。

⑥《循化志》卷 3，"营汛 · 循化营兵房"。

月六集”[①]。巴燕戎城城内市集也创设于乾隆年间,“米粮市集在厅署西,马牛羊煤炭市集在厅署东”[②]。清末民初,这些治所型市场,均已成为辖区内的市场中心,甚或成为兼有常市与集市的集镇。西固县清代隶属阶州,设州同,驻西固城。1930年代,范长江途经其地,称:“西固县城,城虽小,但记者离松潘以后,此为第一城。”[③]至若该城市场形成于何时,不得而知,唯地方志载:“清末民初有四川、陕西、河南、湖北等地外商在县城设立商号‘义初长’‘天成西’‘荆生茂’药店,兼营少量百货。”[④]由此推断,则该地市场应在此之前即已形成。

其次,随着各地驻军体制的逐渐固定,各营堡附近已经开始出现不同层级的小市。乾隆十五年,陕甘总督尹继善奏称:“肃州镇属协营暨西宁镇属之碾伯、老鸦、冰沟、西大通、摆羊绒、巴暖、甘都堂、归(贵)德、康家寨等营堡俱边地,商店本少,营运维艰。”[⑤]可见,以上诸地已经开始具有了商业化的色彩,如碾伯、贵德本已开辟集市,仍与其他各营堡等同视之,则其他各营堡的市场至少也应该具备小市的规模。至道光初年,这些堡寨型的市场已经粗具规模。如哈拉库图已经成为日月山以西、青海湖以东颇具影响的地方市场,蒙藏人民往来多于该处铺户住宿。为了加强对该地市场的控制,西宁镇、府即向陕甘总督禀请,“令哈拉库图千总衙门就近将住歇蒙古铺户造具花名清册,设立《循环簿》交给住歇蒙古之铺家,照此《章程》逐日填注”[⑥]。甘都堂则为巴燕戎厅粮食向循化、贵德两厅销售的重要中转市场。

---

①《贵德县志稿》,载《青海旧方志五种》,西宁:青海人民出版社,1989年,第732页。

②杨应琚:《西宁府新志》,卷9,“建置·城池·街市附”。

③长江:《中国的西北角》,第61页。

④舟曲县志编纂委员会:《舟曲县志》,北京:三联书店,1996年,第226页。

⑤《清实录·高宗纯皇帝实录》卷74,“乾隆十五年二月己丑”条。

⑥那彦成:《那彦成青海奏议》,宋挺生校注,西宁:青海人民出版社,1997年,第255页。

据道光初年官方调查,上隆务部落"所管番僧一千余家,皆系熟番,种地者十之三四,余俱牧放为业。其不敷口粮向由巴燕戎之甘都堂地方并拉布楞寺二处驮运"①。同期规定:"嗣后河南四旗归循化保安、拉卜楞买粮;河北二十五旗归丹噶尔买粮。"②可见保安堡作为隆务地区的政治军事中心,至少此时已经成为区域社会的市场中心。又如大通县境内的永安与俄博,据《那彦成青海奏议》记载:曾有三股土匪"抢劫前往永安贸易米面货物脚户骡马驴二百余匹",又"有贼百余人来至察汉俄博抢掠,并将卖运米面驮子抢去"③。由此可见,甘青藏区境内的各军事堡寨至迟在道光年间已经发展成为街市,个别堡寨甚至达到了集镇的水平。清末民初,大通县境内各堡寨市场由市而镇的情况最为典型,如新城"市长过二里,各项铺屋共约三百户以上",北大通"城内外铺屋约二百余户",口门子"铺屋约三四十户",永安城"城内外铺屋共约六七十户",俄博营"市长一里以上,共有铺屋约百户"。④ 由此可见,堡寨型市场的规模基本上与堡寨自身的规模及其在农牧区中的区位有关。

再次,由于清朝扶持藏传佛教的政策,格鲁派掀起了在甘青藏区传播的高潮,一大批寺院崛起,并逐渐发展成为半农半牧区重要的区域市场中心。近代甘青藏区最大的藏传佛教寺院为拉卜楞寺,故其集市规模,也是其他寺院望尘莫及的。关于拉卜楞寺寺院型市场形成的时间,有不同的说法。有人认为,形成于18世纪上半叶,至迟不

①那彦成:《那彦成青海奏议》,第252页。

②那彦成:《那彦成青海奏议》,第243-244页。

③那彦成:《那彦成青海奏议》,第129页。

④《大通县志》,载《青海旧方志五种》,第487-488页。

晚于1740年。[①] 也有人认为，应该形成于18世纪后半叶。[②] 但总的来说，拉卜楞寺寺院型市场的形成时间至少不会晚于18世纪后半叶。道光年间，该寺已经发展成为“四川松潘番于兴贩茶叶、铅磺、铁斤、口粮之总路”[③]。至咸丰、同治年间，该寺逐渐成为循化厅南番的最重要的集镇，为了加强对该寺市场的管理，循化厅在商人中设置了行约与行头，以负责市场的管理与维护。[④] 塔尔寺附近的鲁沙尔市场的形成，柔克义在1880年代初抵达该寺时写道：“鲁沙尔现在是一个拥有大约800名居民的村庄，其中半数为穆斯林，只是在过去的40年内已经变得重要了。此前，位于南川谷地中的申中村，重要性在鲁沙尔之上。过去在申中进行的商业贸易已经转移到了鲁沙尔。”[⑤]对于甘青藏区第三大寺院隆务寺市场形成的认识，过去人们常陷入传说之中，错误地以为是在19世纪末。[⑥] 实际上，隆务寺市场的形成，即使不早于拉卜楞寺，也不会晚于道光年间。史载：“循化附近街子、查家等撒拉回民……其中无业之家平日在于巴燕戎地方兴贩粮食，驮运隆务、宗卡二寺易换羊毛、羊皮、羊只等物生理。”[⑦]可见，就循化厅西番而言，不仅隆务寺已经成为撒拉族人民乃至河州回民经商谋生的目的地[⑧]，更为偏远的宗卡寺可能也由此发展成为小市。隆务寺商业贸易

①张广大：《解放前后拉卜楞民族金融述略》，载《夏河文史资料》第1辑，兰州大学丝路文化中心印，1993年，第88页。

②甘肃省夏河县志编纂委员会：《夏河县志》，兰州：甘肃文化出版社，1999年，第523页；马晓军：《甘南宗教演变与社会变迁》，兰州：甘肃人民出版社，2007年，第156页。

③那彦成：《那彦成青海奏议》，第252页。

④《为发售官茶获银交来差持回事饬拉卜楞寺贸易行约等》，青海省档案馆，档案号：7－永久－3069。

⑤William Woodville Rockhill. The land of the Lamas. London: Longmans Green and Co. 1891, p. 58.

⑥同仁县志编纂委员会：《同仁县志》，西安：三秦出版社，2001年，第85－86页。

⑦那彦成：《那彦成青海奏议》，第252页。

⑧《王万年禀控银占木千户司正目杀子越货》，青海省档案馆，档案号：7－永久－2699。

的繁盛,同样引起了官方的注意,也设立了以乡约为首的市场管理组织,以"经管贸易商旅,稽查奸细私贩粮茶"①。

不仅大寺院如此,即使规模次之的寺院,似乎在同光之际,也开始拥有了小市或者街市的水平。如黑错寺市集应该在同治年间就已经成为河南蒙旗采办粮茶的主要贸易市场之一。② 卡加寺应该也具备了无集小市的形态,曾出现了江洛千户驱赶河州回民坐商的事件。③ 由此可见,至少在农牧交错地带,寺院市场表现出与寺院层级较强的一致性。另外,从清末民初广惠寺之衙门庄街市已经具有"市长里许,共得铺屋约百户以上"④的规模而推断,至少此时一些区域性的宗教中心,如跋喜电尕寺、郎木寺、夏琼寺等都应该具备了小市或街市的规模。如20世纪20年代宣道会的传教士们抵达跋喜电尕寺时,就发现它是白龙江上游河谷地带有名的贸易市场⑤;郎木寺也有一个固定的贸易点⑥。很显然,这样的贸易点绝非是在很短的时间内形成的。除寺院之外,一些著名的宗教场所,也因其宗教上的消费需要,形成了固定的小市。如玉树地区的新寨,"庄西路右,有摩尼堆,石片为之,周围七百二十步,石上皆镌番文六字箴言。番俗,人死则捐引刻摩尼以为功德,出银自一秤至十余秤不等。庄有工头,承包刻

①《委任全福禄为隆务寺乡约》,青海省档案馆,档案号:6-永久-122。

②《西宁道为奉督宪檄查多哇抢劫河南蒙古给循化厅的移》,青海省档案馆,档案号:7-永久-2693。

③《江洛千户为不让商户马成虎住坐在大老爷上具的禀》,青海省档案馆,档案号:7-永久-4634。

④《大通县志》,载《青海旧方志五种》,第487页。

⑤Rev. C. Edwin Carlson. Our warlike tibetan neighbors. The Alliance Weekly,1928, LXIII(12),p.187.

⑥Robert B. Ekvall. The next outpost in far tibet. The Alliance Weekly,1927,LXII(41),p.666.

石，居民多以镌摩尼为业”[①]。

最后，确实应该承认，近代羊毛国际贸易的兴起，的确曾在甘青藏区催生过一些新的集镇。如柔克义在陕甘回民起义被镇压后访问多巴时曾经观察到：“多巴，在镇海堡以东约 1 英里的小镇。在叛乱之前，这两个聚居区是重要的商业中心，但现在部分遭到了毁坏，大部分的贸易已经转向鲁沙尔和多巴北面山谷中的小镇拉沙。”[②]拉沙并不在通过蒙藏地区的交通线上，虽然在较长的一段时间内扮演着向青海海北输出负贩商人基地的角色，但随着羊毛国际贸易的兴起，很快就让位给了更具有地缘优势的邦巴。尽管对这种转换的历史还不是很清楚，明显的是以上五庄而在近代商业史上闻名的邦巴，似乎是在 20 世纪之后突然一夜成名的。不过，这种以羊毛贸易而催生的新市场，除上五庄外，还很难找到其他的例子。

此外，还有一些市场，是伴随着民国时期的旅行家，我们才得以知道它们的存在。如夏河县，“清水、桥沟两驿，回汉贾多”[③]，“桥沟有居民三十余户……皆以开商店为业……清水有居民二十余户，亦汉多于回，其来历与生计亦同于桥沟，有街长一人”[④]；博纳寺“寺前有回汉商几家”[⑤]；格耳赛耳寺在洮河北岸，“建筑及番僧人数，约如黑错”，“寺前有桥，通南岸商家居处”[⑥]；陌务寺寺院规模甚大，“有喇嘛一百七十余名，附近一镇”[⑦]，“有商铺十余家，商货为布匹、香、针线、

①周希武：《青海玉树调查记》，第 177 页。

②William Woodville Rockhill. The land of the Lamas. London：Longmans Green and Co. 1891，p. 109.

③徐近之：《西宁松潘间之草地旅行》，载《地理学报》1934 年第 1 卷第 1 期，第 4 页。

④王树民：《夏河日记》，载《甘肃文史资料选辑》第 28 辑，第 265 页。

⑤徐近之：《西宁松潘间之草地旅行》，载《地理学报》1934 年第 1 卷第 1 期，第 6 页。

⑥徐近之：《西宁松潘间之草地旅行》，载《地理学报》1934 年第 1 卷第 1 期，第 7 页。

⑦马鹤天：《甘青藏边区考察记》第 1 编，第 135 页。

辣椒、火柴、日用品等;有工匠十余家,分银、铜、铁、木等"[①]。临潭县,拉柴河口有柴市,逢五、十之日为集期。西固县,哈儿河镇为"一大藏人集镇"[②]。民和县,"上下川口等庄均驻有收买生金之商"[③],"商民十余家,居民百余户"[④];享堂"系平番李土司属地,居民约百余家,店户颇多"[⑤],"是一个纯粹农业经济型态的集镇"[⑥];同德县,"境内拉加寺,为果洛三族及河南蒙旗贸易之中心"[⑦]。贵德县,鲁仓"番汉等族错据,为各族互市之所"[⑧]。都兰县,"香日得亦称尚格……居柴达木河之南……其地现有汉民二十余户,藏商五六家,果洛藏族常来此购粮"[⑨];宗家在"香日得西一百五十里,为和硕特西右翼后旗牧地……有土房百余家,汉商在此设铺,与蒙民交易"[⑩]。乐都县高庙镇"乃乐都县属之第一大镇,商铺油杂、布匹、粮食等店,无不一应俱全,为兰州以来所未见之市面"[⑪]。西宁县,后子河"为一小市镇"[⑫]。以上诸市场形成时间,俱无法考证,但应均不晚于20世纪20年代。如乐都高庙镇位于西宁通往兰州东、北两路的交叉口,农业发达,人口稠密,应为传统的农村贸易市场,形成时间估计也不会晚于清末。

---

①王树民:《夏河日记》,载《甘肃文史资料选辑》第28辑,第232页。

②长江:《中国的西北角》,第58页。

③周希武:《宁海纪行》,第8页。

④马鹤天:《甘青藏边区考察记》第2编,第178页。

⑤周希武:《宁海纪行》,第8页。

⑥岳剑寒:《青甘边缘走马记》,载凌鸿勋等:《西北行(第二集)》,第177页。

⑦萧澄:《青海省的沿革及其现行行政区概况》,载《边疆通讯》1944年第2卷第3期,第2页。

⑧黎小苏:《青海之地理环境》,载《新亚细亚》1933年第6卷第1期,第45页。

⑨张其昀、李玉林:《青海省人文地理志(续)》,载《资源委员会月刊》1939年第1卷第7期,第516页。

⑩张其昀、李玉林:《青海省人文地理志(续)》,载《资源委员会月刊》1939年第1卷第7期,第516页。

⑪陈赓雅:《西北视察记》,第127页。

⑫长江:《中国的西北角》,第171页。

20世纪30年代后,随着甘青藏区国家政权建设力度的增强,一批新的市场随之得到开辟。如共和县,“县府于去岁以经济为推进一切事业之基础,而发达商业又为经济活动之最大关键,并见到该县过去商业至飘忽不定,特在县治中心地方,修建铺面二十余间,亦于去岁竣工,以冀发达商业,活动地方经济,更间接补助地方政治,使之日臻上境”①。这应该是青海藏区的普遍情况,故《青海通史》称:“20世纪40年代,随着牧区行政建置的健全和垦荒移民的发展,在部分居民点逐渐出现了一些固定商铺……初步形成了一批固定市场。”②

甘青藏区临时市场与流动市场的形成也具有悠久的历史,至少不会晚于明末。就庙会而言,因其多为佛教性庙会与道教性庙会,故人们多认为开始盛行于唐宋之后,“并渐次推广到四川、湖广、西夏各地”③。故甘青藏区的庙会,西夏时或已有之。即使以其为藏传佛教性庙会而言,至少也不会晚于明末。如“银塔寺,一名塔儿寺……每岁六月,不分番夷,尽集于寺礼拜,寺无隙地,霍英所谓以拜佛为名者”④。可见,随着明代塔尔寺规模的不断扩大,宗教影响力的不断增强,其庙会已经辐射很广。又明末清初之际,据说佑宁寺曾拥有7000僧众,成为湟水流域最大的寺院,“号称湟北诸寺之母,盖大通、互助、亹源一带寺院,大都为佑宁寺之分支”⑤。因此,该寺每年例行的法会所产生的影响,应较塔尔寺有过之而无不及。花儿会的起源也不会晚于明末⑥,并逐渐推向整个河湟地区。甘青藏区最早的物资交流会

①《青海共和近况》,载《新青海》1935年第3卷第4期,第61页。

②崔永红、张得祖、杜常顺:《青海通史》,西宁:青海人民出版社,1999年,第684页。

③王兆祥、刘文智:《中国古代的庙会》,北京:商务印书馆国际有限公司,1997年,第5页。

④梁份:《秦边纪略》,西宁:青海人民出版社,1987年,第67页。

⑤韩儒林:《佑宁寺及其名僧》,载《边政公论》1944年第3卷第1期,第45页。

⑥郗慧民:《西北花儿学》,第366页。

不得而知，但据其形式与时间而言，则类似榷市与互市。马鹤天曾形容都兰物资交流会："春夏二季，则定期在本境内集市，数百里间，皆来赶集，就旷野为市场，物贵者蔽于帐，物贱者曝于外，器物杂陈。汉商所贩者，大抵皆茶、糖、布匹、木器及供佛应用之零星器物。土人所出卖者，则全为本地产物。汉人欲买各物，先至蒙市拣择估价，再引蒙藏人民至汉市，亦任其自行挑选，至相当价值而止。每次凡二十余日乃散。"①不过这种临时性市场，并不由政府直接参与监督。仅就都兰的物资交流会而言，有人认为形成于1917年后②，尽管不知其依据何在，但可以确定的是，应该不会早于乾隆二十六年(1761年)。是年，青海都统多尔济奏请："西宁边外多巴等处，系民人贸易之所。向例自栋科尔，至尼兰锡兰山以内，许客民来往；山外系青海地方，禁止越山贸易。今准夷荡平，回部向化，请令内地商人，各随所愿，裹带茶叶、布匹等项，前往青海贸易，使柴达木等远处贫困蒙古，得以牲只售换，于边疆生计，大有裨益。"③自此开始，清朝实行"出口"贸易的请票制度，允许商人前往柴达木等地贸易，"有效期是40天"④。起初，前往柴达木等地的商人可能采取负贩贸易的形式，然后逐渐根据蒙藏人民生产的季节性进行调整，采取集中贸易的方式，而发展成为两季的物资交流会。由每票40天的有效期，也可以佐证每次物资交流会20天为期的缘由。至于流动市场，因货郎多为本土本乡贸易，其起源不论；而至蒙藏聚居区的负贩贸易也有悠久的历史，历明清而不

---

①马鹤天:《西北考察记·青海篇》，南京:新亚细亚学会，1936年，第210页。

②海西蒙古族藏族自治州概况编写组、修订本编写组:《青海海西蒙古族藏族自治州概况》，北京:民族出版社，2009年，第289页。

③《清实录·高宗纯皇帝实录》卷633，"乾隆二十六年三月壬戌"条。

④William Woodville Rockhill. The land of the Lamas. London: Longmans Green and Co. 1891, p. 53.

衰。明清两代曾施行官营茶马贸易垄断经营体制,禁止私入甘青藏区贸易。明律明确规定:“私茶出境与关隘失察者,并凌迟处死。”[1]清前期也制定了极为严厉的禁私条例:(1)伪造茶引者处斩,籍没当房家产;(2)将茶卖与无引客人兴贩者杖六十原价入官;(3)凡贩私茶者。同私盐法论罪;(4)私茶有兴贩夹带五百斤者,照现行私盐例押发充军。[2] 然而,“茶马互市,利之所在,人皆趋之,禁令越多,走私之风越盛”[3]。走私贸易的规模不断扩大:“西宁、河州、洮州地方,土民切邻番族,多会番语。各省军民流聚拒万,通番易马,雇请土民,传译导引,群附党援,深入番境,潜住不出。”[4]康熙年间,“各处皆有私茶,成群驮送,亦复有之,而拿获私条之案绝少”[5]。请票制度施行后,亦多遭破坏,“内地歇家奸贩,贪利潜往贸易”[6]。这些私商,就构成了甘青藏区负贩贸易的主体。后随禁制的开放,他们也同时参与各地的物资交流会。

由以上市场演化史的梳理可以发现,甘青藏区市场体系的形成具有以农业区治所市场为骨干,以乡镇市场为脉络,逐渐向半农半牧区扩散,进而延伸至游牧区的时空结构。表2为甘青藏区固定市场时空演进历史信息的统计。

①《明史》卷80“食货4”。

②《钦定大清会典事例》卷242,“户部·茶课”条。

③陈国光:《青海藏族史》,西宁:青海民族出版社,1997年,第325页。

④《明经世文编》卷115。

⑤陈宏谋:《再申私茶之禁以疏官茶》,载《培远堂偶存稿》道光培远堂全集本。

⑥《清实录·宣宗成皇帝实录》卷42,“道光二年十月己酉”条。

表2　清初至民国时期甘青藏区市场时空结构表

区别	清代前期	清代中晚期	清末民初	近代晚期
农业区	8	18	26	45
半农半牧区	5	17	47	63
游牧区		3	7	26

甘青藏区市场演化史表明，清代前期甘青藏区市场以农业区为主，占总数的61.5%，从清末民初开始所占比重已经大为降低，仅为32.5%；至清末民初半农半牧区的市场数量已经远超农业区，占总数的58.75%，近代晚期随着游牧区市场开始规模性发育，降低到46.67%；游牧区的市场发展较为缓慢，清代中晚期开始发育，至近代晚期占到总市场数的19.1%。故从总体上而言，近代时期甘青藏区固定市场方始打破农业区、半农半牧区的界限，向游牧区推进，是为市场体系的逐渐完善。但这种发育性同时表征着市场体系自身还具有不完善性，至近代晚期，甘青藏区仅有城市1处，位于农业区，占同类市场的100%；集镇36处，农业区占52.78%，半农半牧区占38.89%，游牧区仅为8.03%；集市27处，农业区占33.3%；半农半牧区占66.7%；街市39处，农业区占30.7%，半农半牧区占48.7%，游牧区占20.6%；小市31处，农业区占6.5%，半农半牧区占38.7%，游牧区占54.8%。这表明，农业区的市场发育水平较高，多以集镇和集市为主；游牧区的市场发育水平最低，多以小市和街市为主，占到总数的89.3%，多未达到集市的水平，而为数不多的集镇也多为治所与大型寺院所在地。

以上统计，纯以县为单位而言，然就县域内的经济区划分而言，情况则更为复杂，但也更能说明甘青藏区市场体系的空间结构特征。如，传统上虽将湟中作为农业区，然据1985年统计，该县牧业用地

128.31 万亩,占总土地面积的 31.68%[①]。近代时期该县牧业应该占有更大的比重,传统上拉沙、土门关、鲁沙尔、帮巴、上新庄、甿思观等处即属于半农半牧区市场。此外,大通县的暗门、俄博、衙门庄,乐都的瞿昙寺等,也属于此种类型。而在半农半牧区,也存在类似的情况。如夏河县,“除南至陌务一带外,而东至土门关一带,尤阡陌相连,大类内地”[②],桥沟、清水、卡加寺、买吾旧寺、黑错寺、拉卜楞寺诸处市场就位于这一已经开垦的区域,博纳寺、阿木去乎寺等两处市场则已在游牧区域。临潭县的郎木寺同属游牧区类型的市场。照此修正各经济区的市场统计,则有农业区市场 35 处,半农半牧区市场 70 处,游牧区 29 处,分别占总数的 26%、52% 和 22%。由此可见,近代甘青藏区市场体系的第一个特征即为,固定市场在空间结构上多密集于半农半牧区,即所谓的农牧交错地带。

甘青藏区市场体系的第二个特征则是市场的依附性。固定市场在历时性上呈现出以治所为中心,自农业区向半农半牧区推进,堡寨由军事功能发展为地方贸易中心,然后再进一步向农牧边缘地带扩展,产生了一批寺院型市场。因而,在甘青藏区固定市场中,以上三类市场占有较大比重,在市场结构中的位置也较为重要。在游牧区之外的 106 处固定市场中,各类治所、堡寨、寺院型市场就有 57 处,约占总数的 53.8%;在集市以上发展水平的 64 处固定市场中,三类市场有 36 处,约占总数的 56.3%。这个比例在半农半牧区更高,在其 63 处固定市场中,三类市场有 37 处,占到总数的 58.7%,以调整后的数据计算则为 60%,在集市以上水平的市场中占 69.2%,其中仅寺院型市场就占总数的 28.6%。可见,愈是向游牧区推进,市场对寺院的

①湟中县地方志编纂委员会:《湟中县志》,西宁:青海人民出版社,1990 年,第 63 页。
②马鹤天:《甘青藏边区考察记》第 1 编,第 158 页。

依赖性就愈强。不独固定市场如此,即便临时市场也存在同样的特点。如玉树地区举行庙会的寺院有竹节喀耐寺、觉拉寺、拉布寺、惹尼牙寺、结古寺、歇武寺、尕藏寺、称多东周寺、竹节青错寺、竹节寺、拉布寺、禅古寺、陇喜寺、班庆寺,占到了总临时市场数的83%。[①] 柴达木地区蒙藏各族的物资交流会在都兰进行,实则"都兰为海北二十九旗之都会也,今亦改为县治,以其著名都兰寺而得名"[②],而"都兰寺在和硕特西前旗界内……为柴达木最大之寺"[③]。寺院在甘青藏区半农半牧区与游牧区市场的形成中扮演着重要的角色。如湟源县城作为青海藏区最大的民族贸易中心,"原为东科旧寺,自明末商贾渐及,与蒙番贸易,有因而世居者;番族亦渐次开垦,牧而兼耕,各就水土之便,筑室成村落焉"[④]。拉卜楞寺则在整个河曲藏区扮演着民族贸易中心的角色,"游牧族以喇嘛寺为集中互市之地,故拉卜塄(今作"楞")又为汉藏贸易之中心"[⑤]。

甘青藏区市场体系的第三个特征即是市场多元类型并行发展。甘青藏区市场总体发育的不足与分布的不均衡性,导致了多元市场类型存在的客观性与长期性。农业区以不到甘青藏区2%的面积,却占有超过32%的固定市场比例;集市以上发展水平的市场数量更占到39%以上。甘南藏区以其将近3倍的面积,仅拥有21处固定市场。90%以上面积的游牧区,却仅占有21%的市场数量,且多为民国时期形成的小市与街市。而祁连山北麓蒙古族、裕固族、藏族居住区2.3万平方公里的土地上,竟没有1处固定市场。即使在县域内固定

①周希武:《青海玉树调查记》,第92-95页。

②朱允明:《新青海省之鸟瞰》,载《新亚细亚》1931年第2卷第4期,第17页。

③黎小苏:《青海现状之一斑》,载《新亚细亚》1933年第5卷第4期,第55页。

④杨治平:《丹噶尔厅志》,载《青海旧方志五种》,第161页。

⑤张其昀:《甘肃省夏河县志略》,载《方志》1934年第9卷第3-4期,第142页。

市场的分布也不均衡，如农业区的互助县，固定市场主要分布在靠近湟水的南部地区，广大北部地区没有固定市场。半农半牧区的夏河县，市场也主要分布在北部的大夏河流域。这就使得广大游牧区与偏远农村不得不更多依赖临时市场与流动市场。如海南大部分地区没有集市和交易场所，“又无力量兴师动众长途跋涉去‘走从哇’的情况下，主要依靠从外来的‘客娃’手中换取”①；在互助县，“除了威远镇这些较大坐商以外，在威远镇和大庄村的中途，距大庄约七八里的安定庄，还住有很多的小贩——货郎。安定庄的居民，十之七八是小贩，他们经常担着货箱到大庄一带来做生意，货物主要是些妇女用品”②。

由以上所述可见，甘青藏区市场虽然发育较早，但由于受自然环境与经济结构的制约，至近代市场体系尚具有明显的不成熟性。这既表现在整体上的数量不足，也表现在地理空间上的分布不均，特别是主要集中在农牧交错地带。在不同的经济区内，呈现出向治所、堡寨、寺院集中的趋势。作为市场发育程度较低的表征，临时市场与流动市场在甘青藏区数量庞大，分布较广，扮演着活跃民族贸易的角色，特别是在游牧区，更是呈现出顽强的生命力。

三、近代甘青藏区市场结构的成因

近代甘青藏区市场体系所呈现出来的不成熟性，从整体上而言，是区域经济自身欠发达的结果。在这样的基础上形成的特殊的市场空间结构，多元化的市场类型结构与市场自身的依附性，则既有单纯物质上的经济原因，也与甘青藏区的多样化的民族构成、蒙藏等民族

①海南藏族自治州概况编辑委员会:《青海省海南藏族自治州概况(初稿)》,海南藏族自治州概况编辑委员会,1963 年,第 86 页。

②青海省编辑组:《青海土族社会历史调查》,北京:民族出版社,2009 年,第 67 页。

的民族性和宗教性有着密切的关系。

首先,农牧经济的互补性,特别是游牧经济对农业经济的外向依赖性,是甘青藏区市场空间结构形成的基本动力。商业贸易的基本功能在于调剂余缺,以所余而易不足。故市场的形成依赖于贸易的进行。农牧经济天然的互补性,使农业经济与游牧经济自古以来即在以各种方式互通有无。更因游牧经济具有不稳定性①,使其对农业经济形成一定程度的依赖性,从而导致甘青藏区内的民族贸易首先在农牧交错地带率先展开,进而扩大到更远的范围,甚至区域外,乃至发展成为国际贸易。传统观点误以为游牧经济对农业经济的依赖性,主要是单一肉食性的饮食结构对茶叶的需求。如豫师曾借用这种观点,强调说:"蒙番夙性肉食为粮,牧畜藩滋,取资甚便,然不饮茶,则膨滞生疾,又必搀食炒面,始能果腹,是粮茶二物,为蒙番仰给内地要需。"②实际上这种认识具有较大的片面性。单纯从饮食上讲,早在道光年间,那彦成就认识到"蒙番口食,粮茶并重",为了将粮茶作为控制蒙藏民族的手段,建议清朝强化易粮票照制度,"令各旗蒙古请票易粮之时,每粮一石配茶二封,即于粮票内注明,其买粮不买茶者听之"③。俄国探险家普尔热瓦尔斯基1870年代初在青海湖地区观察到:"唐古特人很少吃肉,糌粑就是他们的主食。甚至拥有数千头牛羊的富有的唐古特人也很少为自己宰牛或羊。"④即使是蒙藏人民中的优越阶层,僧人们的主食也是以粮食为主。如拉卜楞寺,

①林干:《中国古代北方民族通论》,呼和浩特:内蒙古人民出版社,1998年,第105-114页。

②吴丰培编:《豫师青海奏稿》,西宁:青海人民出版社,1981年,第161页。

③那彦成:《那彦成青海奏议》,第145页。

④〔俄〕普尔热瓦尔斯基:《荒原的召唤》,王嘎、张友华译,乌鲁木齐:新疆人民出版社,2001年,第254页。

“喇嘛日常饮食,每日三餐。早餐于上午六时,皆吃炒面。午餐于午十二时,亦食炒面。炒面即以稞麦炒熟磨为面粉,食时先吃茶,剩余少许茶,上盛烧面一平碗,再盛乳渣少许,黄油一块,即以手指混拌成块,再以茶送事。晚餐至晚七时许食面(小麦粉)或煮挂面食之,亦有加烹羊牛肉者”[①]。换言之,蒙藏各民族的饮食结构是以粮食为主,而非传统认为的肉类为主。

由于粮食生产不足,蒙藏民族对农业区的粮食需求普遍较大。如甘南藏区,每年生产可食用粮食约在20万市石,而需求量则在50万市石,其“不敷程度,以临潭、卓尼最大,其次为夏河县”[②]。夏河县情况较好,但农业“只限于东部三千公尺以下之谷一地……耕地的面积,仅占全县百分之四……现在拉卜楞的粮食,每年仅足三个月之用,其余九个月的粮食,须靠临夏、临潭输入,故粮食一项为拉市大宗入超物品”[③]。对粮食的需求,使民族贸易首先在农牧交错地带展开。如“拉卜塄(楞)多牧少耕,农产物只青稞、豌豆、蚕豆三种,产区狭,产额少,大多数皆仰给于临夏、临潭、岷县、循化、保安一带”[④]。又如“查贵德地少,出粮有限,全赖西宁出产粮石各脚户搬运来贵贩卖;兼以西宁南川、西川一带乡民到贵路近,该乡民每于田禾收割后,将粮食运至贵德出售,均经斗行四店家过斗,分卖各铺。此历来情形,相沿已久。而各番族止(只)需青稞一种,是以陕客铺专向斗行趸买青稞,备办野番易换”[⑤]。隆务河流域,“附近保安上、下李屯、脱、季、吴四

①张元彬:《拉卜塄寺喇嘛之日常生活》,载《方志》1934年第9卷第3-4期,第232页。

②王志文:《甘肃省西南部边区考察记》,甘肃省银行经济研究室编印,1942年,第53页

③李式金:《拉卜楞在西北地位的重要性》,载《东方杂志》1946年第42卷第8期,第48页。

④丁明德:《拉卜塄之商务》,载《方志》1934年第9卷第3-4期,第218页。

⑤那彦成:《那彦成青海奏议》,第244页。

屯,并狼家三庄、恩占木七庄,共计番、屯一千四五百家……所需口粮,虽种水地每年尚不敷用,全赖巴燕戎并河州刘家集驮运前来接济,似无贩运他处者”①。环青海湖区的蒙藏人民则“为了买糌粑及其他必需品,他们就去丹噶尔城,这是唐古特人最重要的商业中心。唐古特人将牲畜、皮革、毛送到这里,换成糌粑、烟草、棉布、靴子等其他物品,所以,丹噶尔的贸易以易货贸易为主。在青海湖和柴达木,物价不是以钱为单位,而是以用来交换的羊的个数为单位”②。由此可见,游牧经济对农业经济的依赖性并不止于粮茶两项,大凡牲畜产品以外,皆仰外来。盖因,“藏族游牧区域,向无手工业可言,土人一切日用物品,虽一帚一席之微,均皆仰给于外”③。据 1939 年对拉卜楞寺输入商品的统计:粮食类(面、大米、挂面、小米诸项)最为重要,嗜好品(包括茶、烟、糖、酒诸项)占总输入 32% 左右,布匹(包括棉花)占总输入11.5%;杂货类(纸张、洋蜡、瓷器、铜具诸项)占总输入 7.1%,盐类占总输入 1.6%,其余则有玩具、药品、菜果等。④ 由此可见游牧区对区域外经济的依赖程度。

游牧经济对农业经济的依赖性,使两者间的交易首先在农牧交错地带率先展开,盖因有民族贸易上的区位优势。故有人强调:“大凡两个民族接触的地方,因环境风俗不同,所需各异,往往容易形成一个贸易要地。……青海湟源为汉藏民族接触地方,故湟源为一汉藏贸易要地。拉卜楞之为汉藏贸易要地之一,也是由此而形成的。”⑤

①那彦成:《那彦成青海奏议》,第 251 页。

②普尔热瓦尔斯基:《荒原的召唤》,第 254 页。

③《甘肃省各县经济概览》第 1 集,甘肃省银行经济研究室编印,1942 年,第 84 页。

④李式金:《拉卜楞之商业》,载《边政公论》1945 年第 4 卷第 10、11、12 合期,第 45 页。

⑤李式金:《拉卜楞在西北地位的重要性》,载《东方杂志》1946 年第 42 卷第 8 期,第 46 页。

半农半牧区为民间民族贸易的集中进行地，其固定市场的发展也较为迅速，数量较多。故人们强调临潭旧城商业的繁荣时指出："临潭商业，以番地出品为最多（若皮毛、药材之属），而其商品之需要，亦以番民为属多（若粮食、布匹、茶、盐之属，因粮食、布匹，汉民尚能自给，而番民则不得不仰给于他人）。旧城西北近拉卜楞，毗连上下叠布，西达双岔、毛里、西仓，均为藏民聚处，其集散较新城为便利。交通便利与否，固不失为决定商品流通趋势之一大因素，而集散市场之距离尤为重要，此临潭旧城商业特盛之一大原因。"①

半农半牧区的民族贸易市场形成后，不仅远处的游牧部落前来贸易，如"果洛番每年运牛羊、酥油、羊毛、羔皮、牛皮等物，前往恰卜恰、郭密、丹噶尔、塔儿寺等处贸易，运回青稞、布匹等物"②。还由民族贸易而产生一系列的联动效应，将更广大的区域纳入这一贸易体制中。如湟源县城成为贸易中心后，"本境粮产原足敷用，以蒙番在丹办粮，故本境所产之粮，半售于蒙番，而粮食转资于境外也"，挂面"本境制造者三分之一，自宁属各乡制成运于本境销售者三分之二……本境食用者五分之一，余皆售于蒙番"③。进而由逾出甘青藏区的范围，如"塔尔寺因此也就成为贸易集散地，商队来自各地，库伦、喀什噶尔、北京和四川"④。并由此成为游牧经济区走向国际贸易的商品集散地。

其次，生产方式、人口密度是造成近代甘青藏区市场空间结构与类型结构的直接因素。固定市场的形成，必赖定居人口的形成。在甘青藏区定居人口的形成不外四种情况：（1）定居农业的形成；（2）治

---

①王志文：《甘肃西南部边区考察记》，第 82 页。

②周希武：《宁海纪行》，第 38 页。

③杨治平：《丹噶尔厅志》，载《青海旧方志五种》，第 273、277 页。

④科兹洛夫：《死城之旅》，第 168 页。

所的建设;(3)军事堡寨的设置;(4)寺院的建筑。生产方式,尤其是农牧业的分野在很大程度上取决于自然环境与气候条件。一般而言,采取农耕生产方式为主的区域自然环境与气候条件相对较为优越,土地物质承载力较高,人口也较为密集。就甘青藏区而言,大体上在湟水流域、隆务河流域、大夏河流域与洮河流域的中下游,定居农业发展较早,人口也较为稠密。表3为民国时期青海人口空间部分的信息统计。

表3　1931—1948年青海人口地区分布表

比例为百分比;密度为每平方公里人数

区别 \ 时间		1931	1936	1940	1943	1944	1945	1947	1948	平均
东部地区	比例	55.87	40.37	54.77	64.97	59.40	59.39	57.95	57.10	56.23
	密度	25.74	23.71	40.70	41.49	40.40	40.39	37.26	36.22	35.74
其他地区	比例	44.13	59.63	45.23	35.03	40.60	40.61	42.05	42.90	43.77
	密度	0.59	1.02	0.98	0.65	0.80	0.80	0.79	0.79	0.80

资料来源:翟松天:《青海经济史·近代卷》,西宁:青海人民出版社,1998年,第18页。

青海藏区的人口分布极不均衡,东部地区以仅占2.82%的面积,聚集了56.23%的人口,其他地区占97.18%的面积,却只有43.77%的人口。由此导致各地的人口密度存在巨大的差异,东部地区平均每平方公里35.74人,其他地区则只有0.80人。这种人口密度的差异则反映着各地由于自然环境和气候条件决定的生产方式的差异。盖青海藏区境内凡农业较为发达的地区,因定居农业的形成,人口均较为稠密。民国时期,张其昀等人曾写道:

> 河湟一带,尤以湟水流域人口最密,西宁卫省会所在,人口最稠,民和、互助、乐都、湟源、大通诸县次之。此湟水流域之六

县,人口密度皆在每方公里十五人以上。除湟源外,各县人口,每县皆在五万人以上。湟水流域平川较广,水利较富,农业颇称发达,与兰州之交通亦便,故人口稠密,为全省精华之所寄。黄河沿岸贵德、循化、化隆人口均在三万以下,密度以循化为最大,化隆次之,贵德又次之。循化平地较广,水利修明,农业甚盛,人口较密。化隆人口集中于南境,北部山岭之地则较稀少。贵德县境甚广,东北部人口较密,西南部地广人稀,密度甚小。亹源在大通河流域,气候较寒,耕地不多,人口密度亦小。共和、同仁地广人稀,农垦尚未发达,都兰、玉树除县治附近人口稍多外,余皆荒原山岭,人烟极为稀少。①

甘肃藏区也存在同样的情况。民国时期,夏河县人口分布的详情难以确定,"然可得断言者,则拉境愈向东北则人口愈密,愈向西南行则人口愈稀,盖东南面接临农业地带,而西南面则为畜牧草地也"②。可见即使在县域的范围内,人口的聚集也是随农业发达与否而定。

同样是在蒙藏聚居区,凡采取农业生产的地区,人口也相对较为密集。如"青海东部民和、乐都、化隆、循化、同仁、贵德、湟源、共和、大通、亹源诸县山谷中居住之藏民,皆耕牧兼营,人口比较密集"③。即使在玉树地区,也因"通天河流域,自协曲口以下沿河两岸及固察、称多、拉布、竭武、义曲、结古诸水滨与子曲、咱曲、鄂木曲诸河沿岸,皆早已耕种"④,而使以县治为中心的区

①张其昀、李玉林:《青海省人文地理志》,载《资源委员会月刊》1939年第1卷第5期,第338页。

②李式金:《拉卜楞之人口》,载《边疆通讯》1948年第5卷第2、3合期,第14-15页。

③李玉润:《青海畜牧事业之一瞥》,载《新青海》1936年第4卷第1、2期合刊,第23页。

④韩宝善:《青海一瞥》,载《新亚细亚》1932年第3卷第6期,第74页。

域人口较为稠密。而纯从事游牧经济的地区,人口较稀疏,盖因受环境的影响,其生产方式决定人口具有两大特性:第一,游牧经济导致人口具有迁移性,此即所谓"游牧人民之居所,本来迁徙无定,所谓逐水草而居也。各部落每年迁移之次数,并无一定,大抵四五次者有之,九十次者亦有之。每届冬令,即较长时期定居于境内较暖之处,俟来春始出"①;第二,物质承载力导致人口具有分散性,一般情况下,"一个部落拥有二三百人家者,其帐房都连绵不断地散布在一二十里地面之间……二三百人家连绵地驻扎在四五十里周围的地面上,不是毫无秩序的散住的,乃是每一二十家或二三十家组成一个圆圈的"②,"每圈户数之多寡不等,多则五六十户,少则三四户亦有之。五六十户以上,即甚罕见。盖户数过多,则放牧牲畜,殊为不便,帐房附近之草,每不足较长时期之食用也"③。

由此可见,农业区人口的相对集中性,是甘青藏区固定市场数量极为密集的直接原因。而游牧区人口的迁移性与分散性,则使该区域内固定市场的形成较难,因其难以形成较为固定的消费群体。这也在某种程度上决定着其民族贸易必须追随着人口的迁移,并根据生产的季节性而主要采取临时市场与流动市场的形式。以茶叶贸易而言,"口外茶叶贸易季节,视羊毛剪取时期及皮张剥取时期而定。青海气候较冷,羊毛剪取时间,约当五六月间,年仅一次;皮张剥取时间约为一二月间。九十月间下山换取粮食,三四月间则下山换取日用品。茶叶贸易亦在此两时期"④。畜产品的收获季节便成为临时市

①赤峰:《河曲藏区采风记》(七),载《中央周刊》1942年第4卷第30期,第15页。

②俞湘文:《西北游牧藏区之社会调查》,商务印书馆,1947年,第27-28页。

③赤峰:《河曲藏区采风记》(八),载《中央周刊》1942年第4卷第31期,第15页。

④叶知水:《青海茶市》,载《经济汇报》1944年第9卷第5期,第93-94页。

场开市的集中期，其余时间则由负贩的商人追随着部落的迁移，流动贸易。

再次，消费市场空间与民族性是造成市场对治所、堡寨与寺院依附性的关键。治所、堡寨与寺院在甘青藏区的存在，对固定市场的形成具有特殊的作用，虽然它们各有自身发展成为市场的方式，但总的来说都意味着固定消费市场的形成，并因甘青藏区特殊民族性的存在而进一步强化它们作为区域社会贸易中心的地位。治所作为国家行政权力空间上拓展的结果，象征着国家权力在地方社会的存在。举凡刑政、教育、仓储、驿传、祭祀乃至军队的设置，外来人口迅速集中在一个固定的点上。为施政的方便，各治所一般又设置在人口相对稠密，交通相对便利之处。这种政治性城镇的开辟，就为商业的发展提供了基础。而为赋税、便利生活及对商业活动的掌控，政府一般都要积极在治所开辟市场。如民国《大通县志》记载："从古圣人崛起，群雄趋附，削平祸乱，奠定邦畿，分划都邑，补城郭以为守土之助，葺官廨以为行政之资。由是仓储备而荒歉无忧，学校兴而礼义以出。且邀百神之享也，庙祀于以克修，期万民之聚也。田舍于以悉知，卜商贾之藏也，廛市于以毕开。"①此可以视作甘青藏区治所型市场形成的一般规律。

堡寨的设置无疑在甘青藏区人口相对稀疏的地方，形成了相对集中的人口聚落。军事性人口聚落相对较少的生产性和较多的消费依赖性，便为商业的发展提供了一个固定的消费群体。表4为甘青藏区主要军事堡寨的驻军信息统计。

---

①《大通县志》，载《青海旧方志五种》，第474页。

表 4　清代甘青藏区主要军事堡寨分布与兵额表(兵额:名)

堡寨	兵额	堡寨	兵额	堡寨	兵额	堡寨	兵额
西宁镇	4000	白塔营	400	哈拉库托营	200	威远营	278
大通协营	800	丹噶营	500	贵德营	180	碾伯营	159
永安营	600	镇海营	281	乩思观营	40	老鸦营	50
巴燕戎营	400	巴暖营	200	甘都堂营	150	康家寨营	60
扎什巴营	100	北川营	356	察汗俄博营	300	保安营	524
起台堡营	256	循化营	860	洮州协营	1000	旧洮堡	200
西固营	211	岔口营	148	平番城	1658	镇羌营	592

资料来源:《甘肃通志》卷 14“兵防”、《西宁府新志》卷 18“武备志 · 兵制”、《西宁府续志》卷 5“武备志 · 兵制”、《永登县志》卷 3“兵防志 · 驻防”、《洮州厅志》卷 9“兵防志 · 营制”。

大量军士募集于内地,常携家眷前往驻所。如循化营“兵丁皆有妻子父母兄弟,携眷伙住”①。即以三口之家而计,以上各堡寨的常住人口少则数百,多则已达千余,甚至 2000 余人。军士口食固然大多由官方供支,然家属口食及其日用品,只能就近易买。即使军士口食,有时也发放银、茶等物,令其就近购买生活用品。如乾隆九年,甘肃巡抚黄廷桂奏称:“西宁口外日月山之西南地名沙喇库图尔……地孤悬口外,气候寒冷不能耕获,又系新设之地无粮可拨,官兵起支,例系折色,商贩稀少,兵丁谋食维艰。”②这个稳定的消费群体,即在农牧交错地带吸引着两方人等前来贸易。驻军与当地蒙藏人民间的贸易由来已久,如成化十年(1474 年)甘肃右都御史朱英奏:“陕西甘肃西宁附近边方,各处山口密迩西番,往年番人与我军民贸易,彼此相安。

①《循化志》卷 3,“营汛 · 循化营兵房”。

②《清实录 · 高宗纯皇帝实录》卷 220,“乾隆九年七月甲寅”条。

近年边臣多使人劫诱到营，折阅物价，以贱易贵，致使番族衔忿，甚至引刀自刻。……乞降旨榜禁，自后番人到境，止令都司委官量带人马关防接引，令与两平交易，违者俱发充军。”①由此可见，军队官兵与当地民族间的商品交易比较频繁，其间也发生了一些问题，明朝政府已经开始着手维护正常的市场秩序。为了供给驻军的口粮与日用品的需求，内地的商人也前往贸易。如康熙五十五年，福宁安疏言：“甘肃地方今年田禾茂盛，秋收可期，各处民人俱具呈，欲往口外并哈密地方及驻兵之处贸易者，一百四十余起，请令地方官给与(予)出口印票，以便前往。”②长期贸易的发展，堡寨就演化为民族贸易的固定场所。

甘青藏区寺院藏传佛教寺院之多，规模之大，是一个突出的社会现象。此等大规模的寺院，便在人口稀疏的广大区域里，汇聚成了一个个定居的人口聚落。清末，循化厅内的藏传佛教寺院已经颇具规模。表5为对清末循化厅西、南番藏区寺院信息的统计表。

表5 清末循化厅西、南番藏传佛教寺院僧人数量表

寺院名称	僧人数	寺院名称	僧人数	寺院名称	僧人数	寺院名称	僧人数
夕厂寺	35	什作亥寺	27	白石崖寺	50	拉卜楞寺	3000
古的寺	200	沙沟寺	70	观音完尔寺	73	札喜寺	28
卡加寺	100	卡加新寺	120	阿木掇合寺	200	黑错寺	2100
中库寺	38	边都寺	400	瓜什济寺	210	脱屯寺	200
隆务寺	1700	李屯寺	100	吴屯上下寺	500		

资料来源：《循化厅境内四至八到山川路径寺院营汛市镇古迹及汉回番撒民户折》，青海省档案馆，档案号：7－永久－4080。

①《明宪宗实录》卷131，“成化十年七月辛未”。

②《皇朝文献通考》卷33，“市籴考二·市舶互市”条。

由此表,我们可以对甘青藏区寺院的概况有一个大致的了解。即使在游牧地区,寺院也形成了较大的宗教性人口聚落。如玉树地区,在20世纪30年代共有寺院99座,僧人10760人,平均超过108人,其中有统计数据的寺院44座,超过200人的寺院就有11座。[①] 除寺院的僧人而外,依寺院规模的大小,会形成依附于寺院而供其役使的“塔哇”部落。如塔尔寺“寺院之大及富甲于青海,其僧徒多来自西藏及各处。寺内有活佛十余人,喇嘛定额为三千六百名,而食指常逾万人。附寺而居之熟番依之生活者,又有数千户”[②]。这个说法固然有其夸张之处,但依附寺院人口之众还是可以看出的。拉卜楞寺的塔哇部落更为庞大,上下塔哇两处就有1111户,4110人[③];而依附于寺院的村庄,实则号称“十三庄”,大概约有8251人[④]。由寺院而形成一个大的定居社会,逐渐就吸引各地的商人前来,随后蒙藏人民也前来贸易,市场逐渐得以形成。于式玉对此曾有精辟的概括:“‘安多’区的藏人十之八九是过着游牧生活。各处寺院建立起来之后,一部分老百姓为了供应活佛差役,也就离开了游牧的大队,来到寺旁定居下来。内地商人,为供给寺院的用品……也同他们一起住下来。以后,收买皮毛的商人,也从四方聚居到此。百姓、商人,乃形成了今日寺旁的村庄。”[⑤]

甘青藏区市场的依附性,从根本上讲并非对治所、堡寨、寺院本身的依附,实乃在这些地点上形成了定居的高密度的人口聚落。这

①蒙藏委员会调查室:《青海玉树囊谦称多三县调查报告书》,蒙藏委员会调查室,1941年,第2页。

②黎小苏:《青海现状之一斑》,载《新亚细亚》1933年第5卷第4期,第53页。

③李安宅:《藏族宗教史之实地研究》,上海:上海人民出版社,2005年,第196页。

④李安宅:《李安宅藏学文论选》,第93页。

⑤于式玉:《于式玉藏区考察文集》,第44页。

是从纯经济的角度而言,就甘青藏区的民族性而言,自然也有非如此不可的情势。近代的甘青藏区信仰藏传佛教的各民族,在大部分区域和大部分时间里,还未脱离掉部落社会的色彩。部落社会流行的是部落的道德,即部落内部有道德,部落以外无道德,换言之,在这里"每个人都是倾向自我的法律"①。部落的道德,盖因"藏民习俗,以能抢人敢杀人为能事,全族人亦称赞之、奖誉之,因遇事可为全族人牺牲性命,勇敢抵御也。以故互斗仇杀之事,层出不穷,累世不休,子孙继之,认为贤肖。一人被他族所杀,全族有复仇之义务"②。"能抢敢杀人"固然是在物质资源相对匮乏的条件下,为有利于资源的竞争而形成的尚武精神的一种变体形式。但在部落对外关系的集体负责制的庇护下,就出现了"游牧藏区里的男子,以偷窃盗劫为表现尚武精神的一种方式……偷窃的对象有两种,一种是抢劫旅客,一种是纠合多人到别的部落中抢夺人家的牲口与财物"③。因盗匪"藉着本族全民的庇护,时常逍遥于法外,不断地做着杀人劫物的行为"④,抢劫就成了"居住在青海和柴达木的哈喇唐古特人所从事的一种特殊的职业"⑤,黄河以南的藏族以"这种盗杀行为为光荣"⑥。抢劫行为被普遍职业化的结果,就是"青、甘、川、康边区杀人掳货之事,层出不穷,旅商不敢深入"⑦。果洛族更是"以剽悍劫掠闻名","其生活之仰给,除自产畜产品以供其衣食外,常结队狩猎或劫掠无辜,以饱其欲,

①Joseph F. Rock. Rock to C. S. Sargent 1925 - 05 - 26. Arnold Arboretum Archives of Harvard University, JP. Transcribed RIVaF2 - 10t:4.

②马鹤天:《甘青藏边区考察记》第3编,第622页。

③俞湘文:《西北游牧藏区之社会调查》,商务印书馆,1947年,第28-29页。

④张元彬:《青海风光》(中),载《国风半月刊》1933年第3卷第11期,第40页。

⑤〔俄〕普尔热瓦尔斯基:《荒原的召唤》,第261页。

⑥穆建业:《青海藏族的婚姻》,载《旅行杂志》1932年第6卷第11期,第56页。

⑦李式金:《河曲——中国一极有希望之牧区》,载《边政公论》1945年第4卷第1期,第50页。

故旅徒者常裹足不前,为害至巨"[①]。故时人声称:"在草地旅行,最好不遇见任何人,盖遇见任何人,均须作应付盗匪之准备。"[②]中外人士对甘青藏族的论断或有其偏颇与夸大之处,然而这种由实地考察而得来的印象,自然也是有其所据的。各种抢劫案的频繁发生,使前往甘青藏区口外地区经营商业面临着生命财产极大的不安全性。

经营商业自然须考虑交易成本,盖商人无非追逐利润。如果面临的市场不安全性过大,换言之,交易成本须以生命为代价时,便会阻断正常的贸易往来。在这种情况下,商人们常选择以治所、堡寨、寺院作为交易场所,也就不难理解。治所、堡寨以大量驻军,凭借军事上的震慑,使盗匪自然不敢轻易前往。而寺院以文化权力上的柔和力,使匪众不至于前往抢劫,即所谓"蒙藏民众,信仰活佛,不啻天帝,故极野蛮横暴之徒,对于活佛,无不敬畏,即劫掠肆抢之辈,亦不敢在佛寺所在之地带,敢去纠众行劫"[③]。由此,愈加强化了市场对三类地点的依赖性。

第四,宗教性是甘青藏区市场多集中于寺院的决定性因素。甘青藏区蒙、藏、土、裕固各民族率皆信仰藏传佛教,宗教的思想更"支配了人民全部心灵"[④],"他们的一举一动,一言一笑之间都离不开宗教的熏陶"[⑤],因此"藏族系宗教色彩异常浓厚之民族,宗教可以支配一切"[⑥]。由此导致,"僧侣在剌(喇)麻教区,为最优越之阶级。虽土

①李玉润:《青海畜牧事业之一瞥》,载《新青海》1936年第4卷第1、2期合刊,第23页。

②赤峰:《河曲藏区采风记》,载《中央周刊》1942年第4卷第24期,第14页。

③张得善:《青海应辟中心市场拟议》,载《新青海》1934年第2卷第12期,第20页。

④方范九:《青海玉树二十五族之过去与现在》,载《新亚细亚》1935年第9卷第1期,第63页。

⑤于式玉:《"浪帐房"》,载《文史杂志》1944年第4卷第9、10期合刊,第59页。

⑥赤峰:《河曲藏区采风记》(四),载《中央周刊》1942年第4卷第27期,第16页。

官土酋，亦远不如”[①]，各族人民“崇信宗教，无以复加，一切衣食住行应享之幸福，完全牺牲，供应宗教，乃至牺牲家庭，牺牲子嗣，全家产业布施于寺，亦在所不惜”[②]。此外，藏传佛教尚有一种独特的活佛转世制度。所谓活佛，意即佛的化身，是佛为应机教化众生而在人世间呈现的色身，被认为是众生的“怙主”，而居于喇嘛的最高阶层。故而，“喇嘛看佛爷是很尊重的，毕尽一生之力，求达活佛之希冀”[③]。由此，“一个喇嘛教寺院，是学府，是信仰中心，也是统治的机关”[④]，更是甘青藏区的财富中心。

甘青藏区的藏传佛教寺院大都拥有巨额的财富。寺院的财产取自教民的布施，“布施是一种涉及社会各个阶层，包罗物质财富各个方面的特殊的经济手段。藏族是一个全民信仰佛教的民族，无论是贵族头人，或者是平民百姓，对于寺院和神的信仰几乎是一样的，由于对佛有所求，要得到来世的幸福，因而对寺院的佛的布施就不拘一格，金银珠宝、土地牲畜、森林草场，无所不有”[⑤]。大量的布施使各寺院聚集起巨额的动产与不动产。以不动产而言，如土地，“在西北各省寺院所占有的土地，已形成农村经济中特有的现象，如青海之塔儿寺，甘肃之拉布（卜）楞……均占有广大的土地与政权。兹举青海省寺产而论，其数已足令人骇闻。如大通县之广慧、却藏、平安、祁家、张家等寺，耕地约八百余石（约三万二三千亩），亹源县之仙米、朱固二寺有耕地计约一万三千六百余亩，全为寺院所有，故该处住户五百

①任乃强：《喇嘛教民之转经生活》，载《文史杂志》1944年第4卷第9、10期合刊，第49页。

②谭克敏：《青海之实地视察》，载《时事月报》1931年第5卷第7－12期，第114页。

③潘凌云：《拉卜楞人民生活》，载《新青海》1937年第5卷第5期，第33页。

④李安宅：《拉卜楞寺概况》，载《边政公论》1941年第1卷第2期，第29页。

⑤洲塔：《甘肃藏族部落的社会与历史研究》，兰州：甘肃民族出版社，1996年，第318页。

九十余户，悉为寺院佃农。再如湟源县之东科寺，全县中十分之三四的膏沃之地……西宁之塔儿寺，该寺规模之大，国内鲜有其匹，归该庙所辖的田地，据说约九千六百余亩……所有寺院已成为该省农村中最高的地主，人民则为各该寺院的佃农或雇农”①。玉树“各族土地已开者，半为寺院所有，未垦者皆属百户所有”②。民国时期，隆务地区有大小寺院38座，每座寺院有一定数量的耕地和牲畜，“仅隆务寺院占有耕地一千多亩，年可收租粮7.78万公斤，有马2000匹、牛7200头、羊15500只，由隆务七庄三十多户‘塔娃’耕种和放牧”③。此外森林也是重要的固定资产，如“仙米寺，所属森林，约有八百余亩，每年由兰州木商前来贩买(卖)，获利甚巨”，“朱固寺有森林七百余亩，亦由兰州木商前来采办，动辄千万”④。这些不动产的经营，固然为寺院稳定的收入，但源源不断的布施，“番、土民众，时到寺院布施朝佛，虽破费许多金钱，毫不吝惜”⑤，则使寺院日益富有。于是各寺院“一年比一年富有。它的牦牛群、羊群和马群与日俱增，增加的原因是邻近的游牧者的慷慨捐赠。除了捐赠牲畜外，这些游牧者还向寺庙赠送金银、锦缎、丝绸制品、麝香，至于他们向寺庙僧团捐赠的糌粑、面粉、油、盐和其他物品，那就多得不用提了”⑥。因寺院成为甘青藏区的财富中心，僧人也就成为经济上优裕的阶层，“他们生活的阔绰和安逸，比较全部蒙藏民众，实有天壤之别”⑦。这种由宗教上造成的消费能

①国立暨南大学西北教育考察团：《西北教育考察团报告书》，上海：上海国立暨南大学出版课，1936年，第9-10页。

②马鹤天：《甘青藏边区考察记》第3编，第603页。

③同仁县志编纂委员会：《同仁县志》，第221页。

④顾执中、陆诒：《到青海去》，上海：商务印书馆，1934年，第413页。

⑤顾执中、陆诒：《到青海去》，第391页。

⑥科兹洛夫：《死城之旅》，第178页。

⑦张元彬：《青海风光》(中)，载《国风半月刊》1933年第3卷第11期，第46页。

力的转移与集中，也是市场不得不依赖于寺院的根源。故人谈及塔尔寺附近的商业时说："寺之附近，亦有相当之商店，大概均依寺之喇嘛为生活。"①

然而甘青藏区的寺院不特因财富的中心而成为消费的中心，更因财富的中心，成为金融的中心。寺院所得布施金，是为公款，派二人管理，称"吉娃"。吉娃除以公款支应寺院公共开支外，尚"得以公款营业，得息分给僧徒"②。故有人指出："喇嘛寺的第二个功用是经济事业。喇嘛的收入不止为社会祈福禳灾所得报酬……寺有大批现金，遂得经营放贷及商业……喇嘛寺的出租田地，经营商业，放债取息，均分盈利，从寺内观之，为一共产社会；从寺外观之，不但为古代封建社会的大地主，且为近代资本主义社会的一个银行机关，同时亦是一个合股商业公司。"③由于受经济发展水平所限，甘青藏区的金融业并不发达，寺院的商业性放贷就成为仅有的金融机关。如"拉市无银行，亦无钱庄、典当各业，金融活泼，全赖硬币周转。一般小商，视市面活动时，每以重利向寺中喇嘛借贷"④。沙沟寺"寺僧多放高利贷，取大一分之息，商民受其盘剥殊甚"⑤。霍尔藏寺"寺僧多放高利贷，年利三分，即百元可生息金三十元，债款总数达十万元以上，其中有一僧独放二万余元者"⑥。即使普通藏民，"如需告贷，亦只向喇嘛通融，故寺院不独为藏民信仰之目标，抑且为经济金融之中心也"⑦。寺院放贷成为甘青藏区普遍的现象。

---

①李烛尘：《西北历程》，兰州：甘肃人民出版社，2003 年，第 35 页。

②周希武：《青海玉树调查记》，第 82 页。

③胡翼成：《论康藏喇嘛制度》，载《边政公论》1941 年第 1 卷第 3、4 合期，第 13－14 页。

④马鹤天：《甘青藏边区考察记》第 1 编，第 68 页。

⑤王树民：《夏河日记》，载《甘肃文史资料选辑》第 28 辑，第 264 页。

⑥王树民：《夏河日记》，载《甘肃文史资料选辑》第 28 辑，第 265 页。

⑦王志文：《甘肃省西南部边区考察记》，第 42 页。

商业的周转必赖金融的活动。寺院既为仅有的金融中心,商业也必赖其而展开。甘青藏区"蒙番人经商多为喇嘛资本,领自寺院"①。如"玉树市上较大商店,约三十余家,资本大者约十万元,系寺院资本,走前藏拉萨及西康"②。更进者,寺院亦成为商业组织,"各大寺院,均有自营商业,其法系按年由寺中喇嘛选举经理经营之,有利则除公积外,其余分与大小喇嘛,亏失则由经理者负赔偿之责"③,"在安多,众多的喇嘛庙不仅像他们在西藏那样拥有大量财产,许多喇嘛也非常富有。他们是有进取心的商人,通常旅行到北京、库伦、拉萨,或者西安府,在那里购买能够在他们所居地区能够出售的各种商品"④。商业贸易与金融借贷,不仅使寺院更加富有,也进一步增强了寺院作为贸易中心的地位。

最后,宗教性与民族性也是造成临时市场与流动市场长期存在的根据。甘青藏区的临时市场多依寺院的法会而成庙会,盖因法会期间,"寺院更全体开放,任着善男善女的性儿来瞻礼。普通的日子,女人不许到寺院,即男人也因佛殿锁着,不易入内。此时,则除护法殿以外,男女都可以自由出入"⑤。教民们更可以借着这个机会去瞻仰自己崇拜的活佛。故有人指出:"活佛在拉卜楞成为贸易中心诸因素中至为关键,因为成千上万的藏族人来拉卜楞礼拜活佛。"⑥因为盗匪横行,断绝了交通,忍耐着需要的蒙藏人民,便在这个时候,"集合

①黎小苏:《青海之经济概况》,载《新亚细亚》1934 年第 8 卷第 2 期,第 25 页。

②马鹤天:《甘青藏边区考察记》第 2 编,第 375 页。

③黎小苏:《青海之经济概况》,载《新亚细亚》1934 年第 8 卷第 2 期,第 28 页。

④William Woodville Rockhill. The land of the Lamas. London: Longmans Green and Co. 1891, p. 87.

⑤李安宅:《拉卜楞寺概况》,载《边政公论》1941 年第 1 卷第 2 期,第 32 – 33 页。

⑥Joseph F. Rock. Rock to C. S. Sargent 1925 – 05 – 26. Arnold Arboretum Archives of Harvard University, JP. Transcribed RIVaF2 – 10t:3.

全族的壮丁，备好相当的武器，运载上大批的皮毛，赶上出卖的肥羊，成群结队的向目的地去交换他们的必需品——粮、茶——他们的父母子女姊妹们，也穿红戴绿地趁着这个安全的机会……购买几件心爱的饰品玩具，或虔诚着心志，到塔尔寺瞻拜庄严的神殿、辉煌的金佛，以偿精神上的大希求”①。而“商业贸易，总是到处寻找人们大量汇集之地，于是乘机潜入了此庆祝会”②。各大寺院的法会，便因此而发展成为每年相对固定的物资交流会。

甘青藏区各族人民的生活，“因为物质环境的不宽裕，也就很简单了”③，因为人们对藏传佛教的义务，“为民则终岁勤苦，所得半以供佛”④，生活愈加困苦。这无疑对固定市场的产生造成了另外一重的制度性障碍。如“隆洼藏人甚穷，红布亦不能吃酥油，只有茶和炒面。寺院中喇嘛始有酥油佐面”⑤。在此情况下，唯有依靠流动市场作为主要的交换手段。然而，持续不断的法会，持续不断的布施，导致蒙藏各族人民生活每况愈下，不安全的因素也在不断增强。故有人说：“闻前年班禅抵此，蒙、番皆罄其所有以献，家资既尽，无以卒岁，是冬匪氛大炽，拉卜楞人民不敢作郊外行。”⑥因而，前往甘青藏区经商，必须有强力的武装，“藏商之荷枪佩剑，固多为习惯，或为美观，但草地之多抢劫，亦实需要剑枪也”⑦。其他民族的商人深入藏区，除需“结队乘马”“背枪跨（挎）刀”⑧外，更需依赖各部落头人的保护，“故经商

---

①张元彬：《青海风光》（中），载《国风半月刊》1933 年第 3 卷第 11 期，第 38 页。

②崔比科夫：《佛教香客在圣地西藏》，王献军译，拉萨：西藏人民出版社，1993 年，第 24 页。

③顾执中、陆诒：《到青海去》，上海：商务印书馆，1933 年，第 87 页。

④周希武：《青海玉树调查记》，第 73 页。

⑤长江：《中国的西北角》，第 86 页。

⑥顾颉刚：《西北考察日记》，兰州：甘肃人民出版社，2002 年，第 242 页。

⑦马鹤天：《甘青藏边区考察记》第 3 编，第 589 – 590 页。

⑧陆泰安：《洮州纪略》，载《西北通讯》1947 年第 6 期，第 19 页。

藏区者,均需相认所谓'主人家'"[①],从而使其交易只能限制在固定的线路之上,无疑强化了市场的流动性趋势。

四、小结

近代甘青藏区市场体系空间结构与类型结构的特征及其成因表明,市场作为一种经济上的物质属性和物质交换制度,固然有其不可或缺的经济上内在的决定性因素。然而,在某些特定的情况下,这种物质上、数量上的属性,恰恰并非是经济的原因,而是别的,特别是更深层次的文化等内容的结果。甘青藏区市场的形成无疑是来自不同经济区物质互异性的结果,然而其集中于农牧交错区的空间结构,固定市场、临时市场与流动市场的类型结构及其对治所、堡寨与寺院的依附性,则在更多方面反映着政治、军事、民族与宗教等方面的内容。寺院型市场、庙会与负贩贸易,尤其反映了民族性与宗教性的内涵。同时也应看到,寺院型市场的成因及其结构虽然依赖于寺院本身的宗教性结构地位,但市场本身的发展,对寺院的发展同样具有不可忽视的作用。如对拉卜楞寺,人们指出:"成功的商品交换也提高了拉卜楞寺作为这一地区生活中心和活动中心的地位,使居民更加富裕,寺庙更加繁荣。"[②]此或宗教又必赖经济上的助力,主动开辟附寺市场的原因。

由此研究,与深感"沟通情感,灌输文化,与种族关联最大者,莫如商人"[③]之时,又不免想及顾颉刚先生所言:"但他们(指商人——引者注)除了金钱之外再也没有其他的目的,所以他们虽走得很远,

①倪锴:《临潭旧城——商业中心》,载《边疆通讯》1945 年第 3 卷第 7 期,第 5 页。

②科兹洛夫:《死城之旅》,第 289 - 290 页。

③陈文鉴:《建设蒙藏为目前救国要图》,载《西陲宣化使公署月刊》1936 年第 1 卷第 3 期,第 7 页。

见闻也较广，但与他人是生不出什么关系来的，在文化史上也是占不到什么地位的。”[1]近代甘青藏区的商人无疑是对其所经历的区域最为熟悉者，然竟无片言可以直接借助，不得不求诸他者文字之记载，或可揭示某些面相，但终有雾里看花之憾。

①顾颉刚：《序二》，载陈万里：《西行日记》，兰州：甘肃人民出版社，2002年，第6页。

近代天津洋行在西北地区的运行机制

——以羊毛贸易为中心的考察

李晓英

第二次鸦片战争后,天津开埠通商,深处中国内陆的广大西北地区渐次成为了天津口岸的经济腹地,以羊毛为主体的畜牧业产品开始大量出口。近代西北地区的皮毛出口,给西北社会带来的影响是巨大的。因此近年来已有学者开始关注西北皮毛出口贸易,并从社会变迁、流通市场等多方面加以论述①。然而正如学者们所提到的,西北地区羊毛出口肇始于外国洋行的收购。但是外国洋行是如何收购西北皮毛的,也就是说洋行在西北地区是如何运作的,到目前为止还无人述及,有鉴于此,本文以羊毛贸易为中心,进而考察天津洋行在西北内陆地区的运行机制。不妥之处,望方家指正。

一、天津洋行与内地分行

中国羊毛贸易开始于光绪七年(1881 年),“香港的汇丰银行设

①有关研究主要有:胡铁球:《近代西北皮毛贸易与社会变迁》,载《近代史研究》2007 年第 4 期;胡铁球:《近代青海羊毛对外输出量考述》,载《青海社会科学》2007 年第 2 期;钟银梅:《马家军阀专制时期的甘宁青皮毛贸易》,载《宁夏师范学院学报》2007 年第 4 期;钟银梅:《近代皮毛贸易在甘宁青的兴起》,载《青海民族研究》2006 年第 2 期;钟银梅:《近代甘宁青民间皮毛贸易的发展》,载《宁夏社会科学》2007 年第 3 期;黄正林:《近代西北皮毛产地及流通市场研究》,载《史学月刊》2007 年第 3 期;李晓英:《民国时期的甘宁青羊毛市场》,载《兰州大学学报(社会科学版)》2010 年第 1 期等。

支行于奉天，开始从事绵羊毛之输出业务。次年，外国商人遂往来于蒙古各地，收买羊毛，营业颇称繁盛，乃设洋行于张家口。光绪九年，更设商行于包头，我国商人，亦渐经营是业。光绪十一年(1885 年)，包头洋商更移至宁远。当时汇丰银行[①]实执斯业之牛耳。其后洋行赴包头者渐众，德国商人亦联袂而起，营业范围渐次扩大。"[②]此后由于羊毛贸易获利较丰，英、美、德等国洋行纷至沓来，到西北的甘、宁、青、绥地区收购羊毛等畜牧业产品。

天津是近代中国羊毛最大的出口港，由于交通条件的限制，西北地区的羊毛几乎全部是通过天津出口的[③]，因此到西北地区进行羊毛收购的各国洋行也是来自于天津洋行。

近代以来在天津从事羊毛出口业务的洋行主要有仁记、新泰兴，平和、高林、隆茂、怡和、美丰、慎昌、聚立、隆昌等十几家。[④] 这些从事羊毛业务的外商由于对中国语言、风俗、市场行情、金融状态、商业习惯、交易方信任程度等诸多方面的不了解，特别是羊毛收购属于专门行当，收购羊毛的人没有多年的经验是无法识别羊毛质量的，于是在天津从事羊毛收购业务的洋行便培养、利用了一批为其进行羊毛收购并推销外货的买办商人。

对于天津洋行的外商来说，他们为了更好地利用买办进行购销活动，以得到更多的利益，他们每月都要给买办支付一定的佣金，允

---

①汇丰银行作为一种金融机构，它本身并不经营商业，只是给经营商业的商人提供资金而已。

②陈重民编：《今日中国贸易通志》，上海：商务印书馆，1924 年，第 167 页。

③Chin Chien - yin：《Wool Industry and Trade in China》(金建寅《中国羊毛业》)(英文)，天津：天津工商学院经济论文，1937 年第 6 期，第 105 页。

④田中时雄：《支那羊毛》(日文)，南满铁路株式会社，昭和五年(1930 年)6 月发行，第 130 页。

许他们使用自己的仓库，交易成功时要给买办百分之二的分成。[①] 于是，一些买办利用自己的资金，也有的是从知己、朋友处借款，或者根据洋行对自己的信任程度要求洋行投资，并得到可以袭用总店（天津洋行）字号的许可，在西北地区的集散羊毛市场或生产地市场开设和总店同一字号的个人洋行，这些洋行就是天津洋行在西北地区的洋行，一般称它们为内地洋行。[②]

近代在西北地区从事羊毛经营的内地洋行主要有：仁记（天津仁记洋行买办经营）、新泰兴（天津新泰兴洋行买办经营）、聚立（天津聚立洋行经营）、福兴公（天津高林洋行买办经营）等等。[③] 这些内地洋行设有天津买办雇佣的经理（也称大老板）。经理之下，设"银柜、外帐（账）。银柜专司会计、出纳，外帐（账）专司庶务、接待等杂项工作。再下即为司职人员，如学徒、厨师、勤杂等人。大行约有四五十人，小行二三十人不等。"[④]

近代西北羊毛主要集散地洋行情况：

石嘴子　新泰兴洋行（英商）　仁记洋行（英商）　高林洋行（英商）
天长仁洋行（英商）　平和洋行（英商）　聚立洋行（英商）
隆茂洋行（英商）　明义洋行（英商）　兴隆洋行（德商）
瑞记洋行（德商，一战后英商接收）

资料来源：刘廷栋《掠夺西北皮毛的天罗地网——记宁夏石嘴山帝国主义洋行》，载《文史集萃》第2辑，北京：文史资料出版社，1983年，第165页。

包头　新泰兴洋行（英商）　仁记洋行（英商）　平和洋行（英商）

---

①田中时雄：《支那羊毛》（日文），第129页。

②和龚、任德山等译：《〈新修支那省别全志〉宁夏史料辑译》，北京：燕山出版社，1995年，第192页。

③田中时雄：《支那羊毛》（日文），第131页。

④刘廷栋：《掠夺西北皮毛的天罗地网——记宁夏石嘴山帝国主义洋行》，第164页。

隆昌洋行（俄商） 德记洋行(英商) 瑞记洋行(德商)

资料来源:东亚同文馆《中国省别全志》(第6册,甘肃省附新疆省)(日文),台北南天书局1988年出版,第801页。

兰州 新泰兴洋行(英商) 聚利洋行(英商) 瑞记洋行(德商)

高林洋行（英商） 兴隆洋行(德商)

资料来源:东亚同文馆《中国省别全志》(第6册,甘肃省附新疆省)(日文),台北:南天书局1988年出版,第726页。

河州 新泰兴洋行(英商) 聚利洋行(英商) 仁记洋行(英商)

高林洋行(英商) 瑞记洋行(德商) 世昌洋行(德商)

兴隆洋行(德商) 天长仁洋行(英商) 平和洋行(英商)

资料来源:秦宪周:《从外国洋行在河州收购羊毛看帝国主义的经济掠夺》,载《临夏市文史》(第2辑),临夏市政协1986年编,第54页。

西宁 新泰兴洋行(英商) 仁记洋行(英商) 瑞记洋行(英商)

聚利洋行(英商) 平和洋行(英商) 礼和洋行(英商)

资料来源:刘景华《清代青海的商业》,载《青海社会科学》1995年第3期。

实际上,天津总店和内地洋行之间无直接的关系,两者之间的联系实际上是由天津洋行里的买办负责的。“这样总店不能直接向内地的洋行订货,中间必须经过买办之手,即总店以指定的价格委托买办购入羊毛时,买办再转而令自己经营的内地洋行收购货物。俟货物到达时,买办再卖给总店,除获取2%的佣金外,在内地洋行买入羊毛时,还可获得总店指定价格和收购价格的差额之利。”在这场交易过程中,买办获利是极大的。当然,“如果买办与总店间的买卖价格差异很大,不能成交时,买办可经总店的允许后卖给他人”①。这样一来,我们就可以看到天津洋行、内地洋行之间的关系。

①和龚、任德山等译:《〈新修支那省别全志〉宁夏史料辑译》,第192页。

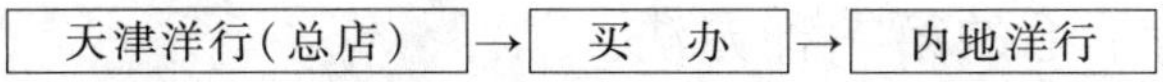

天津洋行(总店)	→	买　办	→	内地洋行

图1　天津洋行与内地洋行关系示意图

由于天津总店或总店的买办要给内地洋行提供资金的支持,因此这里还应该说明天津总店向内地分行的资金的调拨情况。由天津总行向内地分行的资金调拨,称为“发标”,内地各行互相调拨资金,称为“调标”。天津总行在西北各地设分行之初,由于交通不便,道路不靖,而且与各地银号、商店未发生联系,所以当时天津总行一般是将现银直接发送到内地各行。在当时的情况下,由于押送几千几万两银子到西北各地是相当危险的,所以在“起标”时,天津的洋行一般都要和可靠的镖局订立合同,由镖局选择可靠的镖客护送。后来随着洋行资金的扩大,他们就由行内自己组织武装力量,押送标银。到1914年左右,因为西北地区邮电业的发展,洋行此时也与地方官府及本地的公私商号发生了密切关系,遂改“发标”为“调标”。改为调标后,洋行不但省去了过去“保镖”或“送标”的损失与麻烦,而且“调标”一封电、信就可取款。[①] 这样就给内地洋行提供很大的便利。

二、内地洋行与羊毛收购

中国西北羊毛的产区主要在蒙、藏民族生活的游牧地区,内地洋行进入西北地区后,多采用两种方法进行羊毛收购。第一种方法是同西北各地从事羊毛收购和批发业务的毛栈、歇家等建立联系,经由这些机构间接收购羊毛。第二种方法是在羊毛生产期间,直接派人进入羊毛产地向生产者购买。[②] 由于多种原因,内地洋行直接从羊毛生产者手中收购羊毛,其数量一般很少。所以我们主要要了解的是

①刘廷栋:《掠夺西北皮毛的天罗地网——记宁夏石嘴山帝国主义洋行》,第165页。

②东亚同文馆:《中国省别全志》(第6册,甘肃省附新疆省)(日文),台北:南天书局影印,1988年,第796页。

内地洋行收购羊毛的第一种方法。

对于初次到达西北的内地洋行的代理人来说，他们与当地从事游牧经济的蒙、藏人民间势必存在着诸如语言、文化、地理环境等方面的诸多隔膜，以至于需要一些中间人帮助他们与西北地区从事收购、批发羊毛的贸易组织如毛栈、歇家等接洽，在此背景下，一批中间人应运而生，这些中间人就是经纪人。

在西北的羊毛市场中，经纪人又称跑合儿，他们并没有自己的店铺，作为一种中间人，他们只收买卖双方的手续费。[①] 一般而言，跑合儿对于货物的来源、品质、价格都是知之甚详，他们无须任何资本，全凭与买卖双方的关系与信用，因此，充当“跑合”者大都要以某货栈、商号或内地洋行为“靠家”，与他们建立一种可靠的信用关系，只有这样，才能在市场上赢得信任。由于跑合儿大都与买方关系接近，常常受买方之托洽购货物，遂使其与卖方的代理人——毛栈、歇家、毛贩子等成为交易的伙伴。在西北羊毛市场上，一个跑合儿大都至少同时为两三家商行或货栈接洽生意，由于这些人的收入皆视成交生意的多少而定，因此他们往往使出各种手段往来“说合”。“倘在价格上或货物的买卖两方成僵局时，则当经纪者能设法解释，以此成交易。当经纪者实店内之重要人物，成事之多寡，与店内之营业有关；而各买主卖主之去留，亦以经纪能否使双方满意为定。若常故意袒护一方，他方必不满意。日久恶名四溢，必影响全店之大局”[②]。

通过经纪人，内地洋行和西北地区从事羊毛收购的毛栈、歇家、大毛贩子产生了商业往来。在青海地区，洋行是通过青海本地的歇家来收购羊毛的。在甘肃的河洲、拉卜楞等地，洋行是通过与藏民有

①和粪、任德山等译：《〈新修支那省别全志〉宁夏史料辑译》，第 190 页。

②李锐才：《包头之羊毛》，载《国货研究月刊》1932 年第 1 卷第 1 期，第 56 – 57 页。

联系的一些回族皮毛商或精通藏语的毛贩子来进行羊毛的收购。[①]在包括宁夏在内的广大蒙古草原地区,洋行是通过毛栈及毛贩子来进行羊毛收购的。

在20世纪20年代前,歇家、毛贩子、毛栈便成为蒙、藏牧民与洋行交易的中间商。一方面,洋行若离开他们则难以直接收购到大宗的皮毛;另一方面,牧民若离开他们则更无法与外商成交。于是,这些商人的身价随之提高。以青海的歇家为例,随着羊毛贸易的发展,羊毛价格的提升,“歇家”作为一种蒙藏民族和洋行之间的中间人“乃得居间取利,遂多因此而致富,往往拥资巨万,交结官府,齿于缙绅,有左右金融之势力”[②]。

内地洋行与歇家、毛栈等通过经纪人与当地的羊毛商取得联系后,除委托他们代理羊毛收购外,在很多时候,也让他们承担本地区羊毛的运输业务。需要说明的是,由于内地洋行代理人是汉族,而当时在西北从事羊毛收购业务的又主要是回族人,基于饮食习惯诸方面的影响,通常他们并不住在回族的毛店里,而是住在皮毛店的附近。[③]

内地洋行为了能大量地收购羊毛,他们一般先和当地的歇家、毛栈、大毛贩子等签订合同,预付他们20% ~60%的定金,在羊毛收获的季节,当毛贩子、毛栈、歇家把羊毛收购回洋行所在地时,洋行就会把羊毛称重验货后,付下剩余的费用给这些歇家、毛贩子、毛栈。

无论是毛栈、歇家还是毛贩子,他们起到的作用是一样的,也就是说他们具备的功能是相同的,只是各种商人的名称因地而异[④]。

---

①陈琦:《黄河上游航运史》,北京:人民交通出版社,1999年,第146页。

②马鹤天:《西北考察记·青海篇》,台北:南天书局影印,1987年,第214页。

③当然也有例外,比如当时甘肃河州的新泰兴老板,就住在回族王圭璋的羊毛店里。

④和龚、任德山等译:《〈新修支那省别全志〉宁夏史料辑译》,第190页。

毛栈搞羊毛批发、兼营仓库的货栈和旅店，资金一般比较大。他们留宿单个的商贩，为其保管羊毛，并担当买卖的中间人，以收取手续费。为了收取手续费，他们会给商贩提供比较便宜的住宿费。[①] 同时，也会派店员做小毛贩子，出外购买羊毛，还为羊毛交易提供资金或预付资金等。这样，他们就很容易地从各种卖出人手里得到羊毛，尽管不少的毛栈皆兼营批发，但就其职能而言，仍然是市场上不可或缺的"媒介"。

歇家者，"其初不过通番语之牙侩而已，自近年洋商以重金购毛，而不能直接与番人交易，又番人之所信者，亦唯歇家，于是歇家得以居间为利，变牙侩而为栈商"[②]。歇家在他们在最初产生之时，只是作为蒙藏民族和汉民族的中间商而存在。到了近代以后，随着西北地区羊毛贸易的发展，歇家的性质逐渐发生了改变，即变为一种具有皮毛店性质的毛栈。最初，由于"歇家"资金少，他们便因陋就简地搭上一些帐篷，招待牧民。此后，随着他们资金的扩大，同时也为了争夺市场，扩大贸易，他们便各尽所能，占用广阔的地皮，修成很大的院落和能容纳牦牛的牲畜圈，以备牧民居住和堆积羊毛以及牦牛、马匹的饲养。并且为了便于就近管理，"歇家"也及时修建自己的住宅，在大院落内设有大厨房，以备茶饭，开饭时间无规定的时间，凡前来交易居住的牧民，随时吃喝，而且不论居住时间多久，一律不收取食宿费用。当然，只靠这些还不足以开展业务，他们还必须精通蒙、藏牧民的语言，取得其信任，只有这样才能在交易中得心应手。由此可见，歇家的性质和毛栈基本相似，只是在青海和甘肃的河西地区，这种机

①〔日〕小林元：《回回》，东京：东京株式会社博文馆，昭和十五年（1940 年），第 310 页。
②周希武：《宁海纪行》，兰州：甘肃人民出版社，2002 年，第 20 页。

构可能更普遍地存在。[①]

无论毛栈还是歇家,都常常有固定蒙、藏部落与他们交易。以青海的歇家来说,在每年羊毛收获的季节,蒙、藏民族就来歇家换取他们的日常生活所需,歇家虽然没有设立商号,但是他们各有熟悉的蒙、藏部落为其固定的顾客。如湟源著名的四大马家,即城关的马明瑜,接待的是柴旦蒙古族及海西的汪什代海藏族客商;西关马鹤亭,精于藏语,接待刚察客商;东关马升柏,接待果洛、玉树地区的客商;城台马明五系刚察千户之至交,接待刚察地区的客商。[②] 通过这些固定与他们交易的部落群体,毛栈、歇家就可以较好地完成洋行规定的羊毛收购数额。

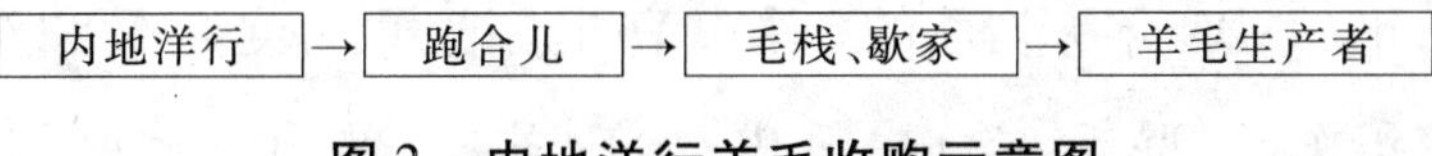

图2　内地洋行羊毛收购示意图

正如我们前文中所提到的,西北的内地洋行和天津洋行之间并不存在直接的关系,天津洋行外国商人除了会根据自己对买办的信任程度给予买办在内地的洋行部分投资等外,还会以自己的名义开出三联单供给内地洋行使用。[③] 这也是西北羊毛运输环节中极为重要的一环。

三联单是缴纳子口税的凭证,也是沿途关卡不得重复征税的通行证。因为内地洋行在把羊毛、羊皮等畜产品运往天津途中,沿途要经过各地的许多关卡和厘金局,为了避免这些厘金税和众多关卡的检查,这些内地的洋行就会拿出以总店名义开出的三联单,就会避免

---

①参见许道夫:《中国近代农业生产及贸易统计资料》,上海:上海人民出版社,1988年,第316页。

②林生福:《回忆解放前湟源的民族贸易》,青海省政协学习和文史委员会编《青海文史资料集萃》(工商经济卷),2001年,第336页。

③田中时雄:《支那羊毛》(日文),第128-129页。

以上的麻烦。

当时天津外商直接从天津海关要来三联单发给西北内地各分行，单上印有各种皮毛的名称，如老羊皮、山羊板皮、羊绒、羊毛、驼毛等。使用时，内地洋行将起运皮毛开列清单，派学徒持制钱五百文送至关卡，有关卡文书照清单数字一一添在三联单上，加盖“验讫”公章，一联存当地主管税卡，一联报省，一联由洋行随货持送海关。有了三联单，货物即可通行无阻，直运天津，税务人员不敢留难。如果货物出口再按章纳税，不出口则不纳税。五百文制钱（铜钱）算是洋行赏给文书的“润笔费”①。

在近代西北地区，三联单涉及经营的畜牧产品种类繁多。据光绪三十一年（1905 年）十月的《甘肃官报》记载：“英商平和洋行赴甘肃宁夏府买羊毛、驼毛、羔皮、狐皮、生山羊皮、熟山羊皮张，请自八千三百六十五号至七十号三联单五张。英商仁记洋行赴甘肃海城买驼绒、羊绒、牦牛皮、羊皮褥、生羊皮、马尾鬃、生熟皮张，请自八千三百四十一号至四十五号三联单五张。英商仁记洋行赴甘肃靖远县买驼绒、羊绒、牦牛皮、生羊皮、马尾鬃、羊皮褥、生熟皮张，请自八千三百四十六号至五十号三联单五张。德商瑞记洋行赴甘肃巩昌府买羊绒毛、驼绒毛、生熟皮张、马尾鬃、犀牛尾、生山羊皮、生绵羊皮，请自八千二百九十六号至八千三百号三联单五张。德商瑞记洋行赴河州买羊毛、驼毛、生熟皮张、马尾、犀牛尾，请自八千二百八十一号至八十五号三联单五张。”②由此，大致可知西北内地洋行的活动范围及经营产品的种类，在畜牧产品的出口中，最重要的产品是羊毛。

子口税制度于 1858 年开始实行，起初只有外商才能领取子口税

①刘廷栋：《掠夺西北皮毛的天罗地网——记宁夏石嘴山帝国主义洋行》，第 168 页。
②《甘肃官报》第 50 册，第 5－6 页。

单;1876 年《烟台条约》后,华商与外商一样获得了申请子口税单的权利。由于洋行实际上控制了子口税单的发放,内地商人要利用子口税单运销货物,享受优惠条件,就必须通过各洋行的买办。这样内地洋行不得不愈加依附于洋行,从而形成了洋行、买办与内地洋行之间利益相辅相成的商业网络。

在羊毛收购业务中,内地洋行之间虽然并没有特别的契约,但各洋行有意购买不同产地的羊毛。跟他们交易的中间商,如毛栈、歇家、毛贩子等也都专属于一个洋行,所以各个洋行之间并不存在相互竞争、倾轧的现象。有时当羊毛价格上涨时,各洋行间更是努力避免竞争,一致协同防止价格上涨。①

近代在西北地区从事羊毛收购业务的主要是天津的英商洋行,其中规模最大的新泰兴洋行。据有关资料统计,新泰兴洋行在西北地区收购羊毛的数量,大约要占到所有洋行收购数量的一半②。

内地洋行在进行以羊毛为主体的畜牧业产品收购过程中,各洋行的经理人不仅有帝国主义分子做靠山,而且往往与西北地方官吏勾结甚密。如光绪末年洋行买办来到甘肃各地后,纷纷纳资捐官,个个顶翎辉煌,“新泰兴洋行驻兰州的老板王三爷(名不详),交结兰州的各级官僚,门前常有绿呢大轿停留,每日宴会必有名妓佐酒,打麻将,吸大烟。”“新泰兴洋行驻河州的老板张华农,天津人,交结地方官绅,宴会享乐,备极豪华”,地方官僚与之结交,唯恐落后。③ 此外,内地洋行还通过欺骗、讹诈、掠夺等多种方式为他们在羊毛市场交易中赚取更大利润。如高林洋行宁夏石嘴山分行代理人葛秃子,就是突

①和奘、任德山等译:《〈新修支那省别全志〉宁夏史料辑译》,第 193 页。

②秦宪周:《从外国洋行在河州收购羊毛看帝国主义的经济掠夺》,第 56 页。

③王致中、魏丽英:《中国西北社会经济史研究》下册(1840—1949 年),西安:三秦出版社,1992 年,第 207 页。

出一例。葛秃子到石嘴山后,“利用西北人民朴素老实的特点,指空买空,施展欺骗的手段,使存毛户‘上洋当’,而他自己‘发洋财’”。1900 年,内地洋行更是借口闹义和团,停止收毛。结果造成西北地区羊毛市场的有行无市,洋行乘机杀价,“指使下面的人,酌给米、面、布、茶、糖等物换毛,毛户无法,只好忍痛接受”[①]。

从 19 世纪晚期到 1920 年[②]洋行的陆续撤离,西北内地洋行收购羊毛的数量已无据可考。这样我们只能通过天津海关的资料做一个大致的推算,因为西北羊毛几乎全部是通过天津海关出口的,而通过天津海关出口的羊毛有一半以上是来自西北地区的,通过这一结果就可以推算出内地洋行在西北收购的羊毛大约在 4000000 担以上。[③]大量羊毛外运,给洋行带来了相当可观的利润。以著名的“西宁毛”为例,因为这种羊毛纤维较长,故而价格较高,“平均每百斤十五至二十两,洋行运至天津为三十至四十两,最高达到五十两以上”[④]。可见,洋行从中获利达百分之五十以上。正是由于羊毛外运利润之大,以至于石嘴山“新泰兴的大老板宁星普,在洋行撤回天津后,拥资累万,富甲津门,被天津的商人选为商会会长”[⑤]。

三、结语

在近代中国遭受外国资本主义势力入侵的大背景下,地处中国内陆的广大西北地区,也沦为西方资本主义国家原料产地和商品销

①刘廷栋:《掠夺西北皮毛的天罗地网——记宁夏石嘴山帝国主义洋行》,第 166 页。

②洋行在各地撤走的时间是不一样的,1920 年内地洋行的代理商离开了河州,1921—1926 年间离开了石嘴山,1926—1927 年间离开了张家川。但到 1935 年,由于羊毛价格上涨,德商美最时、俄商波隆两家洋行及天津的一些毛栈又纷纷来到甘宁青等地收买羊毛。

③Hsiao Liang - lin. China's foreign trade statistics,1864—1949. East Asian Research Center Havard University,1974,pp. 77 - 78.

④刘廷栋:《掠夺西北皮毛的天罗地网——记宁夏石嘴山帝国主义洋行》,第 169 页。

⑤刘廷栋:《掠夺西北皮毛的天罗地网——记宁夏石嘴山帝国主义洋行》,第 170 页。

售地。从 19 世纪晚期开始,西北地区的畜牧业生产就开始处于商业化的过程中,而这其中天津洋行及其代理人起了先导性的作用。洋行及其代理人一系列的商业活动,使西北地区以羊毛为主体的畜牧业产品大量出口。

在羊毛等畜牧业产品出口的带动下,西北地区被动地卷入国际市场,这一方面使中国广大的西北地区与国际市场产生了联系;另一方面也在一定程度增强了西北地区经济发展的现代化因素。然而,天津洋行及其代理人的商业活动,始终是以不平等条约为基础,以经济掠夺为目的的,因此在此基础上的交换必然是不等价交换,这种交换并没有给广大的西北地区民众带来生活上的改善,他们仍旧持续着贫困化的状态,被掠夺的局面,与中国近代相始终。

英国濮家与近代西北穆斯林[①]

刘继华

西北基督教(即基督新教)的历史从1876年9月16日中国内地会(China Inland Mission,CIM)传教士鲍康宁(Frederick William Baller,1852—1922)[②]和金辅仁(George King,1857—1904)[③]抵达陕西东南部的白河县之时算起[④],到1949年10月1日中华人民共和国的成立为止,经历73年。在这73年间,西方基督教传教士群体中出现数代均为传教士的家庭(可称为"传教士世家"),除了本文所要研究的

---

①基金项目:教育部人文社会科学研究一般项目(青年基金项目)"中国内地会与近代西北穆斯林社会"(项目批准号:11YJC730005)。

②鲍康宁:中国内地会传教士,毕业于英格兰宣教学院,1873年来华,在山西、陕西、湖南、湖北和贵州等地进行了广泛的旅行考察,曾任中国内地会安徽和江苏两省主任,中国内地会中国咨询委员会秘书、圣经修订委员会委员,1896年开始为内地会训练男传教士,在安庆开办传教士训练所,编辑出版许多语言教材。参见 http://www. bdcconline. net/zh - hant/stories/by - person/b/bao - kangning. php;因其对中国语言文化有所研究,有人将之誉为汉语语言学家、教育家、翻译家、汉学家。http://en. wikipedia. org/wiki/Frederick_W. _Baller。

③金辅仁:中国内地会传教士,1875年加入中国内地会,7月14日抵达中国,在甘肃、陕西、湖北工作18年之后,发现自己有必要成为一个合格的医生,因此,37岁回国,花5年时间在爱丁堡大学学医。1902年退出内地会,但仍在华,成为北京辛迪加的医疗官员,因在救治病人的过程中染上脓毒性肺炎,1904年12月17日去世。参见 Frank Houghton,George King. Medical Evangelist. London: China Inland Mission, 1930.

④F. W. Baller. Pioneer journey to Shen - si. China's Millions, Vol. 2, No. 3 (March, 1877), pp. 35 - 36.

濮氏(Bothom)家庭外,还有内地会的安(Andrew)家[①]、宣道会(Christian and Missionary Alliance, CMA)的艾(Ekvall)家[②]、神召会(The Assemblies of God,AG)的新(Simpson)家[③]等。本文主要通过内地会英国濮家成员在西北穆斯林中的活动来说明传教士世家与近代西北穆斯林的关系,及其对基督教传播所造成的影响,这有助于认识西北基督教与伊斯兰教的早期关系及厘清基督教在西北的早期传播情况。

一、濮司满夫妇在西北的早期活动

英国濮家在中国西北的传教活动开始于濮司满(Thomas Earlum Botham,1865—1898),他早期成长于英国的一个卫理公会教徒家庭,1885 年来华,主要在西北从事传教活动,并于 1898 年逝世在甘肃内地会主任的职位上,对西北基督教的早期传播起了一定作用。他起初并不在西北,而是在长江流域的 Ho - yueh - chau 工作,但因无法适应当地气候,经常患疟疾,而在 1886 年前往西北[④]。

(一)由陕西到甘肃

他刚到西北时注重于巡回布道,到甘肃拜访了兰州、秦州(今天水)等 30 座城市,感受到甘肃人的友好和秦州传教工作的兴旺景象,然后来到当时内地会在西北的传教中心——汉中[⑤]。1888 年 10 月与冯(F. A. Redfern)离开汉中来到关中平原[⑥],随后艾(A. Bland)也来

①安家有安德烈(G. Andrew)夫妇,其子安献令(George Findley Andrew,1887—1971)夫妇,其女婿穆信诚(A. & Mrs. Moore)夫妇。

②艾家有 David Ekvall 夫妇,兄弟 Martin Ekvall 夫妇,其妹即新普送夫人(Otilia)及其后代艾克瓦尔(Robert B. Ekvall)夫妇等。

③新家有新普送(W. W. Simpson, 1869—1961)夫妇、其子新振华(W. E. Simpson)等。

④Wm Coooper. In memoriam—T. E. S. Botham. China's Millions, Vol. 25, No. 1 (January 1899), pp. 4 - 5.

⑤Shen - si Province. China's Millions, Vol. 14, No. 9 (September, 1888), p. 120.

⑥Tidings from scattered workers. China's Millions, Vol. 15, No. 3 (March, 1889), p. 38.

到这里，他们一起开展巡回布道[①]。其妻(Ellen Barclay)于1884年来华，之前在甘肃秦州(今天水)传教，1889年结婚后也来到陕西。他们在1894年秋天回英国度假，1896年初再次来华时，濮司满被任命为甘肃和关中平原的主任。随后由于兰州传教站的工作无人主持，他便举家迁居兰州[②]。甘肃内地会传教士对他的任命及来兰州的行为表示欢迎，西宁传教士胡立礼(H. F. Ridley)评论道："我们(即甘肃内地会传教士)很高兴听到濮司满先生任命为甘肃代理主任，驻在兰州。我们亲爱的主任义世敦(G. F. Easton，1853—1938)[③]先生以他的健康为代价总是偶尔才拜访我们，汉中远离于北方的传教站，从此以后我们偏僻的传教站将彼此紧密，通过濮司满先生的访问，工人们受到加强和鼓舞。"[④]濮司满主持甘肃内地会，成为甘肃内地会的第一位主任，这有利于内地会在甘肃传教活动的开展。

(二)与甘肃穆斯林的交往及其看法

濮司满来到甘肃后，在境内进行了多次长途旅行，巡查各传教站的工作，并与穆斯林有过多次接触，逐渐加深对穆斯林的认识，改变向穆斯林传教的看法。濮司满在此期间的笔记，经常会提到穆斯林，包括光绪乙未河湟起义结束之初，即他刚到甘肃之时，穆斯林的悲惨境遇：

---

①Work on the Si - gan Plain. China's Millions, Vol. 15, No. 6 (June, 1889), p. 81.

②Mrs. Mark Botham. Two pioneers: life sketches of Thomas and Mark Botham. London: the China Inland Mission, 1924, p. 37.

③义世敦：中国内地会传教士，1875年来华，早年在甘肃活动，1882年定居于陕西汉中，长期担任陕西内地会主任，并一度兼管甘肃，1929年退休。1930年短期住在烟台，回英国后住在伦敦，1938年12月27日去世。参见Mr. G. F. Easton. In memoriam. China's Millions, Vol. 65, No. 27 (February, 1939), p. 27.

④H. F. Ridley. After the war. China's Millions, Vol. 23, No. 3 (March, 1897), p. 37. 濮司满主持甘肃内地会之前，甘肃内地会由义世敦管理，而义世敦要负责陕西内地会，且居住在汉中，与甘肃相距遥远，很少到甘肃各传教站巡回检查工作。

乡村还不十分和平，几乎我们遇见的每个人都有武装。一些回民返回他们的家；他们被人们可怕地处置；许多人被抢和被打，一些人未经任何形式的审判而被杀。在一个地方我们看见二三十个年轻人在挖运河，他们停下了工作，追上正要通过的几个回民。他们捆绑他们，重重地打他们，然后叫喊“杀！杀！”拿来铁锹，我不知道如果我不干预，将要发生什么……当我冲进人群中，他们开始用铁锹威胁我，但是交谈一会后他们放了可怜的不幸的人。①

他在笔记中还记载了向穆斯林传教的希望：

与偶像崇拜者相比他们是好人。禁止吸烟和喝酒，许多人看上去强壮、健康。我认为一个传教士应该出现，专门在穆斯林中工作。目前没有（传教士）在他们中工作，中国西北的传教士不能读阿拉伯文，而这恰恰是在这些人中工作所必需的。他们有阿拉伯文《古兰经》，几乎每个村庄都有人读它、解释它。如果我们用福音做同样的事，我想能接近这些人。……愿上帝打开一扇门。②

他提出派传教士专门从事穆斯林工作的想法，并且还提出该传教士必须会阿拉伯文，因为他已经观察出穆斯林对于阿拉伯文的重视，认为传教士读阿拉伯文《圣经》可以吸引穆斯林，进而让穆斯林改宗。对此，濮马可夫人（即濮童宝珍）进行高度评价，认为向西北穆斯林派遣专门传教士的思想是来自于濮司满③，其实并不然，因为该思想在此之前已经提出，比如 1892 年内地会年度报告提出“非常需要

---

①Mrs. Mark Botham. Two pioneers: life sketches of Thomas and Mark Botham, p.39.

②Mrs. Mark Botham. Two pioneers: life sketches of Thomas and Mark Botham, p.44.

③同上。

至少一名传教士全身心在这些地方的穆斯林中工作”，并发出“谁愿意满足这种需要，走进已经打开的门”的呼吁①；在1897年义世敦更进一步地提出专门传教士需要接受《古兰经》和伊斯兰教的专门训练②。不过濮司满的想法与前人有所不同，因为他提出专门传教士必须通晓阿拉伯文。这样，他在专门传教士的知识要求上，补充了义世敦的主张。传教士熟悉阿拉伯文，对与穆斯林的交往及传教活动助益不浅，这可从内地会传教士海春深（G. K. Harris）的实践活动中得知。

濮司满的最后一次长途旅行开始于1897年10月14日，花了99天，其中67天赶路，32天花费在20个传教站。他的这些旅行有着管理其辖区工作的明确目的，不同于1894年以前悠闲的福音布道巡回③。濮司满因长期旅途奔波，劳累过度而染上伤寒症，最终于1898年10月22日病逝于兰州，埋葬在五泉山的基督徒公墓中④。虽然他提出的向甘肃穆斯林派遣专门传教士的想法在有生之年未能实现，但是他的想法对儿子濮马可（Mark Edwin Botham，1892—1923）的人生道路产生重要的影响，濮马可长大成人后，立志向穆斯林传教，以至于濮马可夫人将濮马可的志向评价为子承父愿的结果，并认为濮马可是濮司满想法的第一个践行者⑤。

二、濮马可的传教生涯及对甘肃穆斯林的认识

濮马可是濮司满之子，1892年4月17日出生于陕西凤翔，1923

①Report for the years 1892. China's Millions, September, 1893, p. 116.

②G. F. Easton. Pioneer Work in China. China's Millions, Vol. 23, No. 1 (January 1897), p. 9.

③Mrs. Mark Botham. Two pioneers: life sketches of Thomas and Mark Botham, p. 39.

④Mrs. Mark Botham. Two pioneers: life sketches of Thomas and Mark Botham, pp. 42 - 43.

⑤Mrs. Mark Botham. Two pioneers: life sketches of Thomas and Mark Botham, p. 45.

年8月29日病逝于江西牯岭，其一生除了9年在英国读书外，都生活在中国，其中大部分时间生活在西北。他长期在西北穆斯林中传教，并曾为当时基督教向穆斯林传教的全国性组织——布道回族特委会工作，开展了多次针对中国穆斯林的考察活动，发表过多篇关于中国穆斯林的文章，在近代基督教的宣教运动中有着重要的地位与影响①。

（一）传教准备

濮马可走上向中国穆斯林传教的人生道路，与父母的影响息息相关。1898年濮司满在兰州逝世后，濮夫人到秦州工作过一段时间，于1901年举家回英国，将濮马可安排在艾森学院（Eltham College）读书，自己则带着女儿回到中国宣教。1910年濮马可毕业后，濮夫人有意识地在信件中，向他灌输急需向中国穆斯林传教的思想②。濮司满夫人的此举无疑是想要儿子继承父亲的遗志，来华向穆斯林传教。在受父母思想影响的同时，濮马可受到基督教世界正日渐兴起的回宣运动的影响，基督教各派传教士先后于1906年、1910年召开两次伊斯兰教世界传教士大会，1910年在英国爱丁堡召开的世界传教大会又将向穆斯林传教列为福音运动的主要目标。在此情况下，濮马可于1913年成为内地会传教士，决心向中国穆斯林传教，并开始为之准备，在伦敦大学修读两年宗教学课程，研究《古兰经》和伊斯兰教③。经过知识上的初步准备后，濮马可于1915年9月与母亲一起出发，于

①比如基督教世界推动穆斯林传教运动的领袖知味墨亲自为其传记《两位先驱：濮司满与濮马可的生命足迹》（Two pioneer: life sketches of Thomas and Mark Botham）作序，掌管内地会文字事工的海恩波为其写传。

②Mrs. Mark Botham. Two pioneers: life sketches of Thomas and Mark Botham, p. 54.

③Marshall Broomhall. Mark Botham of China. The Moslem World, Vol. 14, No. 3 (July, 1924), p. 269.

10 月 24 日抵达中国[①],在经过安庆的数月语言培训后,又与母亲一起于 1916 年前往兰州。

濮马可到兰州后,由于对向穆斯林传教的艰难程度有充分认识,于是没有立即向穆斯林传教,而是为此积极地做了以下准备:

1. 寻求穆斯林的信任,了解穆斯林,研究传教技巧。濮马可积极与穆斯林交朋友,他让穆斯林知道其厨房从不存放猪肉和猪油,其房子也是干净的,结果穆斯林渐渐"信任"他,甚至在他家中吃饭喝茶。在与阿訇的交往上,他尽量避免在宗教信仰上做较多的辩论,而是努力从阿訇口中收集中国伊斯兰教的术语;在与普通穆斯林交往上,则利用友情,积极与他们谈论伊斯兰教信仰,从中获得有用的信息。逐渐地,他越来越了解穆斯林的想法,并深入了解穆斯林的心态,从而,他研究出如何更好地处理三位一体的难题。

2. 隐藏传教动机,努力融入穆斯林社会。濮马可认为如果过早地让穆斯林知道自己的传教动机,将会很快失去刚刚积累的人脉,于是他照常与穆斯林交往,广交朋友,并由于他的学识,俨然成为一名受欢迎的"阿訇"。

3. 努力学习中、阿语言。对于汉语,务必达到完全精通,同时借助开罗的函授课程开始学习阿拉伯语。他认为与穆斯林交流,阿文非常重要,阿文《古兰经》和原始注释具有权威性,而中文翻译常被认为不可信[②]。

(二)传教活动

濮马可在经过一年的精心准备后,开始积极地向穆斯林传教,其传教活动主要包括以下几个方面:

---

①Missionary Journal. The Chinese Recorder, Vol. 46, No. 11 (November, 1915), p. 726.

②Mrs. Mark Botham. Two pioneers: life sketches of Thomas and Mark Botham, pp. 65 - 67.

1. 巡回布道

他于1917年前往著名的穆斯林聚居区张家川，这次巡回布道耗时两个多月，行程约2700里。他描绘当时的张家川有800多座清真寺，有10多位有学识的阿訇懂阿拉伯语、波斯语和突厥语，几乎所有人能读《古兰经》，大部分学生懂《古兰经》。他们在此受到的不是公开的反对而是“最好的礼貌行为”，白天在街上布道，访问清真寺，发阿拉伯文福音书和传单，向数百名穆斯林布道，并有许多私下交流①。

1917年7月他受宣道会邀请，到河州参加教会会议。他发现河州城内禁止穆斯林居住，穆斯林居住在东郊和南郊，郊区有12座清真寺，他拜访了其中的8座，并留下宣传小册子。在几座清真寺内，他和阿訇、满拉交谈，送给每位阿訇一本阿文《约翰福音》和一些阿文小册子，认为将阿文小册子送给懂得阿文的人是非常好的事情。他感觉河州的大部分阿訇和学生不想与基督教会交往，但也没发现任何仇恨基督教的事情。他认为河州穆斯林喜欢辩论，据当地教会的中国传道人说，有些知识分子常来教堂，想要辩论。他在拜访第一座清真寺时就有辩论的经历，濮马可将之形容为“漫长但非常友好的讨论”。这次辩论显然由两种宗教对耶稣的不同称呼而引致基督教现存《四福音书》的真假问题，这也是伊斯兰教与基督教的重要区别之一。

他拜访最后一座清真寺时，又出现一次激烈的辩论。这座清真寺的学生比河州最大的清真寺多，寺内阿訇很有能力和学识。

濮马可没有谈这次辩论的感想，也没有叙说他在辩论中所持的依据。虽然从他的描述看，他似乎取得上风，但是辩论双方各自依据自己的宗教经典，运用各自的话语体系来辩论，显然难有结果，要说

①James Stark. Our Shanghai letter, containing the latest news from field. China's Millions, Vol. 43, No. 10 (October, 1917), p. 116.

有结果,也只能是不欢而散。在此次河州之行中,他发现伊斯兰教不仅有新、老教派之分,还有许多门宦。

1918 年他和母亲来到另一个重要的穆斯林聚居区——宁夏(今银川),管理宁夏传教站 6 个月,因为只有 1 名女传教士在那里,其他传教士都已回国度假。在宁夏,濮马可除了日常传教站工作,还到周边地区进行了几次旅行。他发现宁夏周围有大量穆斯林人口,有一些穆斯林聚居的村庄,估计穆斯林占到黄河东岸人口的 30%。他感觉这里的穆斯林比甘肃其他地方更乐于听道和购书,在一些地方出现年轻穆斯林大声地要求书籍的情形。他在这里与穆斯林将军马福祥及其士兵有过交往。他在宁夏传教站经常接受穆斯林的拜访,穆斯林访客主要是阿訇和学生,目的为了观看他的阿拉伯文《古兰经》,据其描述:"来访者有许多是穆斯林阿訇和学生,他们中的一些人特意要看阿拉伯文经书。我有一本装订精美的《古兰经》,它吸引大量的访客,并成为一些有趣的交谈的基础。"①通过各种途径的接触,到离开宁夏时,他与许多当地穆斯林成为朋友②。他发现在马福祥领导下,宁夏教育正在兴起,学生乐于与传教士交往,因此呼吁差会派 1 名传教士去宁夏,负责穆斯林的宣教工作③。

在 1919 年秋天,他和金品三夫妇去河州,和宣道会传教士住在一起。他们想在穆斯林聚居区租房传教,结果马安良的一个亲戚愿意提供一所小房子。这个穆斯林因想获得医疗的帮助,而愿意出租住房。不幸的是房子破损,于是他们立即开始雇人修理。然而,正当修理开始,来了一封电报,要金品三医生去甘肃省的另一端,帮助一位

---

①Here and there. China's Millions, Vol. 45, No. 9 (September, 1919), p. 105.

②Mrs. Mark Botham. Two pioneers: life sketches of Thomas and Mark Botham, p. 96.

③M. E. Botham. Among the Moslems. China's Millions, Vol. 45, No. 10 (Octomber, 1919), p. 117.

患病严重的传教士。金品三走后一两天又传来一个消息：兰州的传教士负责人将去度假，他的继任者推迟前来接管工作，要求濮马可立即返回兰州暂时负责。在此情况下，濮马可不得不立即停止房屋修缮工作，失望地离开河州。在1920年的新年假期兰州学校关闭时，他和金品三医生又一次去河州，这一次除了与穆斯林发生激烈的辩论外，别无所获。

1920年的其余时间，濮马可到其他地方进行短途旅行，因为他几乎被华英中学的工作束缚在兰州，他为此而忧虑，认为其他方面的要求不应该干扰他对穆斯林的传教工作，差会对穆斯林问题的重要性并没有引起足够重视，甚至有些同事认为传教站的日常工作有充足的理由让他离开穆斯林工作①。他写信要求差会当局尽可能快地免除自己的学校职务，并强调从事回宣工作的传教士倍受其他工作的干扰，抱怨差会花在回宣工作上的时间很少②。可见，当时甘肃内地会并不重视对穆斯林的宣教工作，这点也被时在烟台的内地会传教士冯尚德（F. H. Rhodes，1867—1943）③关注到，他说："目前，甘肃有3个传教士准备在回回中传福音和做医疗工作。由于工作人员极其缺乏，这三个人负责的都是非穆斯林工作。"④1920年的中国基督教

①Mrs. Mark Botham. Two pioneers: life sketches of Thomas and Mark Botham, pp. 102 - 103.

②M. E. Botham. Islam in Kansu. The Moslem World, Vol. 10, No. 4 (October, 1920), p. 382.

③冯尚德：中国内地会传教士，1867年7月12日生于英国约克郡，少年时代受洗，1894年10月25日从伦敦出发来华。早期在云南传教，对穆斯林传教工作有深厚兴趣，1908年调到山东芝罘，主要通过文字事工来继续穆斯林传教工作。1920年初到加拿大度假，因健康原因无法返华。1923年成为内地会多伦多办公室职员，1939年秋天退休，1943年5月18日去世于多伦多。参见 E. A. Brownlee. In memoriam — F. Herbert Rhodes. Friends of Moslems, Vol. 17, No. 3 (July, 1943), p. 38.

④F. H. Rhodes. A survey of Islam in China. The Moslem World, Vol. 11, No. 1 (January, 1921), p. 66.

调查在分析甘肃回民宣教工作时专门指出:“过去在甘肃各地回民中间曾经散发过大量的基督教书籍。现在有三名宣教师在这里专门从事布道及医药工作。由于人手不够,过去他们的工作受到很大的影响,因为他们必须兼顾汉人中的一般宣教工作。”①

1920 年 12 月濮马可在陪同母亲去秦州的途中,遭遇了大地震。为了学校考试他匆忙返回兰州,由于在路上遇到了非常恶劣的天气,回来后再次染上影响心脏的高烧,但是由于巴乐德(Robert Parry)医生的妥善医治而渐渐好转,之后因出于康复的需要,他来到东部地区。1922 年 3 月底他返回甘肃,继续负责兰州内地会学校的工作。同年 12 月他和 1 名哈佛研究生一起去河州、拉卜楞和循化。在河州他们拜访清真寺,与阿訇、满拉交谈,分发小册子和《圣经》。在拉卜楞,他们参观拉卜楞寺,拜访阿訇但遭受冷遇。在循化,他们拜访清真寺,与阿訇交谈,并专门拜访街子工。这个村庄的撒拉族穆斯林对他们非常感兴趣,阿訇允许他们拍照,接受阿拉伯文《圣经》;满拉和其他人接受一些小册子②。1923 年濮马可与童宝珍(Olive Trench)小姐离开甘肃,到汉口完婚。同年 8 月病逝。

2. 调查研究

1921 年濮马可在东部康复期间,为了查明穆斯林的情况,激起传教士和中国教会领导人中对穆斯林传教活动的兴趣,受布道回族特委会的委托,对华东和华中地区的穆斯林进行调查。这次调查旅行比他以前开展的任何一次旅行都要广泛,他于 10 月 4 日离开上海,调查范围遍及江苏、山东、直隶、山西、河南、湖北、湖南、安徽等 10 省,在

①中华续行委办会调查特委会编,蔡咏春等译:《1901—1920 年中国基督教调查资料》(上卷),北京:中国社会科学出版社,2007 年,第 655 页。

②Mark E. Botham. Wandering in the west. China's Millions, Vol. 49, No. 8 (August, 1923), pp. 116 - 120.

南京、济宁、济南、天津、北京、大同、怀庆、开封、周家口、襄城、汉口、武昌、长沙、常德、南昌、安庆、清江浦、广州等18个城市停留①。经过此次调查，他撰写了《穆斯林工作的旅行报告》[*Report of a Journey (in Central China) on Work for Moslems*]、《中国穆斯林中的现代运动》(*Modern Movement among Chinese Mohammedans*)、《作为一个有机体的中国伊斯兰教》(*Chinese Islam as an Organism*)。海恩波认为此次调查，可能是他一生中最重要的工作，因为当时基督教界对中国穆斯林社会的内部情况几乎一无所知，而在考察中，他收集到许多有价值的资料，这些资料涉及穆斯林的组织、社会状况、信仰、运动及对基督教的态度等许多方面②。这次调查被布道回族特委会的主席Malony主教描述为"中国穆斯林传教事业一件非常有价值的工作"③。

同时，他在东部帮助传教士成立穆斯林福音同盟(Moslem Evangelization League)，这是一个对穆斯林宣教感兴趣的在华传教士的组织④。该组织希望他能成为组织秘书，他也对它抱有很大的希望，希望通过它能够把有志于向穆斯林传教的传教士紧密地组织起来，推进穆斯林传教工作⑤。

3.研究成果

濮马可发表了《甘肃穆斯林》(*Moslems in Kansu*)、《在穆斯林中》(*Among the Moslems*)、《甘肃伊斯兰教》(*Islam in Kansu*)、《在中国穆斯林中的传教方法》(*Methods of Evangelism among Chinese Moslems*)、《中国穆斯林中的现代运动》、《作为一个有机体的中国伊斯兰教》、

---

①Personalia. China's Millions, Vol.48, No.1 (January, 1922), p.12.

②Marshall Broomhall. Mark Botham of China. The Moslem World, Vol.14 (1924), p.271.

③Mrs. Mark Botham. Two pioneers: life sketches of Thomas and Mark Botham, p.95.

④Marshall Broomhall. Mark Botham of China. The Moslem World, Vol.14 (1924), p.269.

⑤The Mohammedans of China. The Moslem World, Vol.14 (1924), p.188.

《穆斯林工作的旅行报告》等文章或研究报告。他还准备出版两本题为《与穆斯林谈话》(*Talk to Moslems*)的小册子,目的是帮助那些与中国穆斯林打交道的传教士,但是他的计划没有完成[1],后来由中国穆斯林交际会委派梅益盛(Isaac Mason, 1870—1939)来负责完成[2]。

(三)对甘肃穆斯林的认识

濮马可在传教过程中,不断观察和研究甘肃穆斯林,这方面的成果比较典型的是《甘肃伊斯兰教》一文[3]。这篇文章比较全面地分析了当时甘肃穆斯林的现状,具有较高的文献价值。

在甘肃穆斯林的地理分布上,他认为甘肃存在一条狭窄截面,从北到南通过靖远、兰州和伏羌(今甘谷),这部分的穆斯林最少,并认为这条狭窄的截面将甘肃伊斯兰教分成东、西两个主要地理单元。河州是最重要的中心,但其影响力对西面的部分更为直接;张家川的宗教影响力渗透到甘肃各处,但对甘肃东部的影响则比较直接。

他认为甘肃穆斯林的力量表现在政治和宗教两个方面。政治上,之前的领袖是马安良,但其逝世后,马福祥和马麒成为最有名的穆斯林政治人物;宗教上,最有影响力的是马元章,"他的影响力遍布甘肃各地,甚至到省外的新疆和云南等地。他去旅行时……来自遥远地方的人专程前来获得他的祝福",当新老教派间产生激烈争论时,他被督军邀请来恢复和平。"他是一个平静的老人,有一副苦行者的外表,具有多种多样的巨大知识储备"。

①Isaac Mason. Hints for friends of Moslems. Friends of Moslems, Vol. 2, No. 2 (April, 1928), p. 2.

②Fall Meeting of the Committee. The Quarterly Newsletter of the Friends of the Moslems in China, Vol. 1, No. 4 (December, 1927), p. 1.

③M. E. Botham. Islam in Kansu. The Moslem World, Vol. 10, No. 4 (October, 1920), pp. 377 - 390.

关于甘肃穆斯林人口数量，他认为之前的估计过高，这是“被餐馆中的穆斯林，穆斯林赶骡人、商人等的数量所误导”，因为这些人在大路上，经常被人们遇到，而让人们产生错觉。他对甘肃各地穆斯林的数量（详见表1）提出自己的看法，提出甘肃有139万穆斯林的主张。这个数字不及安献令估计（300万）的一半，似乎有些相差过远，但如果按照当时对该省穆斯林人口占三分之一的通常说法，以甘肃省人口为500余万来进行计算①，则139万的说法较之300万则更为准确。

对于穆斯林的语言文化水平，他认为汉语在穆斯林中比较普遍，并得到较好的掌握，“有一些穆斯林是秀才，一些获得更高的文化水平。所有地方有一些穆斯林能读汉语，”而对于阿拉伯语，虽很难判断阿訇对该语言的具体了解程度，但他们当中许多人能够读和理解阿拉伯文小册子，“有些阿訇对阿拉伯语非常了解并将其作为书面语言来使用，有些阿訇对波斯语和土耳其语有所了解。但是也有部分人不能读懂各种仪式所要求的经文”。

表1　甘肃各地穆斯林人口数量表

地点	数量	地点	数量	地点	数量
兰州地区	5万	西北地区（河西走廊）	2万	西宁地区	20万（高估）
河州（回族）	10万	河州（撒拉）	7万	河州（东乡回回）	15万
南部宣道会地区	5万	南部内地会地区	25万（高估）	北美瑞挪会地区	30万
宁夏地区	20万				

此外，他将甘肃省分成八个地区，即兰州地区（包括皋兰、靖远、

①1922年甘肃人口数为5203540，参见甘肃省档案馆：《甘肃历史人口资料汇编》，兰州：甘肃人民出版社，1997年，第384页。

平番、金县、安定县等)、西北部地区(包括平番北部、甘州、肃州、安西、凉州等县)、西宁地区(包括西宁、大通、丹噶尔、贵德、碾伯县)、河州地区(包括导河、循化、宁定)、南部宣道会地区(包括狄道、巩昌、洮州、岷州、文县等)、秦州(天水)地区(包括伏羌、通渭、清水、两当、徽县、成县、西和、礼县等)、北美瑞挪会地区(包括甘肃整个东部,也就是灵台东部,崇信、华亭、庄浪、静宁、海城、平凉、花马池)、宁夏地区(包括宁夏、宁朔、平罗、宝丰、灵州、金积、中卫),对之进行详细的调查。他按地区具体地分析了当地穆斯林及其宗教的情况,穆斯林对福音的态度以及对穆斯林传教的可能性,等等。

三、濮氏母女对西北穆斯林的传教活动

濮马可逝世后,其穆斯林传教事业由其母亲、夫人和妹妹濮美瑛(Olive Botham)延续。濮马可夫人撰写著作《两位先驱:濮司满与濮马可的生命足迹》(*Two Pioneers: Life Sketches of Thomas and Mark Botham*),并于1924年完稿并出版。该书通过叙述濮司满和濮马可父子的生平,呼吁基督教界关注西北穆斯林传教事业。此后她曾留在甘肃兰州传教,并发表对穆斯林传教的看法。濮美瑛在哥哥逝世那年即1923年来华[①],和母亲一起,先后在河南开封、甘肃清水向穆斯林妇女传教5年和3年,回英国后以文字宣传为手段,推动基督教对西北穆斯林的宣教活动。她是甘肃穆斯林委员会的重要成员、中国穆民交际会通信会员、中国穆民交际会驻英国的代表,经常在《友穆季刊》《穆斯林世界》等刊物上发表文章。

(一)濮氏母女在西北的活动

濮氏父子在西北传教活动比较注重开展长途布道旅行,这种方

①Movements of workers. China's Millions, Vol. 50, No. 2 (Feberuary, 1924), p. 26.

式注重的是“面”,即福音宣传的广度,而此时的濮氏母女集中于一地或到附近开展短途布道旅行,这种方式注重的是“点”,即福音宣传的深度。濮氏母女于1928年从开封来到清水,在此设立传教站,开展穆斯林工作[①]。她们到达清水时,正是河湟事变时期,因此难以开展工作,同时回汉矛盾突出,也对穆斯林改宗活动带来困难。在这种情况下,她们发现当地缺乏医生,急需医疗的情况,于是作为护士的濮美瑛从事医生的工作。结果医疗工作取得理想的效果,密切了她们与当地人的关系,因此她们能够去汉民家中访问和讲道,也受邀进入穆斯林家中。她们还在布道旅行中使用医疗的手段,比如一次她们去一个穆斯林城镇,由于参加集市的人都是男性,穆斯林妇女不准出门,所以她们等集市结束后,以提供医疗服务为途径,进入穆斯林家庭,与穆斯林妇女和女孩打交道[②]。

她们为了接近穆斯林,与濮马可一样,让厨房远离猪肉和猪油。通过租房、购物、书籍等途径,接近穆斯林。比如通过购买面包,交上第一位穆斯林朋友。她们租住穆斯林的房子,与穆斯林房东的妻子打交道,为她治病,送给她一本双语福音书。除了上述途径的吸引外,还有一个重要的原因是该地许多穆斯林当时并不知道基督教与伊斯兰教的区别。于是出现一个年轻人想要基督教传教士为妻子讲道,使之成为穆斯林的情况(由于他的妻子不是穆斯林,崇拜偶像),因为他认为阿訇对他们所讲的与基督教传教士所讲的一样。

张家川是甘肃伊斯兰教的一个中心,重要的穆斯林聚居区,因此她们想去那里开展传教工作。为此,她们与前来清水躲避战乱的张家川妇女(因丈夫在清水经商)交往,并从后者获得访问张家川的邀

①Notes from the field. Friends of Moslems, Vol.3, No.2 (April, 1929), p.7.

②Moslem women & girls. Friends of Moslems, Vol.3, No.4 (October, 1929), pp.2-4.

请。她们于1930年7月来到张家川[①],拜访了马元章家的妇女和马元章的坟墓[②]。

她们与穆斯林的交往没有发生冲突,在平静之中还经常会出现友好的局面。比如在1930年2月穆斯林斋月期间,受到欢迎。一个老穆斯林对一本封面图片为一个老人在祈祷的小册子感兴趣,而且在听濮美瑛讲正确对待祈祷时表示出敬意[③]。又如1930年6月濮氏母女由于住所被士兵占用,因而来到天水,过段时间后,返回清水发现住所被一位穆斯林军官住着,但受到军官的妻子、阿訇和秘书彬彬有礼的接待。该阿訇曾去过麦加朝觐,将悬挂在会客室里的海报《麦西哈即是真主的羔羊》中的羔羊用白纸遮住,濮氏母女问他遮住的原因,他回答说:"这些是我们的经文,我想在这里礼拜,我不能在画像前礼拜,所以我必须将它遮住。"濮司满夫人解释说她们不崇拜画像,羔羊代表一种类型,但他打断濮夫人的解释。当他问她们是否能读阿拉伯文时,濮美瑛继续解释这幅海报,阿訇急忙说他们尊敬尔撒(即基督教中的耶稣),但不会如此多地说他的死。[④]

对于当时回汉之间的隔阂,她们有所感触。据濮美瑛描述:她们到处受到善待,穆斯林读中阿文的圣经节本时都没有表现出反对,但当中国基督徒出现时,情况则发生相反的变化。她们发现回汉之间隔阂严重,两个民族间都不清楚对方的日常生活和宗教。她们在

---

①Olive Botham. Tsinchow, Kansu. Friends of Moslems, Vol. 5, No. 1 (January, 1931), pp. 23 – 24.

②Olive Botham. The Djaharyeh and the Godeemii in Kansu. Friends of Moslems, Vol. 5, No. 2 (April, 1931), pp. 16 – 17.

③Olive Botham. Tsingshui, Kansu. Friends of Moslems, Vol. 4, No. 3 (July, 1930), pp. 12 – 13.

④Olive Botham. News from the field. Friends of Moslems, Vol. 5, No. 2 (April, 1931), pp. 21 – 23.

1930 年 10 月返回清水后,汉族孩子相互转告她们归来的消息,并立刻来看她们。回民孩子到第三天才得知这一消息,前来欢迎她们,而此时几乎每个汉民家庭都知道消息。她们还发现当汉民和她们在一起时,回民表现得很冷淡并且相当生气①。汉回之间的隔阂与矛盾还严重影响到汉族基督徒向回民的传教活动,一位汉族女基督徒喜欢拜访她的邻居,同时邀请他们来家做客,为他们讲道。她在拜访回民时遭到拒绝,甚至不让她在门口与他们说话②。但穆斯林对濮氏母女非常友好,她们有许多穆斯林朋友③。

濮美瑛在与穆斯林的交往中,对甘肃穆斯林已有所认识。比如对于穆斯林家庭,她们发现一个穆斯林家庭人口介于 5 至 45 名之间,年轻的穆斯林媳妇为客人准备茶或食物,年老的妇女则陪坐、交谈。年老的穆斯林妇女在家中的地位高,"虽不能读书,但能管家;虽不能走出家里的院子,但在家里地位最高,他的儿子和孙子不敢抗命"。濮美瑛认为几乎所有的穆斯林妇女都很聪明、好客,当提起宗教主题时,她们对基督徒显示出特有的友好,她们说:"我们是相同的,尔撒——耶稣是我们的一个圣人。"她发现年老的穆斯林妇女有宗教热情,经常做礼拜,而年轻的女孩想要读书,在甘肃南部缺乏穆斯林女子学校教育的情况下,盼望能为她们开设一所暑期学校。濮美瑛认为这些穆斯林妇女和女孩智力高,求知若渴,值得人去传授知识④。

濮美瑛认为跟穆斯林交谈最好用《圣经》的话语,因为他们虽然

---

①Olive Botham. News from the field. Friends of Moslems, Vol. 10, No. 3 (July, 1936), p. 60.

②Olive Botham. One difficulty in China. Friends of Moslems, Vol. 5, No. 3 (July, 1931), p. 17.

③Olive Botham. Tsingshui, Kansu. Friends of Moslems, Vol. 4, No. 4 (October, 1930), pp. 10 - 11.

④Moslem women & girls. Friends of Moslems, Vol. 3, No. 4 (October, 1929), pp. 2 - 4.

讲究逻辑，但认可“经”的权威性。有个在清真寺学习阿拉伯文的穆斯林学生，在还回中文传单时，对她说：“我不再读中文书。我现在只读‘经’。请给我一些‘经’书。”[①]经书要用阿拉伯文书写，穆斯林非常看重阿拉伯文，对此，濮美瑛在又一次交往中深有体会，当时她们散发了几乎所有的纯阿拉伯文文献，送了本福音书和登山宝训海报给阿訇。该阿訇住在房东家的陵园里，曾去过俄罗斯，了解基督教，喜欢与只读阿拉伯文的人打交道。她们送了本双语福音书给他儿子，但他不喜欢，说该书“半真半假”，于是只能改送纯阿拉伯文的书籍[②]。

（二）回国后的文字宣传活动

1931 年濮氏母女离开甘肃清水回国，于 8 月 21 日抵达伦敦[③]。濮氏母女的回国有可能与马廷贤割据陇南 15 县的事件相关，据 1930 年来华的宋得时（W. A. Saunders）所言，马廷贤对陇南的控制使得包括教会在内的一切正常活动瘫痪，这种形势一直延续到 1932 年 1 月马廷贤的垮台[④]。1931 年与母亲回英国后，再也没有返华。濮司满夫人于 1934 年夏天逝世于英格兰[⑤]，濮美瑛则在英国为中国穆斯林宣教事业进行文字宣传和联络工作。比如 1936 年 5 月濮美瑛希望李瑞

①Olive Botham. Tsingshui, Kansu. Friends of Moslems, Vol. 4, No. 1 (January, 1930), p. 11.

②Olive Botham. Tsingshui, Kansu. Friends of Moslems, Vol. 4, No. 4 (October, 1930), p. 11.

③Personalia. China's Millions, Vol. 57, No. 9 (September, 1931), p. 176.

④From the front line. China's Millions, Vol. 60, Vol. 7 (July, 1934), p. 132.

⑤In Memoriam. Friends of Moslems, Vol. 9, No. 4 (October, 1935), p. 79. 濮司满夫人：闺名为 Ellen A. Barclay，1884 年来华，起初派到甘肃秦州，1889 年结婚，婚后先后与濮司满在陕西、甘肃传教，1898 年丈夫去世，1916 年陪同儿子濮马可向穆斯林传教，1923 年儿子去世，同年女儿濮美瑛来华，与濮美瑛先后在开封和清水穆斯林妇女中传教 8 年，1931 年退休回国，1934 年 8 月 22 日去世。参见：Mrs. T. E. Botham. In memoriam. China's Millions, Vol. 60, No. 10 (October, 1934), p. 195.

思医生夫妇的回国能激起基督教会对穆斯林的兴趣，因为李瑞思被邀请在6月举行的对穆斯林的信仰团体(Fellowship of Faith for Moslems)会议上做关于中国的演讲，她则被邀请主持关于与英国穆斯林联系的讨论，她希望有人在英国穆斯林中系统地开展工作[①]。6月，在大会上，李瑞思介绍博德恩纪念医院的工作及发生在西北的改宗的例子，濮美瑛也在下午的会议上发言。此次会议有大量关于中国穆斯林的文献展出并出售[②]。她是甘肃穆斯林委员会的重要成员、中国穆民交际会通信会员及其机关刊物《友穆季刊》的副总编，从1936年开始接替Oswald Chamber夫人成为中国穆民交际会在英国的代表[③]，每年都参加对穆斯林的信仰团体在Slavanka举行的年度会议，报道会议的情况以及会议关于中国穆斯林的报告与讨论。濮美瑛在《友穆季刊》《穆斯林世界》等英文刊物上发表大量文章。

《中国穆斯林在哪里》(*Where are the Chinese Moslems*)是英文《友穆季刊》杂志推出的一组介绍中国各省穆斯林情况的系列文章，河北、四川、甘肃、山东、安徽、宁夏、陕西等省穆斯林情况由濮美瑛负责撰写。在《中国穆斯林在哪里——甘肃篇》(*Where Are the Chinese Moslems - Kansu*)中，她认为穆斯林占甘肃人口的三分之一，来源于阿拉伯、藏族、汉族以及中亚。甘肃的地理位置很重要，是古代中国穆斯林通过中亚去麦加朝觐的重要通道。甘肃穆斯林宗教信仰虔诚，虽然在地理上距离麦加很遥远，但有的穆斯林却朝觐过两三次。她发现甘肃在宗教教育上有重要地位，该地的许多清真寺有阿拉伯语教育，一些毕业生成为全国伊斯兰教的领导人。张家川是哲合忍耶

---

①O. Botham. Survey, England. Friends of Moslems, Vol. 10, No. 3 (July, 1936), p. 62.

②Olive Botham. A letter from England. Friends of Moslems, Vol. 10, No. 4 (October, 1936), p. 80.

③Multum in Parvo. Friends of Moslems, Vol. 10, No. 1 (January, 1936), p. 15.

的中心，许多来自云南的信徒来此朝觐，而河州则是另一个中心，这里有大规模的学校，河州穆斯林地区虽遭1927年叛乱的破坏，但现已被重建。她认为现在传教士与穆斯林间的友好关系已经建立，穆斯林对基督教更深的兴趣将要到来。当然这只是传教士一厢情愿的想法，因为后来的历史表明，这种结果并未出现①。

在《中国穆斯林在哪里——宁夏篇》（*Where Are the Chinese Moslems — Ningsia*）中，她认为穆斯林占宁夏人口的30%，主要由客栈老板、车夫、船夫、屠夫、农民、士兵和土匪构成。宁夏在地图上看起来大，但人口稠密的地带只有从中卫到平罗的黄河流域，该地长160里，宽约10到50里。该地由黄河水灌溉，大量好地由穆斯林耕作。穆斯林地区呈现繁荣景象②。

在《中国穆斯林在哪里——陕西篇》（*Where Are the Chinese Moslems — Shensi*）中。她认为在20世纪70年前，穆斯林遍布陕西，在凤翔西部有非常大而兴旺的穆斯林聚居区，经过回民大起义，陕西中部乡村几乎没有穆斯林，因为他们在起义中被杀或被赶入城镇（主要是西安）。她发现许多穆斯林家庭在起义中被逐出陕西，来到甘肃南部，甚至于遥远的新疆。陕西穆斯林在西安及其他城市在政治上仍然活跃，虽然没有野心，但拥有保护自己的权利。根据英国浸礼会传教士邵涤源（A. J. Shorrock）的说法，穆斯林在西安是一种有影响的力量，拥有财富和地位，获取穆斯林的方法是友谊和医疗帮助。穆斯林通常很友好，但改宗的可能性几乎没有。

濮美瑛在英国研究西北穆斯林难以改宗基督教的事实，并向几

①Olive Botham. Where are the Chinese Moslems — Kansu. Friends of Moslems, Vol. 18, No. 2 (April, 1944), pp. 15 – 16.

②Olive Botham. Where are the Chinese Moslems — Ningsia. Friends of Moslems, Vol. 19, No. 1 (January, 1945), p. 7.

个传教士请教如何与穆斯林打交道和如何向他们传播福音等问题。传教士一致认为与穆斯林打交道的首选方式是友谊,也高度认可医疗帮助的方式。接受私人的邀请参加穆斯林的聚会,传教士需要了解伊斯兰教的日常用语,以免冒犯,同时通过聚会有时能了解穆斯林自身的问题及认识没有听过福音的穆斯林。濮美瑛认为应该根据实际情况来决定最好的文献分发方式,认为私下交谈在任何情况下都是最有效的方式①。

四、余论

濮家从濮司满开始就关注西北穆斯林,他虽然英年早逝,但是他的妻子和儿女继承他的"志向",不断为之"奋斗",呈现出父死子继、兄终妹及的情景。从这种情景可以看出,西方基督教传教士向近代西北穆斯林开展传教活动的连续性,以及传教士世家集中针对某个特殊人群"持之以恒"地予以关注、不断为之"努力"的过程,从中也可以看出,基督教会向穆斯林开展改宗活动并非出于某种冲动,而是拥有持续的动力。

濮司满夫妇与濮马可兄妹的活动几乎可以构成一部近代基督教对西北穆斯林传教的历史,因为濮司满、濮马可、濮美瑛所处的时期分别属于基督教对西北穆斯林宣教的开端、兴起和发展时期,而濮司满夫人可以成为这一过程的重要见证人。濮司满并非向穆斯林传教的专门传教士,只不过提出派遣专门传教士的看法;濮马可因各种事务的羁绊,占有大量的时间,从严格意义上而言并非濮司满所说的专门传教士,只是对向穆斯林传教之事充满兴趣,而未得到差会的全力

①Olive Botham. Effectual Prayer and Preaching. Friends of Moslems, Vol. 20, No. 1 (January, 1946), pp. 8 – 10.

支持，但他针对穆斯林所开展的活动已突破西北地域的界限，为全国性的、向穆斯林传教的机构——布道回族特委会工作，具有全国性的影响；濮美瑛则目标明确，与母亲一起专门针对穆斯林传教，成为专门传教士，并为布道回族特委会的后续机构——中国穆民交际会服务，回英国后，成为中国穆民交际会在英国的代表，向西方基督教会介绍和宣传基督教会对西北穆斯林所开展的运动，从而将此运动更紧密地与国际接轨，让西方基督教世界关注此运动，寻求国际上的支持，从而具有国际性的影响。

当然，濮家是一个英国的普通家庭，与西北穆斯林的交往也可以说是一种中英之间的民间外交。他们的交往并没有出现激烈的冲突，最多也是"文斗"（辩论），并没有出现刀光剑影的"武斗"场面。这跟双方均有关系，就穆斯林而言，他们在近代西北拥有优势[①]，充满自信，敢于与传教士交往；就传教士而言，他们深入研究西北穆斯林，了解与穆斯林打交道的技巧，为避免不必要的冲突而尊重穆斯林的生活习惯，用医疗等手段迎合穆斯林的需要，主动与穆斯林交朋友。正是因为这种温情脉脉的友谊，即使穆斯林知道传教士要"尽力破坏他们的宗教，但保持友好"[②]。

①比如在宗教上，伊斯兰教在西北的主流地位已经奠定，其信徒在西北人数众多，约占全国穆斯林总人数的十分之六（王金绂：《西北地理》，北平：立达书局，1932年，第256页），并在西北各省人口中占有比较高的比例（虽然关于穆斯林在西北各省所占的比例有不同的说法，比如穆斯林在甘宁青三省的人口比例，基督教方面认为是1/3［Samuel M. Zwemer. On the frontiers of northwest China. The Alliance Weekly, Vol. 68 No. 43 (October 28, 1933), p. 681.］，而伊斯兰教方面认为是1/2［马松亭：《中国回教的现状》，载《月华》第5卷第16期（1933年6月5日）第4页］，但可以肯定的是，穆斯林在西北各省人口中占有较高的比例）。且信仰坚定，十分虔诚；在政治上，经历国民军统治西北的低谷时期后，回族地方实力派重新崛起，执掌青海、宁夏省政，并一度主政甘肃。

②Olive Botham. News from the field. Friends of Moslems, Vol. 5, No. 2 (April, 1931), pp. 21－23.

濮家在与穆斯林交往的同时，也在不断深入了解后者，并将后者向西方介绍，成为向西方世界介绍西北穆斯林的重要窗口。濮司满对穆斯林存有误解，认为他们是个"残忍"（濮司满语）的民族；濮马可对甘宁青穆斯林认识得比较全面；濮美英则除西北外，还对其他地区的穆斯林有所认识，并认为西北穆斯林在 20 世纪 20 年代末 30 年代初"虽因灾荒和匪患而减少了活力，但仍比汉人好，更聪明"[①]。他们将自己的认识发表在英文刊物《中国大众》（*China's Millions*）、《友穆季刊》（*Friends of Moslem*）、《穆斯林世界》（*The Moslem World*）等刊物上，这方便西方读者了解西北穆斯林及其社会。但西北穆斯林如何看待濮家，是否也通过濮家为代表的基督教传教士来认识西方民众及其社会？这些问题，仍待我们继续探讨。

---

①Olive Botham. Tsingshui, Kansu. Friends of Moslems, Vol.4, No.4 (October, 1930), p. 10.

金树仁评传

买玉华

金树仁(1880—1941),字德庵,甘肃河州(今甘肃临夏)人。他是继杨增新之后的新疆二任主席兼边防督办。金树仁主新后,虽想有所作为,但由于主客观条件所限,政绩不著。金树仁本人昧于大势,举措失当,结党营私,纵容亲信横征暴敛,治下贪污成风。加上当时的南京国民政府无力经营新疆,邻边的列强对新疆步步紧逼,原来隐伏于杨增新统治时期的各种矛盾又迅速显露并逐步激化,终于因改土归流处置失当而引起了"哈密事变",不久乱事波及全疆。至1933年4月,不满金树仁政权的各种势力在省城迪化(今新疆乌鲁木齐市)联合归化军发动了"四一二政变",金树仁主新还不到五年时间,就被逐出了新疆。

投靠恩师　官运亨通

金树仁,清光绪六年即1880年出生于今甘肃临夏州永靖县金家嘴的一个货郎家庭。金树仁的父亲名叫金声清,家贫,有少许的薄地耕作,靠当货郎营生。金树仁家中有五男二女,他是家中的老大。[①] 金树仁自幼奇慧,颖悟异常,诗文经书,过目成诵。在1892年,金树仁以十二岁幼龄考中秀才,时人视之为神童。以如此年纪考中秀才,在甘肃乃至全国科举史上,为数不多。

1896年,清政府任命云南蒙自人杨增新署河州知州,在任内为了促进河州教育的发展,他先后复兴创设了凤林、龙泉、爱莲书院,又陆续在各地兴建义学28所,"聚士之秀而文者于三书院,月课而旬考之,于是士知响学,人文蔚起",他还亲执教鞭,拔其"邑人士之翘楚者数辈,招入署斋,躬自课之,均有成就……"金树仁自幼好学,这时因成绩优异受到杨增新的器重,被选入州衙就读。1901年,杨增新因在河州兴学有功,被清政府调升为甘肃全省文教提调(相当于教育厅长),并兼任高等学堂的监督(相当于校长),金树仁又求学和毕业于此校,由此杨、金二氏结下了不解之缘。卒业后,金树仁先后任龙泉书院、凤林书院校长。1909年,金树仁参加科考,举为孝廉方正,同年又应乙酉科试,考取拔贡。辛亥革命后,金树仁曾任导河县(今甘肃临夏)高等小学校长、师范校长等职。1912年7月,金树仁在甘肃省议员初选中当选为省议会议员和众议员。[②] 此时的家乡父老皆以金树仁为荣,诗人马恕吟出:"久仰仁山最特奇,而今晤对更相宜","器度推君最是贤"的诗句,誉其怀抱高远,气度不凡。

1907年,杨增新调任新疆阿克苏道尹。辛亥革命时杨增新趁伊犁起义全疆不稳之机取得了新疆都督之位。执掌新疆军政大权后,

---

①金作屏:《忆我父亲金树仁主新前后》,载中国人民政治协商会议兰州市委员会文史资料研究委员会:《兰州文史资料选辑》第三辑,兰州:甘肃人民出版社,1985年,第53页。

②选举分为初选和复选,金树仁在7月的初选中当选为省议会议员和众议员,但不知何故,复选时却榜上无名。见《临夏回族自治州志》编纂委员会:《临夏回族自治州志》(下册),兰州:甘肃人民出版社,1993年,第880页。

杨增新急需听命于他的各类人才。杨增新曾在复甘肃省议会祝贺他执掌新疆政权的电文中说道:“余服官甘肃廿余年,于甘肃人感情最重。”[①]基于这句颇具感性的话,杨增新的甘肃籍门生故旧便络绎出关西上投奔于他,金树仁即是于1914年应杨增新之召来新投靠他的。

来新伊始,杨增新安置金树仁任军务厅书记官兼科员。金树仁长于笔札,曾在政治研究所考列第一,又对杨增新极为恭顺,深得杨增新的欢心,成为他的得意门生。金树仁在来新的第二年6月,参加新省县长考试,以“甲”等录取,初分发阿克苏县。在以后的十余年间,金树仁历任阿克苏、疏附、迪化和库车等数县县长。1920年,金树仁在疏附县县长任内,曾与疏勒县县长李义相互勾结,藉解运流通于全疆“龙票”[②]的机会,将发行年代较久与破旧严重原定报废的票币加以剪拼,再擅盖县印予以流通,而且以少报多,从中贪污中饱。事后经杨增新察觉,将金、李二人予以撤职处分。但由于金树仁与杨增新的特殊关系,不久以后复任县长,最后在1926年还升任省公署政务厅厅长(1928年政务厅改为民政厅,金树仁改任民政厅厅长)。1928年6月,教育厅厅长刘文龙赴南京呈报改组后的新疆省府委员名单,金树仁又兼代理教育厅厅长,真可谓在官场上“一帆风顺,名利双收”。

适逢政变　坐收渔利

正值金树仁春风得意之际,新疆发生了“七七政变”,镇迪道尹兼军务厅厅长、外交署署长樊耀南刺杀了新疆省政府主席兼总司令杨增新。刺杨之后樊耀南等人去督署衙门搜索印信,并派人邀请金树

①潘祖焕:《杨增新治新》,载《三代“新疆王”稗传》,新疆文史资料社,转引樊明莘:《新疆“三七”政变血案真相》(兰州大学图书馆样本书库藏),第51页。

②清时由上海印刷厂负责承印的新疆省票,制作精美,因其正面左右有“双龙戏珠”图案,故俗称“龙票”。

仁到督署议事。金树仁在身边甘肃籍军人,如杜国治(旅长杜发荣之子,杜发荣在刺杨现场亦被枪杀)、张培元(时任军务科科长,隶属民政厅)等的劝说与支持下,指挥军队包围了督署衙门。经过短时间的激战,樊耀南等被捕获,当晚即被处死,次日晨樊耀南的一些同党又被捕杀。樊耀南等发动的政变彻底失败,金树仁乘机攫取了新疆的军政大权。

其实金树仁在当时的厅道中资历最浅,才干"不惟远在杨增新之下,并且不及樊耀南"[①]。包尔汉也曾说过,他与金树仁的"接触远不如前者(指杨增新,引者注)频繁",但金树仁"是个肤浅、贪婪之徒"。时人对金树仁的印象是"一脸的冷气"[②],而且在当时的新疆政界还曾流传着所谓"四气"的趣谈,分别是:"阔气"——教育厅厅长刘文龙,家产多,有钱;"骄气"——政务厅厅长金树仁,官气十足,对人傲慢;"暮气"——实业厅厅长(建设厅厅长,引者注)阎毓善,处事得过且过,喜好舞文弄墨与说长道短;"客气"——军务厅厅长樊耀南,穿着朴实,和蔼谦逊,待人以诚以礼。[③] 由此可见,金树仁在政界的人缘并不好,因此金树仁在新疆登台执政并不是一帆风顺的。政变一平息,金树仁就与统治集团内部在由谁主新的问题上展开了一场激烈的明争暗斗。当时许多省府要人主张由前伊犁镇守使杨飞霞或前教育厅厅长刘文龙来主持新疆军政,但由于金树仁在"平樊"过程中掌握了军队,其部下张培元等人四处活动,秘密串联,鼓吹金树仁"平樊"有功,"理应接任新疆省主席之职",得到了军界的支持和拥护。在当时,军队的态度至关重要,再加上甘肃同乡的支持,各厅道不得不随

①徐旭生:《徐旭生西游日记》第三册,中国学术团体协会西北科学考察团理事会编,1930年,附录一,第11页。

②广禄:《广禄回忆录》,转引樊明莘:《新疆"三七"政变血案真相》,第37页。

③《昆仑采玉录》,转引樊明莘:《新疆"三七"政变血案真相》,第49页。

声附和,同意拥金继杨。在军政官吏的所谓公举下,金树仁就任新疆省主席兼总司令之职。金树仁于1928年7月9日致电中央,报告杨增新被刺及自己被推举为新疆省主席兼总司令之事。①

但南京国民政府并没有正式任命金树仁,因为南京国民政府一直在等待机会控制新疆。可是由于南京国民政府一时没有控制新疆的有效办法,长期空悬省主席一职又并非良策,加上金树仁的频繁活动和上下打点,南京国民政府只得考虑改组新疆省政府。1928年11月2日,南京国民政府正式任命金树仁为新疆省政府主席。至于总司令一职,南京国民政府没有表示,暂时空缺。南京国民政府虚悬军职有其深意:一来是担心金树仁借中央委任身份强化其统治地位,二来也可为以后派军职人员整治新疆军队留下借口。与此同时,金树仁又故伎重施,多方活动以争取国民政府军事委员会授予他新疆边防总司令职务。② 但金树仁迟迟没有得到任命,只是在南京国民政府各种控制新疆的设想都落空后,为稳定新疆局势起见,才不得不于1931年6月任命金树仁为新疆边防督办。

主新五年　民心尽失

金树仁虽然被偶然的历史事件推上了政治舞台,但他的才干、学识、素质等都不足以担此重任。他长期以来只任县官,任省政务厅(民政厅)厅长还不到三年,没有驾驭省级政务的能力和经验。他还是个"瘾君子",鸦片烟瘾很大,故而在处理公务上精力不济。当时还

---

①〔台湾〕张大军:《新疆风暴七十年》,台北:兰溪图书出版公司,1980年,第2703页。

②金树仁曾派广禄借护送呈献中央政府做国玺的新疆和田玉石晋京之机,在南京活动其任新疆边防督办的事宜。见罗绍文:《制琢"中华民国之玺"采用于田美玉的复杂过程》,载《新疆地方志》1991年第1期,第44-46页。同时金树仁还先后以新疆省党部、各民族联合会、新疆驻南京办事处等名义,强调新疆内外情况复杂,军事长官非名位尊崇不足以树声威,要求中央任命他为新疆边防督办。

有一部分人认为杨增新的被刺与金树仁有密切关系,社会舆论对他上台执政也十分不利。[1] 那么金树仁是如何巩固其来之不易的政权的呢?金树仁曾公开宣布:"主省务,宜师杨之策"[2],因此有许多人认为金树仁在新疆的统治,基本上是"萧规曹随",不过是杨增新政权的继续。但笔者认为,金树仁在主新期间,对杨增新的一套政策措施还是有所变通的。这是因为金树仁也意识到,北伐后的中国开始走向统一,虽然南京国民政府一时抽不出力量全面接管新疆地方政权,但国民政府权力扩大后对边疆大吏不会像北洋政府那样放任,因此他必须在仰承南京国民政府鼻息的同时,自己设法保持住控制新疆的实力。故金树仁表面上服从南京国民政府,竭尽所能取得南京国民政府对他的"真除",实则千方百计阻挠国民党势力进入新疆。同时他一改杨增新"无为而治"的思想策略,通过安插亲信、整军经武、发展实业等措施来保住自己"塞外霸主"的地位。所以说,金树仁主政初期确有一番抱负,想在新疆有所作为,因此,金树仁将政策的基点全部放在如何维护自己的统治上。

国民党在新疆的活动可以追溯到辛亥革命时期,但由于杨增新的限制,直到金树仁统治时期,国民党员始能以公开身份在新疆活

①在"七七政变"发生的当天,金树仁也参加了俄文法政专门学校的毕业典礼,据说是因为有公事,他中途退了席。也有人说他是犯了大烟瘾,杨增新便让他先行告退。因此有人根据他中途退席这一点,认为他事先也参与了樊耀南刺杀杨增新的阴谋,说他提前退出宴会是与樊耀南事先密谋好的,以后金树仁为灭口又杀了樊耀南。直至 1933 年 4 月 22 日,新疆各县民众代表方本仁、尧乐博斯等致电国民党中央党部仍称:"金树仁前曾勾结党羽,刺杀杨督,以迅雷不及掩耳之法,即将同谋之樊道尹耀南先行割舌,致樊某惟有手指上苍而无能表白。当时株连挟嫌而遭明杀暗戕者更不胜计,遂以一手而掩盖天下之耳目。"见中国第二历史档案馆藏国民政府档案,转引蔡锦松:《盛世才在新疆》,郑州:河南人民出版社,1998 年,第 27 页。

②陈澄之:《伊犁烟云录》,第 28 页,转引陈慧生、陈超:《民国新疆史》,乌鲁木齐:新疆人民出版社,1999 年,第 223 页。

动。国民党中央根据这一变化的形势，于 1928 年 7 月下旬决定设立新疆省党部指导委员会，结果金树仁以省党部委员要地方化为借口公开进行抵制，国民党中央不得不在 10 月撤销这一组织。事实上，金树仁从主新伊始就自行设立了国民党新疆省党部，自命为常委，以求将它作为自己的御用工具，并企图以此来抵制国民党中央插手新疆事务。① 但国民党中央并不承认金氏省党部，又多次试图派员来新疆办理党务，都被金树仁以各种理由加以拒绝。② 国民党中央与金树仁在设置新疆省党部的问题上长期僵持，最后双方各自妥协，达成了一个"混合编组"的折中方案。按照这一方案，南京和新疆各自推举四五人组建省党部，由国民党中央任命，即可履行职权。1931 年 12 月，以国民党中央委派的党务特派员宫碧澄、白毓秀和新疆推荐的党务特派员金树仁、徐益珊、鲁效祖等为成员的新疆省党部正式成立。新疆各界要人、声望人士与南京委派的党务特派员有所交往，部分青年学生出于对金树仁政权的不满亦向他们靠拢，但也仅此而已。实际上，在金氏集团的严密控制和东部局势吃紧的情况下，新疆省党部不能有所作为。在哈密变乱波及全疆后，新疆省党部通过从事一些慈善活动在一定程度上扩大了国民党在新疆的政治影响。但直到金树仁下台，国民党势力始终未能控制新疆，甚至连 1930 年国民党中央执行委员会常务会议通过的所谓《新疆省党务特派员工作纲要》中所列的创办学校、设立报馆及通讯社、举行社会调查、设立图书阅览室、巡回演讲等诸项事务均未加以实施。正如宫碧澄自己所说的那样，"国

①《大公报》（天津），转引张大军：《新疆风暴七十年》，第 2718 - 2719 页。

②《关于来新组办党务一事与刘长炳、金树仁等人的来往信函》，新疆维吾尔自治区档案馆藏，档案号：2 - 2 - 777；《为请求另派熟悉边情人员为新疆党务特派员一事致中执会电》，新疆维吾尔自治区档案馆藏，档案号：2 - 2 - 1070。

民党对新疆的活动,金树仁时期仅仅是一个开端”①而已。

金树仁当政后,南京国民政府已在全国实行省县两级制。但因为新疆是边疆大省,情形特殊,金树仁在南京国民政府的特准下暂缓裁撤新疆八个区(分别是北疆迪化、塔城、阿山、伊犁四行政区和南疆阿克苏、焉耆、喀什、和阗四行政区)的行政长,各区行政长统辖所属各县,监督地方财政,代表省政府主持全区政务,兼管军务,其中喀什、伊犁、塔城、阿山四区的行政长,还兼办对外交涉事宜。行政长虽然与过去的道尹相比无太大变化,但在与省府的关系上却更紧密一些,这对金树仁加强对全疆各地的控制起到重要作用。金树仁为了维持政界稳定,一方面基本上保留了杨增新时期省府及各地行政长官的原班人马,另一方面提拔、重用拥己上台的有功人员及自己的亲信,迅速形成了新的统治集团。金树仁公开实行任人唯亲的用人政策,大搞“三同”主义,即只重用自己的同乡、同学、同族。当时新疆流传着这样一句话——“早晨学会河州话,晚上便把洋刀挎”,形象地道出了金树仁的同乡之辈升迁之快。因此说金树仁整顿吏治的实质,就是培植亲信、扩张势力、树立私党、打击异己。同时金树仁以“便于总揽各厅处之政务”为名,增设省府秘书处,意在进一步将权力集中,由省主席对各厅处进行更多控制,同时严密监督各厅异己分子。金树仁还设立了县长训练所,作为培植亲信、发展势力的又一手段,虽因经费困难和发生战乱,县长训练所最后被迫停办,但期间也为金树仁培养了不少办事人员。

金树仁比较关注国内局势的变化,尤其注意南京国民政府的一

①宫碧澄:《国民党在新疆的活动点滴》,载中国人民政治协商会议新疆维吾尔自治区委员会文史资料研究委员会编《新疆文史资料选辑》第五辑,乌鲁木齐:新疆人民出版社,1980年,第56页。

举一动。在两次蒋桂战争、蒋冯战争、蒋唐战争以及中原大战期间，金树仁与新疆驻京办事处人员及其部下讨论时局的往来函电非常频繁①，着重分析当时的战争及国内局势，如金树仁在《关于对国内局势看法给执甫的信》一函中这样分析道："蒋桂不堪合作，鄂湘实为祸胎，而暗中庇护壁上坐观者又不免觊令争图一己之利，则是二马不能安槽。"②其主要目的一是在于确定新疆在此种混乱局面中应采取的对策③，二是在于观察南京国民政府有没有可能腾出手来插手新疆事务，从而威胁到自己在新疆的统治。如在《关于中原多事中央对于西北措施恐难实施给王仲英的电》中金树仁说道："中央对于西北，虽积极进行，但中原多事，闽桂纷扰急切，恕难实施。"④金树仁还格外注意

①如《关于内地军阀混战情况的呈及省府的复电》，新疆维吾尔自治区档案馆藏，档案号:2-2-956-21；《电报当前国内军情动态和金树仁的代电》，新疆维吾尔自治区档案馆藏，档案号:2-2-901-15；《驻京办事处密报蒋、阎、冯、张各方面情形》，新疆维吾尔自治区档案馆藏，档案号:2-2-674-35；《关于蒋阎战事真相究竟如何一事与北平黄立中的来往电》，新疆维吾尔自治区档案馆藏，档案号:2-2-1092-4；《关于阎、冯、汪、吴各情况给总司令的信》，新疆维吾尔自治区档案馆藏，档案号:2-2-776-44等。

②《关于对国内局势看法给执甫的信》，新疆维吾尔自治区档案馆藏，档案号:2-2-777。

③《关于关内蒋冯之间矛盾和新省所应采取何种对策致省府的电及金树仁的复电》，新疆维吾尔自治区档案馆藏，档案号:2-2-1013-73；《关于蒋冯阎桂湘各军阀之间的关系及新省东防对策等给哈密刘旅长的电》，新疆维吾尔自治区档案馆藏，档案号:2-2-1055-22；《关于冯蒋即将开战新疆必须加强防务事给金树仁的电及金的复电》，新疆维吾尔自治区档案馆藏，档案号:2-2-1008-62。

④《关于中原多事中央对于西北措施恐难实施给王仲英的电》，新疆维吾尔自治区档案馆藏，档案号:2-2-1083-138。

邻省甘肃[①]及东北[②]的局势，同时着意密切与它们的联系[③]，其动机正如王仲英所说："对于西北事件，当极力设法与各方联络，以利进行，而谋应付。"[④]足见金树仁虽一直囿于甘新两省，但眼界并不仅仅局限于此，知道关注时局的重要性和迫切性，并以此来制定较为灵活的对策，而且尽量避免孤立自己，是一个颇有心计的人。

主政初期，金树仁曾试图与国外的一些企业合作以发展新疆的实业，如1931年金树仁同英国订约开采石油，给予其一些优惠条件。日本石油公司也曾派人进行调查，但因交通不便而没有了下文。金树仁还同德国西门子公司接洽，商请派工程师卫佛林来新，勘测乌鲁木齐河流，计划利用水利，建立大型发电站，兴办各项工厂。但后来因哈密乱事扩大，计划最终落空。[⑤] 此外，金树仁从英国购买机器设备，力谋开辟地利，发展矿业，并要求苏联提供新疆经济发展所需要的工业、农业、交通等各种机械设备和技术人才。金树仁曾着手整顿

①《禀呈侦探甘肃军事各情的代电和金总司令的密令指令》，新疆维吾尔自治区档案馆藏，档案号：2－2－897－42；《有关甘新局势与金树仁的来往电》，新疆维吾尔自治区档案馆藏，档案号：2－2－844－7。

②《给王仲英关于东北陆军编制表和新疆政治形势的信》，新疆维吾尔自治区档案馆藏，档案号：2－1－332－51；《关于日军侵占我东北地区，狂施暴行局势危急等给金树仁的呈文》，新疆维吾尔自治区档案馆藏，档案号：2－2－910－19；《关于对东北时局看法给王仲英的函》，新疆维吾尔自治区档案馆藏，档案号：2－2－677－41。

③《关于新疆边防事态与张学良的来往电》，新疆维吾尔自治区档案馆藏，档案号：2－2－1083；《关于同舟共济保国卫民给金树仁的函》，新疆维吾尔自治区档案馆藏，档案号：2－2－1083；《关于请金树仁解救甘人的信及金树仁的复函》，新疆维吾尔自治区档案馆藏，档案号：2－2－777；《关于甘新两省省军夹攻甘镇马麟等情形与兰州孟威兄的来往电》，新疆维吾尔自治区档案馆藏，档案号：2－2－1014－33；《关于甘肃局势、冯逆退败情形及马麟篡权各情况的代电及金树仁复电》，新疆维吾尔自治区档案馆藏，档案号：2－2－846－46。

④《关于中央对西北主政人员安排问题给金树仁的电》，新疆维吾尔自治区档案馆，档案号：2－2－1083－130。

⑤潘祖焕：《金树仁登台和哈密事变的前因后果》，载中国人民政治协商会议新疆维吾尔自治区委员会文史资料研究委员会编《新疆文史资料选辑》第五辑，乌鲁木齐：新疆人民出版社，第26页。

阿山(今新疆阿勒泰)金矿和于阗(今新疆于田)金矿,购置淘金机,并采用官办、官督民办等形式采金。在金树仁统治时期,新疆的两家重要企业——阜民纺织公司和裕新土产公司也有了一定的发展。但由于经济基础差、吏治败坏,且后期战乱频繁,加上金树仁对当时新疆的经济基础——农牧业未加注意,农业技术、先进农具的推广使用毫无成效,滥伐山林又使生态平衡遭到破坏,旱涝灾害频繁发生,连年的战争使大片土地荒芜、水利失修,因而农业生产急剧下降,农村呈现出一片饥馑惨象。对畜牧业,政府仅采取改良畜种的单一办法,无法促进畜牧业的发展,到了金树仁统治后期牲畜死亡累累。所以说,金树仁统治时期新疆经济发展的实际成效寥寥。

1930 年,金树仁曾拟就了一个在新疆境内修筑公路的庞大计划。1931 年 4 月 10 日,南京第十八次国民政府会议虽对此"明令嘉奖",但决议"缓办"。金树仁统治时期,新疆境内通车的有迪化至塔城、迪化至古城(今新疆奇台县)、迪化至吐鲁番、迪化至哈密几条主干道。金树仁还开创了新(疆)绥(远)公路线。新疆早期的路政管理也始于金树仁统治时期。至于新疆的航空事业,在金树仁时期有了较大的发展。1933 年 1 月,中德合办的欧亚航空公司沪新线开始航行,并设分公司于迪化,经营客运、货运和邮运,每周一次,从上海到兰州,从兰州到迪化,从迪化到塔城,再由塔城联运至柏林。但在金树仁统治时期,新疆的邮政电信事业并没有太大的发展。

金树仁迷信武力统治,"三句好话不如两马鞭子",正可反映他的这一思想。一方面金树仁在上台后将团长、旅长级的军官都换上了他的同乡,如杜国治任旅长、张培元为伊犁屯垦使兼师长、刘希曾为驻哈密师长、鄂英为驻喀什师长,其他如詹世奎、杨正中、李作祥、孟克昌等高级军官几乎都是河州人,他企图通过同乡将军队也控制在自己手中。另一方面金树仁乘1928年全国编遣军队之机，一面整顿军队，淘弱留强，一面招募新兵扩充军队编制。从1928年7月金树仁上台，到是年12月，5个月中即招新兵30000余人，把军队从杨增新时期的3个师扩充到6个师，到他垮台的1933年，军队人数达64000人共8个师，[①]此外还有未整编的军队19个营和23个巡防营。金树仁还拟订了一个“寓兵于农”的计划：“凡守边之兵，每三年即令退任屯垦，以资休养，而以新训练者调补一兵，换防一次，如此轮派，转见十年以后，全疆皆兵矣！”[②]由此可知，金树仁确有整军经武、凭借军队割据自雄的野心。在整编军队的过程中，金树仁削减和裁撤了杨增新重用的“新疆回队”，同时淘汰其他省籍的官兵、增加本地和甘肃人在军队中的比重。但这两地的人多不愿当兵，金树仁不得不采用增加兵饷的办法来解决这一问题，可增加兵饷的举措又加重了当地人民的负担，从而进一步激化了已经存在的严重的社会矛盾。与军队扩充相适应的是购置军火、增加新式武器。金树仁先后从英属印度、德国购买了新式步枪、手枪数千支及大量弹药。金树仁还从苏联购买了少数飞机、装甲车等先进的重型武器装备部队。为了培养军事人才，金树仁派遣亲信子弟到德国学习军事，以备作为负责军事的骨干力量。此外，他筹建了新疆陆军初级军事学校，但由于哈密变乱发生，军校只毕业了第一期学生。军队的扩编和军火的购置，必然要增加军费。在金树仁统治的年代里，军费几乎年年增加，特别是1932年，军费开支高达3974余万两，是全部岁入的5倍[③]，比杨增新时期的1927年增加约4.3倍。军费支出的猛增，给各族人民带来了沉重

①张大军：《新疆风暴七十年》，台北：兰溪图书出版公司，1980年，第3111页。

②张大军：《新疆风暴七十年》，第3018页。

③曾问吾：《中国经营西域史》，上海：商务印书馆，1936年，第629－632页。

的负担,致使“民穷财尽,人不聊生”①。然而,新疆的军队“平时绝无训练,战时毫无能力”,军容不整,军纪败坏,被人称为“乞丐军”,故时人谓“金氏对军队稍加整顿,力施新政、购枪炮、置飞机,表面上似有革新之象,但以人才缺乏,兵质太腐,新式武械多不能运用,故实力空虚如故也”。②

为了弥补庞大的日益增加的军政开支缺额,金树仁采取了整顿和增加税收、滥发钞票两种办法。在整顿、增加税收方面,金树仁首先整顿了契税,又增加了统税、牲畜税额,至于关税也进一步整顿,特派关税专员在伊犁、塔城、喀什、乌什等地负责征收,并派金课委员到阿山征收课金。然而,新疆是一个经济发展落后的地区,人口稀少,而且金树仁统治后期又连年混战,许多地区根本无法征税,加上多数地方官吏中饱私囊,虽然金树仁对增加税收不遗余力,甚至因此激起民众的不满和反抗,但仍无法弥补财政的巨大亏空,因此只能转而求助于大量印制纸币。从 1928 年“七七政变”到 1933 年金氏出走,其间仅仅五年时间,新疆省政府的财政亏空累计竟达 1.62 亿元③,金氏只得以滥发纸币来应付局势,甚至“支出额则以印刷额之多寡为断”④。据估计,金树仁印发的纸币约达 15000 万两,如果连印制的喀票和杨增新主新时期所印制的纸币在内,达 2 亿两以上(均以新疆省票计算),使新疆的财政金融进入了一个“恐怖时期”。纸币的滥发引起贬值,而纸币的贬值又导致物价暴涨,以至“千两之票不能购一斗

①1933 年 4 月 13 日,新疆各族联合会给南京政府的电文,此件藏于新疆社科院历史研究所图书资料室。

②曾问吾:《中国经营西域史》,第 618 页。

③新疆社会科学院历史研究所:《新疆简史》第三册,乌鲁木齐:新疆人民出版社,1980 年,第 105 页。

④李天炽:《新疆旅行记》,载《大公报》(天津),1934 年 7 月 2 日。

之粮”[①]。金树仁却无视新疆各族人民的生活，把钱都用于军事支出上，而内务、财政、交通、教育、司法、外交、建设、党务等各项费用的总和仅占整个财政总支出的26%，其余支出均为军费，即占财政总支出的74%。

金树仁执政之初，在“开办教育，疏通民智”的口号下，适当发展了新疆少数民族的汉语教育、女子教育，并先后派人到德国和蒙古留学，还送学生到祖国内地去求学，此时的新疆教育比起杨增新时代略有起色。据统计，1929年全疆有初等小学122所，学生5477人，到1931年增至153所，学生7162人。[②] 尽管如此，根据这个统计数据，新疆能够享受教育的学龄儿童仍仅占全疆学龄儿童人数的3%左右。所以说这时的教育，虽比杨增新时期略有发展，但教育落后的状况依然如故。到了金树仁后期，由于连年混战，教育受到严重摧残，学生骤然减少，较前几乎减少了2/3。新疆的少数民族除极少数在国语学校学习汉语外，大多在经文学校接受教育。当时经文学校（又称宗教学校）遍及南疆各地，穆斯林子弟大都在经文学校里学习宗教仪式和祈祷文、阿拉伯字母、文法、《古兰经》、宗教诗以及伊斯兰教规等。但有少数经文学校聘请土耳其籍教师，他们在学生中宣传“泛伊斯兰主义”和“泛突厥主义”思想，造成了极其恶劣的影响。少数民族儿童受教育的另一个途径就是乡村小学校，即世俗学校，以教授科学知识为主，但数量极少。金树仁统治时期的新疆，社会教育十分薄弱，同时期的新疆医药卫生事业也十分落后。

民族问题是新疆地区的老问题，并经常成为影响新疆社会政治稳定的重要症结。金树仁一贯仇视少数民族，在对待新疆错综复杂

①王曾善：《新疆之危机与其解决之途径》，载《时事新报》（上海），1933年12月1日。
②张大军：《新疆风暴七十年》，第2961－2965页。

的民族问题上，既看不到民族问题的本质，又拿不出妥善解决的办法，只是一味迷信武力，因此在他上台后实行民族压迫和民族剥削政策，采用镇压、限制、排斥的暴力手段来解决民族问题，以民族歧视制造和激化民族矛盾，这些都极大地伤害了各族人民的感情。当时统治集团内部的民族矛盾也异常尖锐，正如包尔汉所说："金树仁既然不信任他的亲朋故旧以外的任何人，对少数民族中的政府官吏当然就更加信不过了。"[①]金树仁不仅削减和裁撤了"新疆回队"，不重用回队将领，而且通过垄断羔羊皮贸易等侵害少数民族大商人的利益，还剥夺了一些少数民族上层人士的特权，削弱其势力。因此，许多少数民族上层人物与金树仁政权存在诸多抵牾之处。当时的国内外形势也对新疆民族问题的尖锐化产生了影响，如境外的帝国主义者通过挑拨新疆穆斯林和非穆斯林的关系，通过开办学校、出版各类宣传书籍和刊物向当地穆斯林灌输分裂思想，煽动新疆境内的民族分裂分子进行各种分裂新疆的活动，进而达到其分裂和宰割我国的目的，致使新疆的民族关系变得更加复杂，隐患重重。在金树仁统治后期，新疆各地的民族仇杀事件屡屡发生，尤其是在战乱以后，包尔汉回忆说："当年的新疆居民对战乱是异常敏感的，因为随着每次战乱而来的，总是一场民族间的仇杀。"[②]所以说，金树仁的民族政策激化了民族矛盾，加剧了新疆社会的动荡，并引发了其他的矛盾和冲突，因而其民族政策是失败的。

新疆自古以来就是一个宗教比较盛行、多宗教信仰并存、信教人数众多的地区，尤以维吾尔、哈萨克等信仰伊斯兰教的民族为多。金

①包尔汉：《新疆五十年》，北京：文史资料出版社，1984 年，第 121 页。

②白振声、〔日〕鲤渊信一：《新疆现代政治社会史略》，北京：中国社会科学出版社，1992 年，第 175 页。

树仁对伊斯兰教持戒备和抵触态度,认为伊斯兰教乃是维吾尔等族群众与外部联系、受外部操纵的工具。尽管根据三民主义原则,有礼遇和尊重各族宗教领袖的表面文章,但处处提防、严加戒备却成为金树仁执政时期宗教政策的根本方面。当然,不准兴建新的清真寺,禁止新教传播[①]以及严防外人充当阿訇[②],倍加提防外国传教士在新疆传播天主教、基督教[③]等项措施,对于防止因教争而"酿成祸端"进而危及社会安定、防止境外反动势力企图通过充任阿訇来控制新疆的宗教事务、防止"泛伊斯兰主义"和"泛突厥主义"思想在新疆的传播有着积极作用,是值得肯定的。但金树仁公然干涉宗教内部事务[④],如禁止新疆穆斯林赴麦加朝觐[⑤],甚至对教民的行动进行监视,这些措施又使广大穆斯林对金树仁政权产生恶感。

金树仁主政新疆后,与苏联的关系是新疆对外关系的重点。1928年,南京国民政府外交部决定将杨增新时设立的新疆驻苏五领事馆改由中央政府管辖。翌年初,金树仁致电南京,以"新疆特殊"为借口,坚持新疆驻苏五领事馆应照旧由新疆管辖,由新疆举荐领事人

①《大阿洪托合达等禀恳查禁新教以免贻害地方一案查禁传新教早已通令在案仰该局长详查呈覆再行核办给托克逊设治局吴局长之训令》,新疆维吾尔自治区档案馆藏,档案号:2－3－690－10。

②《该县缠民依明阿吉朝汗回国恳请谕放阿洪一案查阿洪一职系由人民选举并无行县派充之理所请应不准行给莎车县县长廖振鸿之训令》,新疆维吾尔自治区档案馆藏,档案号:2－3－697－105;《致乌什县张县长密令》,新疆维吾尔自治区档案馆,档案号:2－2－989。

③《新疆省政府训令》,新疆维吾尔自治区档案馆藏,档案号:1－2－438;《令塔城、伊犁、和阗、迪化、阿山各行政长密令》,新疆维吾尔自治区档案馆藏,档案号:2－2－1025。

④《准内政部咨请饬属将宗教团体所呈报各种会务情形按期汇送到部备查一案仰查照饬给各厅各行政长之训令》,新疆维吾尔自治区档案馆藏,档案号:2－3－690－62;《呈报遵令传谕县属各坊社首乡老劝令移坊各民仍归本坊一案应准备案给昌吉县谢县长之指令》,新疆维吾尔自治区档案馆藏,档案号:2－3－691－94。

⑤《关于南疆缠民出境朝罕拟请禁止一事给驻婼羌詹团长的指令及给阿克苏等县长的密令》,新疆维吾尔自治区档案馆藏,档案号:2－2－976－7。

选，由外交部任命，因此新疆驻苏五领事馆实际上仍由新疆地方政府控制。[1] 1929 年，中东路事件发生，中苏两国关系渐趋紧张，南京国民政府外交部曾电令新疆召驻苏五领事馆领事回国。而苏联方面则致电新疆省政府，希望与新疆"双方五领事馆照常驻留，各不召回"，以维苏联和新疆之"睦谊"。当时，新疆当局也很担心中苏关系的破裂会影响到新疆的安全，"所以决定置身局外"。金树仁令各领事馆"从缓下旗回新，以待中央复命"，又呈复南京国民政府说，新疆同苏联千里接壤，国防空虚，不堪卷入中东路事件内；而且旅居苏联中亚的华侨，人数众多，一旦失去领事的照顾，也是困难的。请中央俯念新疆的特殊情况，允许新苏保持局部和平，借抒中央西顾之忧。几经电商，南京国民政府外交部于 1929 年 8 月 30 日电复金树仁，驻苏"五领馆可不召回，暂维现状"，一场风波始告平息。因为新疆工业极端落后，与内地的交通又极为不便，所以在金树仁主新期间，与新疆进行贸易的国家主要是苏联。1930 年，与苏联的土西铁路接轨，大大促进了新苏经济往来的发展。1931 年 10 月 1 日，为使新苏间的通商以协定的形式固定下来，新苏双方签订了《新苏临时通商协定》。从条文本身来看，这个协定具有较强的不平等性。但是平心而论，这一协定是在特殊形势（哈密乱事紧张，金树仁派中国驻塔什干总领事牟维潼等会同陈继善与苏联代表商购飞机及枪弹等军用物资）下签订的，协定条文中，也基本考虑到了中方的税权和法权，因而在客观上进一步促进了新苏贸易的发展。笔者认为，金树仁正是看到了发展新苏关系的必然性和必要性，故采取了较为灵活的对苏政策：一方面，如上

①柴恒森：《抗战前中国驻苏联五领馆的概况》，中国人民政治协商会议新疆维吾尔自治区委员会文史资料研究委员会编《新疆文史资料选辑》第二十二辑，乌鲁木齐：新疆人民出版社，1987 年，第 83 页。

所述,鉴于新疆自身经济落后、与内地发展商业又存在诸多困难的情况,不得不保持新苏之间的贸易往来,同时始终没有放松对苏联经济扩张的警惕和防备;另一方面,严禁苏联的社会主义、"民族自决"等思潮传入新疆,以维护新疆的社会稳定。金树仁还积极寻找新的贸易对象,同德、英等国进行贸易往来,以打破新疆对外贸易由苏联垄断的局面。[①] 此时新疆与阿富汗和英属印度的政治经济联系则停滞不前,没有更多进展,在很大程度上,交通不便成为严重的制约因素。新疆的另一近邻——蒙古,曾多方设法插手新疆事务,因此金树仁一直对其存有戒心,谨慎来往。在金树仁主新时期,中外学术团体及个人来新疆考察的有五起之多,其中有些团体及个人,"不仅考掘古迹,更私测地方之要隘,探勘宝藏之分布,窃窥风土政教之实情,归以告其国人"[②],动机和行为十分可疑。金树仁对此相当谨慎,总是设法限制他们的活动范围。[③]

由上可知,金树仁在主政初期确有一番抱负,想在新疆有所作为,所以,他上台后不久,就对新疆的政治、军队、工商业、财政金融和教育进行了一系列的改革与整顿。但金树仁一方面没有妥善解决新疆民族宗教问题的办法,另一方面忽视了发展新疆的经济基础——农牧业,并且处处从自己狭隘的集团利益出发,结果其政治、经济、军事及民族宗教等方面的改革措施都招致了社会各阶层的不满,使新疆的各种矛盾日趋尖锐。金树仁自身还有许多克服不了的缺点,如他没有深谋远虑、娴于权术,当时新疆极其缺乏各类人才,可金树仁不仅实行严格的闭关政策,严禁内地人入新,还排挤疆内一些有才干

①关于此一问题,笔者将撰专文进行阐述,此处不赘。

②吴绍璘:《新疆概观》,南京:仁声书局,1933 年,第 313 页。

③买玉华:《外国人眼中金树仁统治时期的新疆》,载《新疆社会科学》2008 年第 6 期。

的官吏,任人唯亲,但他既不能左右同乡,也不能驾驭亲信,以致治下吏治腐败,不仅统治集团内部矛盾重重、互相倾轧,而且官场中贪污受贿、舞弊勒索成风;他迷信武力,大肆扩编军队和购置军火,给新疆各族人民带来了沉重的负担;他烟瘾过重,故精力不济;他生性贪婪,处处与民争利;他头脑中的封建思想根深蒂固等。金树仁的个人缺点加上当时的南京国民政府无力经营新疆,邻边的列强对新疆步步紧逼,原来隐伏在杨增新统治时期的各种矛盾迅速显露并逐步激化。在各种主客观原因的共同作用下,20 世纪 30 年代在新疆爆发了长达 3 年零 4 个月、死人不下数十万、造成社会经济大倒退的动乱,其起点就在哈密。

措施不当　激起民变

新疆虽在清光绪十年(1884)建省,但在哈密地区仍保留王制。由于杂役颇重,早在 1907 年和 1912 年就先后爆发过维民反对哈密王统治的斗争,但农民"屡请改土归流,迄无实现"①。1930 年 3 月,沙木胡索特亲王病逝,其子聂孜尔袭爵。但聂孜尔不孚众望,"改土归流"的声浪由此再起。同时熟悉哈密情形的省政府秘书处雇员邓孔昭及驻哈密师长刘希曾也上书省政府主张取消王制、改土归流,此种意见正中金树仁下怀。1930 年,新疆省府第 59 次会议决定,将哈密地区划为哈密、宜禾、伊吾三县。1931 年元旦,三县正式成立,回王统治结束。在当时的历史条件下,"改土归流"完全符合历史潮流,也是一件顺应民心的好事,但问题在于改土归流之后,农民的负担并没有减轻,只不过是用沉重的赋税制度代替了残酷的差徭制度而已。而且政府将维吾尔族农民耕种的熟地作为荒地拨给甘肃难民耕种,并

①曾问吾:《中国经营西域史》,第 542 页。

在田赋上做了不公平的规定,激起了哈密维吾尔族农民的极大愤慨。驻扎在哈密的军队又任意欺压百姓、强买抢夺、军纪败坏,无异为原有的民族矛盾火上浇油。正在这时发生了因卡官张国琥强娶维吾尔族民女而被杀的“小堡事件”,成了哈密农民暴动的导火线,不满金树仁政权的广大农民趁机纷纷响应。他们利用驻军分散、纪律松弛等弱点围攻驻军,夺取枪械,很快形成了一支以和加尼牙孜为首的反金武装力量。金树仁一改杨增新“安抚”的故技,“专主用兵”,企图以“剿办”的方针消灭反金的武装力量。金树仁先派驻哈密师长刘希曾进行剿办,四战皆败,战火随即烧到哈密城。在这种情况下,金树仁不得不委任原哈密王府回兵营营长尧乐博斯为哈密警备旅长,协助刘希曾“安抚维民,敉平事变”。由于金树仁的谈判条件苛刻,被民军断然拒绝。而在谈判的过程中,金树仁又调令阿克苏行政长朱瑞墀(金树仁的儿女亲家)和旅长熊发有带兵前往镇压。至此省府失去了和平解决事变的机会。

就在省军与和加尼牙孜部在哈密对峙的时候,尧乐博斯辞职并正式反对金树仁政权。接着尧乐博斯以哈密维民代表的身份去南京请愿,途中路过肃州(今甘肃酒泉)与驻扎于此的马仲英相谈甚为投机。马仲英决定兴兵入新,企图在新疆夺取一席之地,并劝尧乐博斯同他一起入新,共同推翻金树仁政权。1931 年 5 月,马仲英率军直达新疆哈密,不久攻下了回城、新城,哈密老城变成一座孤城。金树仁鉴于局势危急,委任鲁效祖为东路剿匪总司令,盛世才为参谋长,杜国治为旅长,挥戈东征。由于统治集团内部不和,不能统一部署,结果前军失利,杜国治阵亡,鲁效祖退回奇台。金树仁目睹情势恶化,派田国祯前往哈密与马仲英谈判。同时金树仁又利用和谈之机,委任伊犁屯垦使张培元为东路剿匪总司令,率 6500 人星夜驰援哈密。

在乏马塘一役中，张培元部取得了增援的第一场胜利。此时，马仲英因在瞭墩一役中身负重伤，无法亲临前线指挥，又因冬季来临，棉衣等御寒品不足，于是马仲英率大部退回肃州，哈密城围始解。在张培元部进驻哈密之前，和加尼牙孜、尧乐博斯早已率部退到山中以保存实力。张培元主张用政治解决的办法平息乱事，但金树仁轻信谗言免去了张培元的职务，改由塔城行政长黎海如为师长兼东路警备司令坐镇哈密，哈密事变至此告一段落。

然而平静未能持续。黎海如接替张培元后，和加尼牙孜派人四出夺取粮秣械弹。黎海如指挥军队进山剿办，战乱复起。因黎海如不谙军事，省军连遭挫折，金树仁不得不"改剿为抚"，先后与尧、和谈判，但终未能实现。1932 年 4 月，金树仁任命陈品修为南疆剿匪总指挥，盛世才为东路剿匪总指挥，星夜进剿。由于实力悬殊，和加尼牙孜、尧乐博斯由哈密退至鄯善。和、尧利用当地群众对金树仁政权的不满，积极扩充队伍，将战火扩大至吐（吐鲁番）、鄯（鄯善）、托（托克逊）一带。正当这时，马仲英派团长马世明入新，与和、尧组成了联合作战指挥部，此后战争迅速波及焉耆、库车、阿克苏、喀什、和阗以至北疆的乾德（今新疆米泉）、昌吉等 40 余县，变乱已成燎原之势。马仲英在 1932 年末又派部下马全禄挺进迪化附近，直接威胁金树仁在省城的统治。就在金树仁政权摇摇欲坠时，马仲英于 1933 年 1 月亲率 3000 人二次入新。3 月下旬，马仲英部围攻迪化，迪化受到巨大的威胁。正在这个时候，迪化发生了"四一二政变"，金树仁仓皇出逃。

再历政变　狼狈下台

"四一二政变"是一次经过周密筹划的政变，发动这次政变的是不满新疆现实的青壮年知识分子陶明樾、陈中、李笑天等人，归化军充当了这次政变的急先锋。1933年4月12日下午2时,归化军团长巴品古特进攻督办公署,身在三堂的金树仁听到枪声,知道有变,指挥卫队抵抗,自己化装后仓皇携带眷属越墙逃到第一公安分局。下午5时左右,归化军以大炮轰击省政府,卫队敌不过归化军的进攻败走,归化军夺得印信、枪械等。当天晚间,政变者在归化军指挥部召开了紧急会议,成立临时委员会,公推刘文龙为临时政府主席,东北抗日军旅长郑润成为军事委员会临时委员长。金树仁则组织杨正中进行反攻。从13日凌晨2时半起,双方激战,归化军渐呈不支。在此关键时刻,取道新疆的东北抗日军郑润成部在陶明樾、格米林肯的要求下领取枪械弹药,协助归化军投入战斗,迫使杨正中部退到城外。13日午后,残留在城内的金部亦缴械投降。此时驻守在城外的盛世才也投向政变者一方。金树仁见大势已去,由杨正中收容城外的部队保护自己西去昌吉。金树仁本拟前往伊犁,张培元发电婉拒,只送给他200万金卢布了事。金树仁又投奔塔城行政长鲁效祖,鲁效祖婉劝金树仁放弃反攻迪化的幻想,劝其隐退。金树仁无计可施,于4月24日在塔城发出下野通电,然后假道苏联,转往内地。至此,统治新疆五年的金树仁政权倒台。

身陷囹圄　有惊无险

金树仁携眷取道西伯利亚归返天津。1933年5月2日,南京国民政府行政院准金树仁辞职。10月间,金树仁至南昌面见蒋介石,并声明即赴南京到各院述职报告一切。

此时在南京的新疆维吾尔族人士艾沙及穆天民、穆维新等联名控告金树仁。南京国民政府行政院呈交监察院查办,而金树仁对此却一无所知。10月29日金树仁由南昌抵南京,30日行政院会议议决将金树仁交首都警察厅逮捕,次日押解江宁地方法院。在江宁地方法院对金树仁案初审后,呈请司法行政部转电新疆省政府及新疆高等法院进行调查。盛世才复电云:“至于被控各节,或为时势需要,或为行政处分,均属正当行为,依律不能为罪。”[①]此时金树仁的同乡友好如喇世俊、邓宝珊、裴建准、水梓、马鸿宾、马步青、马步芳等屡向中央政府营救辩护,甘宁青新各地与金树仁相好官绅及金之故乡临夏地区各县民众,亦均为金树仁案书面表示援解。青海省政府主席马麟并当面向蒋介石请求释放。因此在金树仁在押期间,甘宁青新金树仁之同乡友好竟形成了一个营救金树仁的运动。

但江宁地方法院一方面因为是行政院交付的案件,要顾及汪精卫的面子,不能断为无罪,另一方面又迫于各方舆论,不敢贸然判刑。一直拖延至1934年3月16日江宁地方法院始开审金树仁案。控告金树仁案包括四项内容,但经1935年4月5日江苏高等法院判决:杀人放火、侵占抢盗、内乱等罪名均不成立,然而金树仁受政府之委托,处理对于外国政府之事务,违背其原任职责,致生损害于民国,处有期徒刑3年6个月。金树仁不服上诉,经最高法院判决驳回。后来金树仁使用金银珠宝打通关节,[②]命运始有转机。南京国民政府司法院调回两审案卷,认为:金树仁对外擅订协定,固属触犯刑章,唯新疆僻处边陲,情形特殊,该犯身膺疆寄,为地方安全起见,迫而出此,当非得已,因获罪情有可怜,原其心迹亦从宽宥。再加上西北各省官绅人士联名不断电呈吁恳特赦,司法院拟请南京国民政府将金树仁原判之刑准予免其执行,以示衿恤。经南京国民政府决议,于1936年10

①陈洋:《金树仁主新内幕回忆片段》,载《新疆文史资料选辑》第5辑,第15页。

②濮清泉:《金树仁案内幕》,载余骏升:《新疆文史资料精选》第二辑,乌鲁木齐:新疆人民出版社,1979年,第49页。

月 10 日双十节之际,下达特赦令,将金树仁释放。

关于被控的原因,据金树仁自己猜测是由于他只拜见了蒋介石,而没有拜访汪精卫,因而得罪了汪精卫。[①] 但据陈洋推测,金树仁被控主要有两个原因:一是得罪了汪精卫。1930 年,汪精卫在北京召开扩大会议期间,曾电示金树仁拥护其个人;但金树仁"只拜庙宇不问何神",没有拥护汪精卫,汪精卫对此极为不快。二是得罪了褚民谊。1931 年 8 月间,褚民谊随中法学术考察团到新疆视察,但没有从金树仁那里得到好处,因此褚民谊曾言:"此来无所得,只给阎厅长(指阎毓善,'七七政变'时阎毓善身中两弹,引者注)取出两弹耳!"可见褚民谊之不满。[②]

凄凉晚年

金树仁获释后,携眷蛰居南京。南京沦陷前夕,全家迁至甘肃兰州。金树仁在兰州五泉山下吴家庄购买了一片园地、一院房子定居下来,"息影兰垣,杜门读书"[③]。金树仁晚年工魏碑,"笔亦浑茂"。由于仕途不顺,又遭受几年的牢狱之苦,金树仁对此耿耿于怀,抱恨终天。加之后来生活困难多多,他又不愿开口向人求援,因而积累成疾,突患咳血,医治无效,于 1941 年 9 月 12 日上午 3 时,在吴家庄寓邸病故,时年 62 岁,安葬在老家永靖县金家嘴山顶。

---

①濮清泉:《金树仁案内幕》,载《新疆文史资料精选》第二辑,第 44 页。

②陈洋:《金树仁主新内幕回忆片段》,载《新疆文史资料选辑》第五辑,第 14 页。

③金作屏:《忆我父亲金树仁主新前后》,第 66 – 67 页。

民国内蒙古的社会政治生态与国人之认识

段金生

"近代中国的历史使命就是重建一个中央集权的主权独立与政治稳定的现代民族国家。"①近代蒙古问题的严重,是近代中国民族国家构建过程中面临的巨大挑战。民国时期内蒙古的社会政治生态与社会舆论,一定程度上体现了近代中国民族国家构建历程的复杂与重要。本文对此问题进行了初步探讨。不足之处,敬请读者指正。

一、内蒙古的社会政治生态

近代"国人对于蒙古地理之观念,素极模糊"②。其实,"蒙古系由种族之名称转而为地理之名称",其范围甚广,"东至黑龙江、辽宁及吉林之一部,皆有蒙古之盟旗","西至新疆省之伊犁、焉耆、塔城等地","西南至青海宁夏境内,亦为蒙族与他族杂居之地"。③ 近代以来蒙古之概念大致包含四部分,即漠南内蒙古(卓索图盟、昭乌达盟、哲里木盟、锡林郭勒盟、乌兰察布盟、伊克昭盟等六盟)、漠北外蒙古

①胡涤非:《民族主义与近代中国政治变迁》,北京:知识产权出版社,2008 年,第 25 页。

②谭惕吾:《内蒙古之今昔》,载《内政研究会边政丛书》,上海:商务印书馆,1934 年,第 34 页。

③谭惕吾:《内蒙古之今昔》,载《内政研究会边政丛书》,第 26 页。

（总称之喀尔喀）、漠西厄鲁特蒙古（分布在新疆焉耆、伊犁、塔城、阿山等地的准噶尔、和硕特、杜尔伯特、土尔扈特四部）、青海蒙古（分左右两盟）。[①] 上述四部，漠西厄鲁特蒙古及青海蒙古从行政区划上已分别属于新疆及青海，漠北外蒙古地区自民元以来与中央政府关系就错综复杂。曾任蒙藏委员会委员长的马福祥曾指出："民国十六年六月六日以后，外蒙古已成独立状态。我国内争不息，未能实力经营"，虽"苏联政府承认外蒙为完全中华民国之一部分……事实上自中俄协定缔结以来，外蒙之俄化益重，所有外蒙军政、民政、财政无一不受其支配，几成为苏联维埃社会主义联邦之一"[②]。民国政府虽然有维护国家领土统一之意，但中央政府对外蒙的控制有心无力，加以外力干预，"外蒙对于吾国货物入境，悉课以六分捐税，对苏俄货物入境，则完全豁免。以故吾商业日就凋敝，无从立足矣"[③]。本文所述重点，主要指内蒙古。

有清一代，盟旗制度是清朝统治蒙古的一项重要政治及行政措施，满蒙贵族在蒙古实行地区禁垦，蒙古地区的经济也长期处于游牧经济形态。清朝的蒙古行政机关大致可分为自治机关及官治机关两种。官治机关，指由中央派遣驻在各地之将军、都统、大臣等；自治机关，指盟旗制度下驻在各地的蒙古扎萨克。另外，清朝在热河、察哈尔、绥远均派有都统或将军驻扎。其中，热河都统"驻热河，治游牧蒙古，但关于城内汉人之治理，与直隶总督合议"；察哈尔都统"驻直隶宣化府，管辖内蒙古察哈尔，关于汉人之治理与热河无异"；绥远城将军"驻绥远城，管辖内属土默特，关于汉人治务，与热河察哈尔无

①马福祥：《蒙藏状况》，蒙藏委员会，1931 年，第 2 - 3 页。

②马福祥：《蒙藏状况》，第 21 - 22 页。

③马福祥：《蒙藏状况》，第 21 页。

异”[①]。清朝的这种行政设置具有对蒙古分割治理的意图。[②]

民国时期，北洋政府先于1914年在内蒙古地区设立了热河、察哈尔、绥远三个特别行政区，各设都统管辖。在此之前，内蒙古地区的哲里木盟和呼伦贝尔、西布特哈地区以及阿拉善、额济纳旗已分别划归奉天、黑龙江、吉林、甘肃省监管或节制。[③] 其后的南京国民政府在1928年9月17日发布通电：改热河、察哈尔、绥远为省，旧直隶省之口北道十县，划归察哈尔；察哈尔原划属绥远的丰镇、凉城、兴和、陶林四县及后置之集宁县，仍划还绥远。[④] 是年10月，南京国民政府又将阿拉善旗和额济纳旗划入新设立的宁夏省，内蒙古地区已全部分属于黑、吉、辽、热、察、绥、宁七省。[⑤] 故民国有论者认为：“内蒙古位于大漠之南，北连大漠，东入辽宁，南界陕西、山西、河北三省，西接宁夏。就政治地理言，除东部划出一部归入辽宁外，余分为热河、察哈尔、绥远三省，内蒙古之名词，实已不当存在。但因蒙人生息于此，故习惯上仍以种族之名词为地理之名词，而称之曰内蒙古”[⑥]。此言侧重从省制结构的角度来考察内蒙古地区的行政区划范围，其实此时的内蒙古在政治结构上除有省县制度外，盟旗制度仍然继续存在。

民国时期的内蒙古虽已设省（特别行政区），但各盟旗强烈反对废除盟旗制度，实际内蒙古在民国政府时期一直处于省县（特别行政区）与盟旗两种政治组织同时并存的政治结构关系中。盟旗制度与

---

①方保汉：《近代边疆政制述略》，载《新亚细亚》，1934年第8卷第3期，第22－23页。

②周清澍：《内蒙古历史地理》，呼和浩特：内蒙古大学出版社，1993年，第200页。

③周清澍：《内蒙古历史地理》，第200页。

④蒙藏委员会：《总理对蒙藏之遗训及中央对于蒙藏之法令》，1934年，第275－276页。

⑤周清澍：《内蒙古历史地理》，内蒙古高等教育自学考试指导委员会办公室编印，1991年，第201页。

⑥谭惕吾：《内蒙古之今昔》，载《内政研究会边政丛书》，上海：商务印书馆，1934年，第32页。

省县制度的关系十分复杂,具体言之,"就土地言,盟与省,县与旗之间,极为综错。就人民言,则汉蒙杂处。就治权言,虽蒙人有蒙人之组织,汉人有汉人之机关,但在未设县治之地方,汉人亦受盟旗之管辖,在已设县治之地方,蒙人亦受省县之管辖。"缘此,民国论者发出内蒙古"情形之复杂,几不可想"的感叹。[①] 这种同一区域两种不同政治制度同时运转状况的存在导致内蒙古的社会政治形势紧张。例如,绥远设省后,虽然"在政制上汉蒙本已不分界域,然实际仍采与盟旗分治主义,垦地垦民归省管辖,草地蒙民归盟旗管辖"[②]。这必然引起盟旗与省县、汉民与蒙民的冲突与矛盾。民国已有论者明确指出此点,"设省置县,原为事实上之必要",但设立省县后,"内蒙遂有盟旗与省县二重组织,于此二重组织之间,权限应如何划清,实为一极重要之问题,然政府于此未有积极厘定之良好办法,致盟旗与省县间时生纠纷"。[③] 这种复杂的形态于此可窥一斑。

清朝在蒙古地区实行禁垦,但内地汉人到蒙古垦荒的行为持续不断。而直到 1902 年,晚清政府才开始正式允许蒙古王公放荒招垦,并由清廷在内蒙古各地次第增设府厅州县垦务局、垦荒局、垦牧公司、农务公司。[④] 于是由内地前往蒙古的汉民越来越多。以绥远省为例,其行政范围所在为内蒙古的乌兰察布盟、伊克昭盟及土默特部之地,住民原来以蒙古民族为主。但其后,自东北移入有满族,自南移入有汉族,自西移入有回族,更有因喇嘛教的关系而移来的藏族。其中,藏族仅为极少数的喇嘛。回族来自新甘,满族来自辽吉黑,汉族来自冀晋陕甘。这些在绥远省境的各移入民族所占比例到民国时期

①谭惕吾:《内蒙古之今昔》,第 109 页。

②叶秋:《国防前线的绥远》,上海:生活书店,1937 年,第 10 页。

③谭惕吾:《内蒙古之今昔》,第 125 页。

④纪霭士:《察哈尔与绥远》,上海:上海文化建设月刊社,1937 年,第 15 页。

已超过了蒙古族。当然,不同学者有不同的统计数据,如有人认为汉族为60%,回族为15%,满族为10%,蒙古族为15%;另有人认为汉族为60%,回族、满族占10%,蒙古族为30%;亦有人认为察绥两省内汉族占93%,蒙古族仅占7%;还有人认为绥远蒙古族所占比例为9%强。以上数据虽有悬殊,但反映了内蒙古地区民族比例结构的重要变化。[①]

随着内地汉民的大量涌入及垦务经济的发展,原来蒙古单一的游牧经济形态开始发生重要转变。到了19世纪与20世纪之交,"蒙古被纳入新势力的范围以内。西伯利亚铁路绕过它的北部,东北的铁道网改变了东内蒙古的情况,平绥铁道一直到达内蒙古的南缘。铁道整个地使原有的精浅与精深两种经济的天然平衡变形。……从东方和南方,由铁道关进内蒙古的汉族移民比商人要多,因为铁道运输改变了谷类输出的方向,使中国商场比草原市场更为有利。"[②]这一交通条件变化及经济形态的转换加快了内蒙古地区政治行政体制的变迁,"工业以适宜的形式加入到游牧经济里去,这样促使了游牧,却摧毁了游牧部落组织。"[③]其实,虽然内蒙古地区省县制度的设置在民国时期始得以完成,但1906年清朝政务处大臣左绍佐、岑春煊等就奏请"将热河、察哈尔、乌里雅苏台……悉照内地改设行省,将驻沿边各地之将军大臣,改称巡抚"[④]。这一奏请最终未付诸实行,但内蒙古地方行政制度重新组合的趋势已经萌生。民国时期在内蒙古设立特别行政区或省县制,虽然是民国政治体制结构变革的结果,也系晚清时

①叶秋:《国防前线的绥远》,上海:生活书店,1937年,第24页。

②〔美〕拉铁摩尔:《中国的亚洲内陆边疆》,唐晓峰译,南京:江苏人民出版社,2008年,第69页。

③〔美〕拉铁摩尔:《中国的亚洲内陆边疆》,唐晓峰译,第70页。

④纪霭士:《察哈尔与绥远》,上海:上海文化建设月刊社,1937年,第15-16页。

期内蒙古地方行政制度重新组合趋势的继续。

蒙古地区主要是蒙古族民众聚居之地，并形成了较为单一的宗教与风俗习惯。“一民族之宗教与风俗，与其民族之关系，至为巨大。盖前者为一民族思想之模型，后者则为生活之表现。观此二者，不但可知一民族之文化程度如何，亦可略观其前途盛衰。”[①]蒙古民族的宗教与风俗对蒙古民族的发展影响至大。蒙古地区蒙民所信仰的宗教，“至为单一，即喇嘛教是也”。且蒙民信教甚笃，“以当喇嘛为莫大荣幸”，凡有优秀子弟，其父兄必培养其为喇嘛。一家中如有兄弟二人，至少以一人为喇嘛，因而“喇嘛之数目几占蒙人男子之半数”。在宗教因素的影响下，蒙民不信医药，凡有疾病，必请喇嘛祈祷；礼拜时，无论王公平民、男女老幼，皆争相前往。因而产生了两种后果：因喇嘛教禁止娶妻，故凡当喇嘛者，皆无后代，遂造成人口日益退减；凡当喇嘛者，不事生产，故蒙民生计日渐窘迫。[②]

蒙古地区的社会政治还存在着一个重要内容，即国际因素。民国论者已明确认识到此点：“蒙藏问题情形复杂，非仅为对内之问题，且有对外之关系”[③]。并且蒙古问题的国际因素形成时间较久，清朝中叶后我国国势渐衰，俄国就“乘机东侵，日进无已”，首以外蒙古及满洲为侵略之目标，继渐及于内蒙古。日俄战争后，日本从俄国获得南满的各种权利，并进而向内蒙古侵略。一战后，“列强无暇东顾，俄国旋亦发生革命，无力东侵。日本对于我满蒙之侵略，遂乘机急进，迄于今兹，未尝稍已”。南京国民政府时期，日本帝国主义器张地认为：“日本与满蒙，有密切之关系，居特殊之地位，保重要之权益。满

①谭惕吾：《内蒙古之今昔》，第 111 页。

②谭惕吾：《内蒙古之今昔》，第 112 - 113 页。

③陆为震：《近年来蒙藏改革之设施与计划》，载《新亚细亚》1931 年第 2 卷第 3 期，第 23 页。

蒙政策之张弛，影响外交之消长，故日本在满蒙能否保持其‘特殊权益’与‘特殊地位’是日本国家独立与生存之重大问题也”，而“日本在满洲之地位，或称之曰‘特殊地位’或称之曰‘特殊权益’或称之曰‘势力范围’皆无不可，总之，日本对于满洲，在国防上，政治上，经济上，皆关乎国家之‘死生利害’”，“虽然满洲非日本之领土，乃中华民国之领土也”。[①] 日本这种强盗逻辑与侵略本性的赤裸表达，实则是折射了蒙古问题的国际因素，这也是近代中国边疆危机共有的特点。

“九一八”事变后，日本占领我国东北地区，还相继将内蒙古东部的哲里木盟、昭乌达盟、卓索图盟及呼伦贝尔、西布特哈地区占领，并扶植伪满洲国建立，将热河划入伪满洲国之版图。“自是以后，日本即以我内蒙为其第二步侵略之对象。二十一年七月间以石本失踪为藉口，向热河做第一次之攻击，以后时攻时止，迄无宁日。至二十二年二月二十五日，遂兵分三路，正式攻我热河；及三月，热河之全部皆陷。日军乘势，更进占我察哈尔之多伦焉。”[②]日本基本占领了内蒙古的东部地区。1937 年“七七事变”后，日军又很快占领了察哈尔省及绥远省大部，并成立了“蒙疆联合自治政府”，内蒙古西部地区大部被日本侵占。而在 1937 年 10 月日军攻占归绥、包头之际，国民党绥远省政府迁至晋西北，1939 年又转移到绥远西部的河套地区，省政府驻陕坝镇，下辖伊盟及河套地区各旗县。阿拉善旗和额济纳旗一直处在宁夏省政府的管辖下。[③]

总之，民国时期内蒙古的社会政治生态，既受近代中国社会政治变革影响，也受近代西方帝国主义列强对华侵略的直接影响。在内

①日本朝日新闻社：《满蒙问题》，黄伦芳译，北京：大北印书局，1932 年，第 2、13 页。
②谭惕吾：《内蒙古之今昔》，第 67 页。
③周清澍：《内蒙古历史地理》，呼和浩特：内蒙古大学出版社，1993 年，第 203 页。

外因素共同作用下，民国时期内蒙古的社会政治生态显现了复杂的面相，在传统与近代、统一与分裂、中央权威与地方主义的博弈中不断发生变化。

二、国人及政府对内蒙古的认识

由于蒙古地区民族问题的特殊性及俄日列强对中国东北的觊觎，蒙古问题自民初以来就一直是中国边疆最紧迫的问题之一，国人对其十分关注。清末民初的民主革命运动时期，革命党人就将蒙古问题与西藏问题并列，视为边疆地区最主要的问题。北洋时代，虽然北京中央政府内政纷扰，但对蒙古问题极为重视，1912 年公布了《蒙古待遇条例》，以示对蒙古上层王公的笼络。同年 5 月，设立蒙藏事务处；7 月，将蒙藏事务处改为隶属内阁总理的蒙藏事务局。但蒙古问题并没有得到改善，且随着列强渗透的加剧，日趋严重与复杂。

南京国民政府成立伊始，国民党元老戴季陶在 1928 年就明确指出："俄国用政治的力量，侵略外蒙……使蒙古脱离中国而独立"，"现在中国的边防上最重大而最吃紧的问题，蒙古问题要算是其中的一个了"。[①] 1931 年，有国人明确指出，"近代国家莫不重视国内领土之完整"，"我国边省领土，被列强所蹂躏者……蒙古问题与西藏问题尤为彰明较著者也"。[②] 无论政府及国人，均表现了对蒙古问题的强烈关注。

当时的国人多将内蒙古视为西北边疆，故在 20 世纪 30 年代呼吁开发西北的浪潮声中，亦多将蒙古包含在内。"九一八"事变后，国人

---

①戴季陶：《国际形势下之中国的边疆开发》，载《新亚细亚》1931 年第 2 卷第 3 期，第 1－2 页。

②陆为震：《近年来蒙藏改革之设施与计划》，载《新亚细亚》1931 年第 2 卷第 3 期，第 11－12页。

对边疆危机的认识高涨。而蒙古由于紧邻东北,既面临俄国的压力,而日本也步步侵逼,国人对其关注更多:“日本对蒙古的野心转炽,东邻‘傀儡国’的成立,使内蒙的一部分被吞并了,日本进而欲席卷全内蒙,不断向外蒙挑唆,以实现他的进攻苏联,独霸亚洲大陆企图”①,明确指出蒙古已经成为日本帝国主义威迫的主要对象。当时国人已经充分认识到蒙古的重要性,有论者曾明言蒙古“在经济上和军事上的地位,以及汉族在蒙古利益的重要,我们可以毫无疑问地看出来”②。虽然此论具有大汉族主义的倾向,但表明国人已充分认识到蒙古地位的重要性。

关于内蒙古的重要地缘战略地位,民国时期的国人认识得十分清楚。有论者明确指出,从地理形势上看,蒙古是中国西北的屏藩,系中国的国防重地。假如蒙古发生事变,将会立刻影响到中国整个西北地区,历史对此已有明证。故蒙古地区与整个中国的关系十分密切:“蒙古亡,中国必趋于灭亡;蒙古存,中国西北部可以相安无事”,蒙古地区是中国国防的绝好屏障。③ 蒙古与中原唇齿相依,“内蒙为我国西北国防之第一线”④等类似呼声,在民国时期基本成为国人共识。南京国民政府内政部部长黄绍竑也曾言:“内蒙为吾国国防重地,自元明迄今,于军事上、政治上关系均极密切。”⑤这些表明政府与民众都认识到了内蒙古的重要战略地位。

民国时期,国人除了认识到内蒙古地区的重要地缘战略地位外,还明确地认识到丰富的地区资源,是帝国主义窥视内蒙古的主要原因之

①思慕:《中国边疆问题讲话》,上海:生活书店,1937 年,第 47 页。

②方秋苇:《中国边疆问题十讲》,上海:引擎出版社,1937 年,第 23 页。

③方秋苇:《中国边疆问题十讲》,第 25 页。

④谭惕吾:《内蒙古之今昔》,第 189 页。

⑤谭惕吾:《内蒙古之今昔》,黄序,第 1 页。

一。关于这一问题,民国有论者曾做过细致的分析:“将内蒙的经济状况略述一下,让我们好明白帝国主义者觊覦内蒙的经济原因,如果内蒙丧失,对于中国的经济建设有什么影响。”该论者指出,畜牧业是内蒙古最重要的资源,虽然内蒙古家畜的总数很难判断,畜牧的方法也很原始,有些地方连干草都不知道,家畜的减耗(死亡)率很高,并且品质不高,但若将其加以改良,内蒙古畜牧业的发展潜力极大。例如,察哈尔是当时全国产马的第一区域;中国每年输出国外价值数千万以上的毛皮、皮革、兽毛等畜产品,大都产自内蒙古地区。而且,内蒙古也有一部分地方适宜农业经济的发展(如察哈尔省的南半部、归绥平原、后套平原等),可以种植麦类、高粱、玉蜀黍(玉米)、马铃薯等,若再施以人工灌溉,农业发展的可能性堪与美国西部的山间地方、加拿大南部的草原相比。内蒙古地区的矿物亦十分丰富。煤炭资源相当丰富,“各盟旗所产的,全属无烟煤,质纯而性耐久,且火力甚大,毫无烟气,燃之适合卫生,诚为世界少有的特产,蕴藏额在热河为 930000000 吨,绥远为 460000000 吨”[①];察哈尔与绥远省的铁矿在中国铁矿资源中占据着非常重要的位置,察哈尔省的龙烟铁矿量多质优,日本帝国主义十分垂涎;热河的银矿,甲于全国;金产也颇多,“热河有凌源、阿鲁科尔沁旗、乌量城等处的砂金,及朝阳、阜新、赤峰、围场等处的山金。在绥远和察哈尔,亦复有多量的金矿分布各处”[②];此外池盐、曹达、石棉都为察哈尔与绥远的特产,可供工业生产利用[③]。有论者还明确指出,日本帝国主义之所以觊覦内蒙古,很大程度就源于内蒙古丰富的资源:“内蒙既有丰富的资源,而产业又极幼稚,在日本看来,正好作为供给原料(如

①方保汉:《边疆屯垦论》,载《新亚细亚》1936 年第 11 卷第 2 期,第 20 页。

②方保汉:《边疆屯垦论》,第 20 页。

③思慕:《中国边疆问题讲话》,上海:生活书店,1937 年,第 61 - 62 页。

煤、铁、羊毛、皮革等)、销售商品、殖民投资的场所。”[1]蒙古这种落后的生产状况强烈刺激了列强侵略中国边疆的野心:“当此物竞天择科学昌明时代,蒙古、新疆、青海、西藏四省区仍保持其百年前之生活状态,无怪苏俄野心勃勃,日迫蒙新两省区。英国为保全印度计,亦时常干涉西藏,并将及青海。”[2]

国民党对蒙古问题一直关注,孙中山曾就蒙古问题发表过多次讲话,国民党的历次大会亦多有涉及蒙古的决议。国人鼓吹西北开发的呼声中,均包含蒙古在内。“‘九一八’事变后,东北在我国历史上已不再能延长它的寿命”,“于是开发西北(蒙古在当时的西北概念范围内)的声流又喊遍全国。自然政府方面,也努力经营”。[3] “从民国二十三年……绥远便成了我们国防的第一线,虽则我们很不愿意说,绥远是我们国防第一线;我们国防的第一线是远在林木葱郁的鸭绿江畔啊!”[4]可见,当时国人与政府均对蒙古表现出巨大的关心。

民国时期国人与政府对内蒙古的关注,是近代中国边疆危机严重刺激下产生的。他们对内蒙古战略地位的重要性、资源的丰富性等认识,是近代中国救亡图存历史主题的继续,与近代中国社会变迁息息相关。近代中国处于一个在西方列强的冲击下而进行的自我图存、图强的社会转型时期,在这一曲折复杂的过程中,关心国事的爱国前驱们或在朝或在野,为国家的兴旺发展各抒己见,近代国人对内蒙古问题的论争即是这些见解中的一个重要组成部分。

---

①思慕:《中国边疆问题讲话》,第 63 页。

②丁士源、陈海滨:《蒙新青藏经济开发之初步》,载《新亚细亚》,1931 年第 2 卷第 4 期,第 5 页。

③纪霭士:《察哈尔与绥远》,上海:文化建设月刊社,1937 年,第 1 页。

④叶秋:《国防前线的绥远》,上海:生活书店,1937 年,引言,第 1 页。

三、小结

民国时期内蒙古的社会政治生态发生了复杂变化。伴随清朝君主中央专制集权体制的解体,蒙古地区满蒙联姻的政治结盟走向了终结,开始向近代民主共和政体迈进。中央政治体制的变化必然影响着中央与地方政治权利结构的重新架构。蒙古地区与中央政府的关系发生了重要变化,由传统君主专制集权下的皇朝中央与地方民族势力的政治联盟向民主共和政体下的中央与地方关系转变。这一转变的直接表现就是察哈尔、绥远、热河特别行政区及省县制的先后确立。同时,伴随近代西方工业文明的强势渗透,内蒙古地区传统的较为单一的游牧经济形态逐步演变为游牧经济与农业经济的混合存在。虽然这一演变在晚清时期已经开始,但民国时期边疆内地化进程力度的扩展使得这种混合经济形态的发展步骤加快。

近代中国边疆危机的一个显著特点是帝国主义在边疆的渗透与挑唆。内蒙古地区亦不例外,具体表现就是俄国与日本等帝国主义势力活动的加剧。自清末以来,俄、日等列强就利用清政府在内政外交上的困境,加大在中国边疆活动的幅度。而民国成立以来,俄、日等列强更利用中国国内政治结构变革的动荡期,煽惑外蒙古独立,与之唇齿相依的内蒙古地区的社会政治也卷入了这一复杂形态。帝国主义列强在内蒙古的活动涉及政治、经济、文化等多层面,内蒙古的社会政治形势危机十分严重。民国政府在内蒙古先后设置察、绥、热特别行政区或省,其中的一个重要目的就是为了制衡受列强煽惑的分裂势力,维护内蒙古的领土完整。

民国政府加强对内蒙古的治理,产生了双向作用。一方面强化了边疆内地化的进程,对分解内蒙古分裂势力、抵御列强侵略起到了积极作用;另一方面,省县制与盟旗制的混合,表现在经济形态上其实就是内蒙古地区农业经济与游牧经济的混合存在。这种农业与游牧经济形态的混合存在从理论形态而言,本可相互依赖、扶持发展,但在民国社会政治结构重构时期,中央权威的有效威慑不足,加以列强渗透、蒙汉隔阂等因素的影响,反而加剧了内蒙古社会政治的矛盾。关于游牧经济与农业(垦地)经济形态差异背后折射的复杂矛盾,民国已有论者做出总结,"蒙民族以游牧生活为主,汉民族以农商生活为主,而农商经济势力不断地向游牧经济圈内侵入,遂威胁了蒙民的生活";而"垦务更为有计划地积极推行,蒙人游牧之地日益缩小,对于汉人不满的情绪,亦日益强烈。民国以来,垦务仍继续有所进行,其他方面对于蒙族王公的待遇,则忽略不顾,因是各怨益深"。[①]该论者还进一步指出,日本高唱"满蒙利益特殊","利用原来素缺圆满的内蒙古与中央的感情,煽动诱惑",亦是蒙汉冲突的重要原因。该论者还强调,"蒙汉冲突的原因,当然还有很多,但是最主要的,一为两民族间经济形态不同,一为国际的阴谋"[②]。

近代西方的侵入与西学的刺激迫使国人发出了救亡图存的呼声,开始了民族国家的构筑历程。民国国人对内蒙古关注的社会舆论,既是内蒙古边疆危机严重下呼吁国家与民众重视内蒙古的呐喊,也是国人民族与国家意识逐步明确后力图构建民族国家的舆论努力,是近代中国构建民族国家意识在内蒙古边疆问题上的具体反映。它对推动中国民族国家构建在理论与实践上均具重要意义。理论上,是国人民族与国家意识在具体问题上的阐述;实践上,推动了国人对内蒙古边疆的关注,实施了一系列维护内蒙古主权的措施与政策。

①叶秋:《国防前线的绥远》,上海:生活书店,1937年,第28页。
②叶秋:《国防前线的绥远》,第29页。

国民政府与西北少数族群地方势力的博弈

——以甘肃省夏河县边疆教育为例

储竞争

中华民族多元一体的格局,历史地形成了以汉族居于中原,少数族群集中于边缘的历史地理格局。历代统治者对于边疆地区要么采取羁縻政策,“因其旧俗”;要么视其为野蛮落后,在政治上采取一体化的策略,在文化上施行同化之手段。延及南京国民政府成立,方在国难日蹙的背景下,以国族主义相砥砺,以族群平等、团结为出发点,把边疆地区作为特殊的施教对象,遂有边疆教育的提出、政策的制定与教育行政的设置施行。近年来,国民政府时期的边疆教育问题已激起研究者的广泛兴趣,唯其研究多关注政府实施边疆教育的目的、政策与实施过程。[①] 然而,作为一种特殊的教育,在实施过程中必然涉及双方的互动,特别是国家与边疆族群地方的实力派之间的博弈。由此不仅可以发现国民政府在推进边疆教育中所面临的深层次问

①相关研究有周泓:《民国时期的边疆教育制度》,载《民族教育研究》2000 年第 4 期;孙懿:《抗战时期民国政府的边疆教育政策》,载《中国边疆史地研究》2005 年第 4 期;刘亚妮:《论国民政府时期甘宁青的边疆教育》,载《兰州大学学报》(社会科学版)2006 年第 3 期;朱慈恩:《蒙藏委员会与民国时期的边疆教育》,载《民族教育研究》2008 年第 5 期;方素梅:《中华民国时期的边疆观念和治边思想》,载《中南民族大学学报》(人文社会科学版)2008 年第 2 期;羊措:《民国时期青海民族教育政策的实施及意义》,载《青海民族大学学报》(社会科学版)2012 年第 1 期等。

题,亦可发现边疆族群社会的特点。故本文以该时期夏河县边疆教育为例,对其实施过程中政府与地方实力派之间的关系做以简要梳理,分析其间的分歧与合作及存在的问题。

一、国民政府在夏河县的边疆教育的建设

所谓边疆教育,“系以教育为手段,开化并建设文化的边疆,达到大中华民族文化交融统一之目的者是”①。由此可见,边疆教育的目标有三个层面:一是在边疆地区建设近代化教育,普及科学文化知识,提高边疆人民知识与技术水平;二是增强边疆人民国家观念与国族意识,为中华民族的内在凝聚力形成奠定思想基础;三是吸收各族群文化,统摄融汇,再造中国新文化。就其目标而言,不难发现边疆教育得以产生的多重因缘:(1)近代以来,随着民族主义思想的传播,现代国家观念与国族主义思想的确立,要求打破族群界限,在族群平等与团结的基础上,造就中华民族的一体性与整体性;(2)领土主权观念应对近代以来边疆危机的内在要求;(3)近代以来区域发展不均衡,特别是在边疆少数族群地区缺少近代式的教育设施,不利于边疆地区的开发与建设。换言之,边疆教育乃是在近代以来中国积弱、强邻环伺的背景下,中国人为追求独立与富强,积极谋求实施边疆开发,以合众族群为一体,增强抵抗力量与自我解放力量的内在时代要求。

边疆教育何以成为时代要求的重要内容?推究其因,不外:(1)边疆地区族群文化差异,感情隔膜,唯有推行边疆教育,才能形成牢固的中华民族统一体,即所谓“边省的种族复杂,宗教分歧,对于整个

①曹树勋:《边疆教育新论》,上海:正中书局,1945年,第4页。

国家民族的观念不深”[①],“脆弱之民族意识,一遇外力诱惑,不啻消失于九霄云外……须以同情心作出发点,建设以文化为基础之民族关系……结成强有力的中华国族团体,五族一家,共存共荣”[②];(2)边疆地区缺少近代科学文化知识,“由于知识之固陋,非学校不能灌输知识,即非学校不能变化气质”[③],从边疆的开发而言,必须使边疆少数族群“同胞有自治的知识和自治的能力,方能谈到实行实业政治事项,是非先从教育入手不可”[④];(3)近代以来中国积弱,文化落后,实施边疆教育则期望“中国境内各种特殊文化,咸能出其优长,渗透于整个中华民族文化之中,由交融而至于统一,一如百川之朝宗于海,则中华民族文化之崇高优美,定然世莫与京”[⑤]。

在时代思潮的激荡之下,边疆教育最终成为国民政府边疆建设的重要内容。1929 年,国民党三届二中全会通过“关于蒙藏之决议案”,预示着边疆教育的逐步展开。并规定,边疆教育主要以“文化的边疆”[⑥]为施教范围,以居住在“文化的边疆”的“诸非汉语人群”为施教对象。

中国的边疆地域辽阔,少数族群众多,文化各异,这决定边疆教育的实施必须有计划地分区推进。对此,有人主张将全国边疆分为不同区域,“在各区域之适当地点建立文化中心,以为现代化的文化

①宗亮东:《国难中的边疆教育》,载《文化与教育》1936 年第 102 期。

②李自发:《青海之蒙藏问题及其补救方针》,载《新青海》1933 年第 12 期,第 8 - 9 页。

③《治理蒙藏回部计划——马云亭在蒙委会之一篇演说》,载《月华》1929 年第 1 期,第 4 版。

④黎丹:《蒙藏教育问题》,载《西北问题季刊》1934 年创刊号。

⑤曹树勋:《边疆教育新论》,第 18 页。

⑥中国的边疆有两方面的意义:一则为国界的边疆,即与外国领土接壤的区域;一则为文化的边疆,即未尽开发的土地,其间为游牧经济的各宗族所散居,而其习俗、宗教生活、语文等与农业文化不同的区域。黄奋生:《泛论边疆教育》,载《西北通讯》1947 年第 3 期,第 4 页。

建设之中心,以达成提高边疆文化之目的”[①]。人们还认识到“宗教在边疆的势力较在内地为大,故欲建设边疆,在文化一方面而应以宗教为对象”[②],既“可用宗教力量,予以宣化,使其深知拥护中央及各地长官,使中国统一,早日实现”[③],又可借助宗教的力量推进边疆教育。人们注意到在蒙藏地区“喇嘛寺院,为蒙藏文化政治中心,亦为民众聚集之所,利用办学,最为适当。……中央命令定易行使,政治推进,亦不至时感困难”[④]。由此,拉卜楞寺所在的夏河县开始进入到国民政府推行边疆教育政策的视线之内。时人指出:“拉卜楞寺院,实为西藏以外,甘青康蒙各地最大的新教喇嘛中心……研究拉卜楞,不仅有它的本身价值;若就藏民文化的发扬光大,由此成功而进入西藏腹地,更是整个中华民国要政之一。”[⑤]又或言:“拉卜楞居甘肃西南的门户……为川、甘、青、康的藏族心脏区域。……若言开发边疆,建设国防,拉卜楞的重要性,无论如何不会磨灭的。”[⑥]受此影响,国民政府遂确定夏河县为安多藏区边疆教育的中心,并以之为向整个藏区推进的重要桥头堡。

夏河县原为清朝循化厅辖地,民初属循化县,1927 年置设治局,次年正式建县。夏河县以境内藏传佛教格鲁派寺院拉卜楞寺最为著名,地理学家张其昀指出:“夏河县之存在,实附丽于拉卜楞寺,犹青

①卫惠林:《如何确立三民主义的边疆民族政策》,载《边政公论》1945 年第 4 卷第 1 期,第 4 页。

②李安宅:《宗教与边疆建设》,载《边政公论》1943 年第 2 卷第 9 - 10 期,第 13 页。

③班禅额尔德尼:《团结五族必须政教兼施》,载《西陲宣化使公署月刊》1935 年第 1 期,第 2 页。

④陈文鉴:《建设蒙藏为目前救国要图》,载《西陲宣化使公署月刊》1936 年第 1 卷第 3 期,第 7 页。

⑤李安宅:《拉卜楞寺大经堂——闻思堂的学制》,载《新西北月刊》1939 年第 2 卷第 1 期,第 108 页。

⑥木子:《拉卜楞的藏民文化促进会》,载《新西北月刊》1939 年第 2 卷第 1 期,第 118 页。

海同仁县附丽于隆务寺,事实如此,不可讳也。"[①]由此可见,国民政府选择夏河县作为边疆教育的重要基地,实际上乃是考虑到拉卜楞寺特殊的宗教地位。拉卜楞寺的宗教影响不仅遍及甘青藏区,甚至远及西藏、四川、新疆、内蒙古等地,故将拉卜楞作为边疆教育的区域中心,可具有重要的示范作用。这也是此后国民政府在推进夏河县边疆教育时的重要着眼点,而协调与拉卜楞寺政教集团的关系,亦成为推进边疆教育工作的重中之重。

国民政府在夏河县的边疆教育建设,是以推行学校与社会教育为主。在初等教育方面,至 1939 年,国民政府在夏河等 34 县局,共设单级回、藏小学 80 所。1941 年,甘肃省又特拨巨款,在夏河等 7 县局,设置省立中心学校 12 所,每所规定建筑设备费 50000 元,经常费 30180 元,所有学生伙食、书籍、制服等费,均由学校津贴。1944 年,包括拉卜楞在内的夏河县小学达到 13 所,其中中心国民学校 3 所,学生 165 人;保国民学校 10 所,学生 331 人。[②] 中等教育方面,为培养藏区生产建设人才,国民党中央组织部,于 1938 年在夏河筹建了拉卜楞初级实用职业学校。1942 年学校改为国立,定名为"国立拉卜楞初级实用职业学校",计有畜产制造科、畜牧科各一班,普通科两班。1945 年,国民政府为使拉卜楞寺喇嘛由消费者变为生产者,发展藏区经济,成立"国立拉卜楞寺喇嘛职业学校"。同时教育部拨发校舍建筑费、印刷机器及医药器材设备费 5500 万元,1947 年改办师范。[③]

在社会教育方面,1935 年,甘肃省以中英庚款董事会拨款,在夏

---

①张其昀:《洮西区域调查简报》,载《地理学报》1935 年第 1 期,第 7 页。

②教育部边疆教育司:《边疆教育概况续编》,1947 年,第 87、89 页。

③朱解琳:《五世嘉木样丹白坚参与拉卜楞文化教育》,载《西北民族学院学报》1987 年第 4 期,第 45 页。

河筹办8所短期义务教育学校，有学生439人，经费1088元。[①] 至1937年，夏河县共有县立图书馆1所、体育场1处、阅报所1所、平民学校2所。1939年由教育部补助部分经费，在夏河成立"拉卜楞藏民文化促进会巡回施教队"，主要工作为办理巡回文库、手工业合作农贷、放演电影、施诊医药及识字班等。[②] 1941年由教育部直接办理，改名为"教育部拉卜楞巡回施教队"，并深入安多藏区工作。1940年，管理中英庚款董事会补助西北教育设计委员会，在夏河设立拉卜楞民众教育馆。其例行工作有张贴壁报、代理图书保管与出借、创办民众识字班、教授国文国语及家事指导等，同时还协助政府推行各项运动和进行巡回施教。[③]

此外，对于夏河县的社会调查也是国民政府边疆教育的一部分。这是因为，我国边疆族群"惇朴勇毅之特性与多元的文化承传"[④]，是再造中国新文化的重要资源。但对边疆族群文化的吸收，是以对它的了解为前提的，这需要充分的社会调查来完成。同时社会调查也是完善边疆教育理论与方法的重要手段。1937年，著名学者李安宅、于式玉就受兰州科学教育馆之邀，赴夏河从事藏族文化促进工作，并利用社会人类学方法实地调查研究拉卜楞地区的宗教、风俗与文化。1941年，蒙藏委员会在夏河设置调查组，并派驻调查员，调查当地情形。教育部拉卜楞巡回施教队也在1941年举办拉卜楞城区的机关调查，及游牧藏区的社会调查工作。

国民政府上述举措的顺利推行，是以能积极协调与拉卜楞寺政

①李绍唐：《甘肃民族教育的回顾与前瞻》，西宁：青海人民出版社，1994年，第46页。

②教育部蒙藏教育司：《边疆教育概况》，1943年，第137页。

③《一年来之甘肃科学教育馆》，出版社不详，1941年，第87－88页。

④卫惠林：《边疆文化建设区站制度拟议》，载《边政公论》1943年第2卷第1－2期，第9页。

教集团的关系为基础的。对于拉卜楞寺政教集团势力的借重,不仅是出于对拉卜楞寺在宗教影响力方面的认可,也是国民政府在夏河县政治势力薄弱的反映。夏河县虽于1928年设立,但当时政令不出拉卜楞街头,由于拉卜楞寺在整个安多藏区举足轻重的作用,政治上仍以拉卜楞寺为中心,表现出政治、军事和宗教三位一体的"僧侣政治"的体系,①军政大权都在五世嘉木样和其胞兄黄正清手里。直到1941年黑错保安行政会议以后,藏民才知道政府是处理事务的机关,政令方能在县治以及附近的农村施行,但在其他地区仍有难度。夏河县县长也不得不承认:"藏族同胞因习惯与知识的关系,只知有嘉木样活佛与黄司令(黄正清),不知有县政府,故县府政治力量设施,不易及于藏民。"②

为获得拉卜楞政教势力对夏河县边疆教育的支持,国民党政府首先给予他们一定的政治地位。1933年,国民政府封五世嘉木样为"辅国阐化禅师嘉木样呼图克图"。黄正清也于1933年被任命为拉卜楞保安司令,1945年当选为国民党中央候补执行委员,1946年任国民党拉卜楞特别党部执行委员。其次,在经济上给予藏胞教育补助。以拉卜楞藏民小学为例,1932至1935年以及1938年,每年补助达3600元。③ 1943年至1945年教育部为祁连山区6所私立裕固族、藏族小学及拉卜楞藏民小学补助经费8580元、40502元、140400元。1946年省教育厅为回、藏民文化促进会附属小学补助经费12799元。④ 再者,聘请他们担任各项教育的领导职位。如黄正清除担任拉卜楞藏民小学校长外,还是拉卜楞巡回施教队队长。其妻子策仁娜

①明驼:《拉卜楞巡礼记(续完)》,载《新中华》1936年第4卷第15期,第65页。

②马鹤天:《甘青藏边区考察记》,上海:商务印书馆,1947年,第40页。

③朱解琳:《甘宁青民族教育史简编》,西宁:青海人民出版社,1993年,第385页。

④教育部边疆教育司:《边疆教育概况续编》,1947年,第88页。

姆也是拉卜楞女子小学的校长。拉卜楞青年喇嘛职业学校成立时，国民政府特聘五世嘉木样为校长，并且教员由校方聘请通晓藏文藏语的人士充任。最后，在教学内容方面，国民政府在提倡国语的基础上，也认可藏语以及藏族传统文化在教学中的地位。如康萨、康根等部落小学，拉卜楞藏民小学，以及拉卜楞初级实用职业学校等课程中即包含藏文教育。拉卜楞青年喇嘛职业学校普通科目中，除有藏文外还有藏族固有之天文历算、医药等内容。

除积极协调与地方实力派的关系外，边教工作者还利用各种宗教集会之机从事边疆教育事业。如 1939 年李安宅、于式玉就曾借黄正清前往太子山祭祀的机会，随同前往调查研究。1940 年，当五世嘉木样赴拉萨学习佛法返回拉卜楞寺时，黄正清率队前往迎接，而与他同行的就有教育部拉卜楞巡回施教队、民众教育馆主任等。在途中，施教队更以放映电影的方式向藏族同胞进行施教。①

二、地方实力派对边疆教育的态度及反应

1912 年，马麒出任镇守甘肃西宁等处总兵，拉卜楞时属的循化县即在其防区之内。1918 年，马麒以调停拉卜楞内讧为借口，出兵占领拉卜楞。自 1920 年，五世嘉木样被迎进拉卜楞寺坐床后，为夺回对拉卜楞地区的统治权，与马麒不断发生冲突，并于 1924 年爆发大规模战争。战争的结果是拉卜楞寺一方大败，统军首领黄正清与五世嘉木样不得不逃离拉卜楞。之后，甘肃省于 1927 年在拉卜楞设立设治局，使其脱离循化县的管辖，并派遣保安队一大队进驻拉卜楞，五世嘉木样等一行才得重返拉卜楞。但马家军阀并未放弃控制拉卜楞的努

---

①《到黄河曲迎接嘉木样活佛日记》，载李安宅、于式玉：《李安宅、于式玉藏学文论选》，北京：中国藏学出版社，2002 年，第 421 页。

力,1933年还派人到南京活动,试图把拉卜楞地区重新划归青海省。马氏军阀的持续威胁,以及军事反抗的惨败,使黄正清等人认识到:只有在政治上与中央政府合作,利用其政治资源,在文化上沟通汉藏文化,学习内地先进的知识与技术促进藏族的现代化,才能最大限度地维护其族群利益。这种对政府的依赖以及向内地学习的迫切要求,使地方实力派对边疆教育的推进,持一种较为合作的态度。如果洛的土官就因"与青海驻军时常冲突",而"颇思励精图治,发奋图强。他们除将自己的女儿送来拉卜楞女校读书之外,并且向中央请求了一笔款子,要在地方设立学校,以求教育之普及"①。

从某种意义上说,夏河县地方实力派对于边疆教育的建设,比国民政府还要早。黄正清组织的拉卜楞藏民文化促进会,于1928年就创办了夏河县第一所近代意义上的学校——拉卜楞藏民小学。学生食宿由学校统一解决,经费也由促进会筹集。为鼓励藏民送子弟入学,五世嘉木样和黄正清还规定:凡送子弟入学者,其家庭可免除对拉卜楞寺院的各项差役,以示优待。② 1942年,藏民小学改为省立拉卜楞中心学校,取消了公费待遇,仅靠水磨收入供给学生书籍和文具。在此困难情况下,黄正清除为学校捐款外,还坚持将一部分优秀学生送往内地深造,并每年补助赴内地学习学生1000元。③ 1940年,黄正清又积极支持拉卜楞女子小学的筹办,除捐助资金外,更拨给校址基地供教学之用,使其成为甘南藏区兴办的第一所女子小学。④ 此

---

①《到黄河曲迎接嘉木样活佛日记》,载李安宅、于式玉:《李安宅、于式玉藏学文论选》,第427页。

②朱解琳:《五世嘉木样丹白坚参与拉卜楞文化教育》,载《西北民族学院学报》1987年第4期,第44页。

③陈中义、洲塔:《拉卜楞寺与黄氏家族》,第300页。

④俞湘文:《西北游牧藏区之社会调查》,上海:商务印书馆,1947年,第83页。

外,黄正清还通过藏民文化促进会,派出在拉卜楞从事教育工作的汉人,分赴康萨、康根两部落,协助开设了两所小学。

在中等教育方面,在五世嘉木样的建议下,国民政府于1945年成立"国立拉卜楞青年喇嘛职业学校"。在公费无着落的情况下,五世嘉木样除负责供给学生午茶,还提供自己的花圃作为教学之用。① 面对寺方保守派的大势攻击,五世嘉木样也力排阻力坚持办学。在社会教育方面,藏民文化促进会于1939年成立"拉卜楞巡回施教队",以拉卜楞寺附近土房区域为施教范围,进行语文、公民、生计与康乐教育。此外还举行画展、张贴壁报、放电影、办理机关调查、召开学术座谈会,并主编夏河民报汉、藏文版各一种。还曾先后两次去桑科、科采、大采、作格尼玛、欧拉、乔科、阿万仓、果洛康撒、康格、中阿坝、加仓、唐高等广大安多藏区巡回施教。② 鉴于藏区情形复杂,对于施教队之工作,拉卜楞保安司令部还派兵保护。对于学者的调查活动,黄正清不但"派员沿途保护"还"为各部落头目作函介绍"③。

但是,与国民政府提高少数族群知识技术水平、增强其国族意识、再造新文化的目的不同,夏河县地方实力派对于边疆教育的发展,更着眼于提升藏族自身民族意识与民族的现代化以适应时代的发展。这一点可以从他们创办的文教机构的宗旨中看出。1925年,黄正清在兰州期间因感"藏民文化水准低落,智识浅陋,若不从文化方面着手,因势利导,究非民族的福利,亦为国家的病态"④,遂于1926年在兰州成立藏民文化促进会,并规定该会宗旨在于:提高藏民文

---

①阴景元:《国立拉卜楞青年喇嘛职业学校之展望》,载《边疆通讯》1947年第10-11期,第2页。

②教育部蒙藏教育司:《边疆教育概况》,1943年,第115-116页。

③俞湘文:《西北游牧藏区之社会调查》,自序。

④木子:《拉卜楞的藏民文化促进会》,载《新西北》1939年第1期,第119页。

化,使得与国内各民族有平等之地位;更进而与国内民族共同奋斗,要求中国民族国际地位上之平等。[①] 1935 年该会改组后,规定以“促进藏民文化,实施普及教育,发扬民族精神,刷新民族思想及改善风俗习惯为宗旨”[②]。五世嘉木样在面对寺内保守派攻击青年喇嘛职业学校时,也以“喇嘛职业学校能使青年喇嘛学会生产技术、生活自给,有利于其安心学佛经,有利于藏民发展生产,这是好事”[③]相回应。正如时人俞湘文指出:黄正清等人不遗余力地支持教育事业的发展,“完全是因为对于这些学校寄予莫大的希望。他们知道唯有让藏民接受现代教育才是改良其社会的必由途径。他们希望学校兴旺,希望这些学校能替他们造就人才”[④]。

可见,对于国民政府与地方实力派来说,边疆教育更像双方实现自己目标的工具,双方的分歧不再是要不要发展边疆教育,而是边疆教育应该如何发展,由谁掌握其发展。换言之,双方在边疆教育发展过程中分歧与合作的动机已超出教育本身,而更多地体现出双方对于夏河县地方权利的争夺。据时任拉卜楞区党部书记的绳景信撰文所载:国民政府于 1937 年成立“国立拉卜楞职业学校”时,就派中央组织部边疆处科长刘廉克担任国民党中央直属拉卜楞区党部书记,同时充任校长,以“培养当地一批青年……作为发展党务的骨干”[⑤]。在教学内容方面,国民政府也加强国族及党化教育,如拉卜楞藏民小

①陈中义、洲塔:《拉卜楞寺与黄氏家族》,第 297、330 页。

②《黄正清与嘉木样》,载《甘肃文史资料选辑》第 30 辑,兰州:甘肃人民出版社,1989 年,第 133 页。

③绳景信:《甘南藏区纪行》,载《甘肃文史资料选辑》第 31 辑,兰州:甘肃人民出版社,1989 年,第 13 页。

④俞湘文:《西北游牧藏区之社会调查》,第 85－86 页。

⑤绳景信:《甘南藏区纪行》,载《甘肃文史资料选辑》第 31 辑,兰州:甘肃人民出版社,1989 年,第 19 页。

学的教科书，就采用商务印书馆本，并用汉语教授。夏河县立第一小学校的音乐课，教授励志歌、总理纪念歌、抗日救国歌、苏武牧羊、满江红等。[①] 游牧区康萨小学的藏民学生，不但能诵写汉字，还能背诵总理遗嘱、唱党歌和义勇军进行曲，高喊拥护最高领袖的口号。[②]

面对国民政府势力的渗透，夏河县地方实力派为最大限度地维护自身的权利，采取多种方式以应对。第一，积极宣传抗战思想，维护中华民族的团结，以求得国民政府的支持与同情。拉卜楞巡回施教队所举办的“公民教育”，包括“扩大抗战宣传，灌输国家意识；讲述佛教护法高僧与抗战民族英雄故事，使了解国民的责任”等内容。而藏民文化促进会创办的边闻通讯社，更以“提高民族意识，灌输抗战知识，传达解释国策，介绍边情，加强汉藏文化交流为目的”[③]。此外，五世嘉木样还亲往欧拉、果洛及四川西乔科、黑水等广大教区，宣传抗战伟业。且每逢寺院盛大法会，均亲临主持，宣扬国策，祈祷抗战胜利、众生安乐。并于 1940 年，命长兄黄正清组成拉卜楞致敬团，前往重庆捐献购置飞机 30 架之巨款 90 万银元，以支援抗战。[④]

第二，扩展军队、进行寺院组织改革，以维持对藏区的控制。1928 年，黄正清被任命为拉卜楞番兵游击司令后，就着手扩展军队，并于 1930 年抽集部落藏兵，编为三个团，开始实施训练。1933 年，黄正清又被委任为“拉卜楞保安司令”，保安司令部下辖三个骑兵团和一个保安大队，其中“三个现代化的骑兵团共有官兵 3500 余人，军马如数，快枪 1600 余支，火枪 1300 余支”。保安司令部，名义上虽直辖于甘肃省政府，“然而事实上该部军官佐多半是寺院里的僧官，谁也

①马鹤天：《甘青藏边区考察记》，第 94 页。

②俞湘文：《西北游牧藏区之社会调查》，第 84 页。

③木子：《拉卜楞的藏民文化促进会》，第 120 页。

④丹曲：《拉卜楞史话》，北京：民族出版社，1998 年，第 79 页。

不能否认这是拉卜楞寺的武力组织"[1]。在寺院组织方面,五世嘉木样于1940年赴西藏学习佛法返寺后即着手改革,依照西藏大寺对拉卜楞寺的组织做了调整,成立由嘉木样亲自领导、襄佐主持的嘉木样办公厅,统辖寺院及部落的一切政治、宗教、军事大权,达到了高度的政教合一。因此,所有党政组织,不管是设治局,夏河县政府,还是国民党夏河县党部,实际上都没有什么权力,它的号令对群众不发生什么效力。[2] 此外,在党务方面黄正清除任拉卜楞特别党部执行委员外,还推荐拉卜楞小学的藏族毕业生吴正刚、康永年等人参加特别党部工作,以加强其在党部的影响力。[3]

第三,通过担任教育组织的领导,以及控制生源等方法,加强对边疆教育的掌控。国民政府为协调与夏河县地方实力派的关系,委任其担任各种教育组织的领导职务,对此黄正清等人欣然接受。除担任领导外,黄正清等人还控制地方教育经费,当1939年夏河县政府欲接收地方教育经费时,就引起黄正清反对,"双方发生激烈冲突,互控于省"[4]。此外,黄正清等人还采取强迫或指派的办法,尽量把藏族的生源集中在其所掌控的学校之内。如拉卜楞藏民小学的学生即为黄正清"从各村庄中征派前来的"[5],拉卜楞青年喇嘛职业学校的学生也是由五世嘉木样"挑选优秀青年喇嘛一百名来校报到"[6]组成的。在教学内容方面,地方实力派还注重藏族传统文化的保存,如五世嘉木样就指导编写藏剧《松赞干布》,督导喇嘛职业学校学生排演。

---

①明驼:《拉卜楞巡礼记(续完)》,载《新中华》1936年第4卷第15期,第64页。

②陈中义、洲塔:《拉卜楞寺与黄氏家族》,兰州:甘肃民族出版社,1995年,第336页。

③绳景信:《甘南藏区纪行》,第19-20页。

④林跃勇:《夏河地区历代大事记》,1992年,第251页。

⑤俞湘文:《西北游牧藏区之社会调查》,第82页。

⑥阴景元:《拉卜楞青年喇嘛职业学校》,载甘肃省图书馆书目参考部:《西北民族宗教史料文摘·甘肃分册》,兰州:甘肃省图书馆,1984年,第572页。

由上可知，国民政府与夏河县地方实力派虽然在教育目标上存有分歧，却没有产生激烈冲突，而较多地体现出合作的一面。究其原因，一方面双方都承认通过教育发展藏民知识技术水平的必要性；另一方面，除政府需要地方实力派的支持以发展教育外，夏河县地方实力派在政治、军事上的弱势地位也决定了其必须与政府合作，才能最大限度地维护其族群的利益。但是，我们还应看到，在合作发展边疆教育的背后，隐含着双方对夏河县控制权的博弈。

三、夏河县边疆教育存在的问题

在政府与地方实力派的共同努力下，截至1947年，拉卜楞城镇文化教育单位发展到10个，夏河全县学校达到15所以上，既有学校教育又有社会教育，既有初等学校又有中等学校，既有职业学校又有师范学校，是甘南民族教育发展最好的县区之一。时人记载："夏河县治所在地，教育机关之多，实过于他县，文化程度亦渐渐提高，本县东南二乡，因系与内地交通之孔道，文化亦渐开通。"①

除以上成绩外，夏河县教育也存在一些问题，这一点在时人的游记与考察中有不少体现。首先，教育经费不足，县治地区以外则更少。国立拉卜楞喇嘛职校委员兼秘书郭中央就指出，边疆教育"因经费及事业设备费不足，多数学校名不符实，未有显著之成就"②。具体来看，高长柱发现，夏河县立大夏第一高级小学校每月经费158元，而县立第一至第五初级小学校，每个学校全年经费才仅50元。③ 马鹤天在1936年考察拉卜楞的日记中记道："各校舍仅黑错有教室二座，

①马无忌：《甘肃夏河藏民调查记》，贵阳：文通书局，1947年，第14页。

②孙懿：《抗战时期民国政府的边疆教育政策》，载《中国边疆史地研究》2005年第4期，第36页。

③高长柱：《边疆问题论文集》，南京：正中书局，1941年，第465页。

住室四间。余均教室一座，住房二间，其简陋可知矣。至各校学科，据云按教部定章，但实际各区立小学教科书不完备，教员仅高小毕业，全年薪金20余元，如何能按照部章。”[①]王树民记载，夏河县陌务县立小学、黑错县立小学、哈家（卡加）县立小学，在1935年的年经费都仅40元。[②] 在教职员薪金方面，据1938年统计，夏河全部七所小学，教职员月薪最高者40元，最低仅4元。这与甘肃1933年全省初等学校平均经费171.76元，县区立与私立初小平均经费99.68元，教职员薪金平均每人每年55.8元相比也有很大的差距。[③] 再加上，教职员收入均为法币，而藏区流行银元，物价均照银元计算，更使其生活难以维持。薪金的短缺也使夏河县师资不足，如清水、桥沟、卡加、黑错、陌务五个小学，每校校长一人，并兼教员，全部仅高小毕业。顾颉刚也提到，夏河县“能任小学教师者绝少，又困于资力不能向外县聘请教员”[④]。

其次，保守势力强大，藏族儿童入学率低。李式金曾分析说：“藏民宁入寺院，不愿入学校读汉书，故拉地虽有若干学校之设立，惟学生多为汉回，藏民甚少，藏民对子女入学事常多规避，或雇人入学，故常须强迫入学。”[⑤]王树民在1938年的日记中也有如下记载：“闻政府强制推行小学教育时，藏民常出钱雇汉民子弟前往如支应官差者。大致春季开学时就学者尚多，其后则逐渐减少，故俗谚有‘春满堂，夏一半，秋零落，冬不见’之语。”此外，学校常受寺院喇嘛的歧视与压

---

①马鹤天：《甘青藏边区考察记》，第95页。

②王树民：《陇游日记》，载《甘肃文史资料选辑》第28辑，兰州：甘肃人民出版社，1988年，第232－241页。

③刘曼卿：《边疆教育》，商务印书馆，1937年，第47、53页。

④顾颉刚：《西北考察日记》，兰州：甘肃人民出版社，2002年，第237年。

⑤李式金：《拉卜楞之民风》，载《民族学研究集刊》1948年第6期，第46页。

迫，如学校房租“年需十余元，远在一般房租之上，非其经费所能负担，致由学生公摊。又学生行走于街上，其书包衣物常为僧人信手取去，上山打柴时更多受阻格”[①]。据统计，1934年夏河县学龄儿童1800人，入学儿童56人，入学率为3.1%，而同一时期的临潭县则为23.9%。[②] 在低入学率下，藏族同胞入学者更少。1939年拉卜楞初级实用职业学校51名学生中只1个藏人，县立中心小学1940年时99名学生中有藏民3人；由黄正清夫人担任校长的拉卜楞女子小学80余名学生中，也仅藏生10余人。[③]

再者，教学设计存在缺陷，学生毕业后出路没有合理的安排。面向藏族同胞招生的拉卜楞初级实用职业学校，没有考虑到藏民大多为文盲的现实，把招生要求放在初中程度，致使只招到一名藏生，且“所招学生名为初中程度，实则学生高小多未毕业，勉强授以专业科目，非但困难，更有风马牛之感”。连校长刘廉克都深感该校“设计之潦草及中央对于边疆之缺乏认识”[④]。此外，该校教材往往“取自各国医学书籍，程度太深，故大部分学生均感不能理解之苦”[⑤]。在毕业生安排方面，据俞湘文调查，拉卜楞藏民小学历年毕业生：“不升学者回到家里，没有特别的职业可做，与不读书的人无异；赴内地升学者有许多因水土不服，饮食不惯而死他乡……或因留恋于内地的生活享受而不愿返乡者，或有在学校中被开除而缺乏川资回家者。”他强调：“在文化落后的社会要推行教育，最初要速于见效，而最要紧的是学

①王树民：《陇游日记》，载《甘肃文史资料选辑》第28辑，兰州：甘肃人民出版社，1988年，第238、241页。

②刘曼卿：《边疆教育》，第52页。

③俞湘文：《西北游牧藏区之社会调查》，第81－83页。

④梅贻宝：《拉卜楞之行》，载中国西北文献丛书编辑委员会：《西北民俗文献》第23卷，兰州：兰州古籍书店影印，1990年，第321页。

⑤俞湘文：《西北游牧藏区之社会调查》，第81页。

生一离开学校,就能给他职业,而这个职业所得的报酬,需要能改善其家庭经济困境的"①,只有这样才能逐渐打破藏族同胞轻视教育的传统。

四、小结

民国时期,在夏河县边疆教育的发展中,国民政府与地方实力派都是积极的参与者。但是双方的着眼点不同,国民政府着眼于整个国家民族的利益及民族国家的建设,而地方实力派则更多地着眼于本族群利益的提升。着眼点的不同,使边疆教育成为双方博弈的工具,其最终目标仍然是权利的争夺。换言之,国民政府试图借边疆教育的推行,使夏河县的政治与文化纳入民族国家的系统之内;而地方实力派则希望借助边疆教育的发展提高本族群的知识技术水平,提升其在国家中的政治地位。

但是这种分歧并没有导致国民政府与夏河县地方实力派之间的激烈冲突,相反双方的博弈是在总体合作的背景下进行的。这是因为,少数族群是中华民族不可分割的组成部分,特别是在面临外敌入侵的时候,少数族群实力的增强,是有利于中华民族的发展与巩固的,因此推行边疆教育、提高少数族群的知识与技术水平,是国民政府与地方实力派的共同要求,这也是双方得以合作的前提。此外,双方的合作还有一定的条件。首先,国民政府鉴于地方实力派在夏河县的特殊地位,通过政治、经济、文化诸手段积极协调与他们之间的关系,并尊重其风俗与利益,为边疆教育的推行减轻了阻力。其次,夏河地方实力派在发展边疆教育过程中,虽然对于国民政府势力的渗透多有抵制,但都是以不损害国家的团结与稳定为前提的,而其向

①俞湘文:《西北游牧藏区之社会调查》,第82、89页。

内地学习的迫切要求，也一定程度上淡化了其对于政府国族化教育的抵制。

在政府与地方实力派的支持下，夏河县边疆教育虽然取得一定的成绩，但仍存在诸如经费不足、保守势力强大、教学设计不合理等许多不足。究其原因，这与近代边疆教育发展的时代背景有关。一方面，近代以来的边疆危机，迫使政府通过推行边疆教育提高少数族群的知识技术水平，培养其国家民族意识来巩固国防、抵御外侮，这促成边疆教育的兴起及发展。另一方面，近代边疆危机的加深，特别是抗日战争的兴起又限制了边疆教育的发展，并突出表现在经费问题上。魏崇阳指出："蒙藏教育推进之动力，全恃经费之多寡以为断，经费充裕，规模可大，经费若少，规模自小。"[①]边疆教育经费之有专款，始于 1935 年，但 1938 年以降"以受战事影响，物价指数频频上涨，经费数字虽迭有增加，然以事业不断扩充，实际情形反形减缩，故自边疆教育设施以来，经费无日不在拮据之中"[②]。而经费的不足，必然导致师资缺乏、设备简陋、学校数量太少等问题的出现。此外，边疆各族群间经济、社会结构不同，习俗各异，在发展教育前如无详细的考察必难收实效，这与少数族群传统观念的转变一样都需要时间的积累。而边疆危机的日益严峻又决定了边疆教育的发展不能按部就班，不可避免地出现了只重量的发展，而忽略质的改进的现象。

①魏崇阳：《西北巡礼》，载《新亚细亚》1935 年第 9 卷第 3 期，第 114 页。

②教育部边疆教育司：《边疆教育概况续编》，1947 年，第 8 页。

近代甘青藏区政教合一制模式研究

张江川

一、研究概述与问题

近代中国藏区普遍盛行的政教合一制，颇为引人注目，甘青藏区也不例外。不过甘青藏区与西藏还有较大的差异。西藏地方的政教合一制，是在中央政府监管下的藏传佛教政教合一制：前藏以达赖喇嘛作为政教合一的首脑，即以宗教领袖而兼政治领袖；后藏以班禅额尔德尼作为政教合一的首脑，以教权而行使政权。其根本特点是在地方社会内教权高于政权。甘青藏区则在清代就已基本上被纳入到国家正式政治管理序列之中，即由西宁办事大臣会同陕甘总督进行管理，并设立了各级行政管理机构与军事管理机构。加之，清朝对蒙、藏、土、裕固等各族群实行国家管理下的有限区域自治，或设立土官，或扶持喇嘛，僧俗并重，故其政教合一较之西藏具有更加多样化的形态。

针对甘青藏区政教合一的多种形态，研究者倾向于将其划分为几种模式分别加以研究。老一辈藏学家吴均将其划分为：(1)西纳模式，即由中央政府划拨一部分土地和百姓归其管理的政教合一统治形式；(2)隆务模式，即宗教势力与部落结为一体，在地方基层行政建制内建立的区域性政教合一的统治模式；(3)郭隆模式，即通过接受布施、供养的方式获得土地和百姓,由寺院直接管理的政治模式。[①]这种政教合一模式的划分,是以政教合一制建立的途径与方式为依据的。后来的研究者,多采用这种划分方式。如陈光国在《青海藏族史》中,基本上完全采用了这种划分方式。[②]

还有学者根据政教两权结合的方式,即以世俗权力为主还是以宗教权力为主,将甘青藏区的政教合一制划分为两种模式。如王献军将安多藏区与康区的政教合一制划分为政教两权集中于一个土司家族的政教合一制、政教两权集中于一个寺院的政教合一制两种模式,前一种的典型即卓尼模式,后一种的典型即拉卜楞模式。[③] 丹曲、谢建华将甘肃藏区的政教合一制分为卓尼土司政教合一制与拉卜楞寺政教合一制:在卓尼土司政教合一制中,卓尼土司不仅是地方社会的统治者,也是地方社会的宗教领袖;在拉卜楞寺政教合一制中,寺主嘉木样活佛则以宗教领袖而兼具政治权力。[④]

上述两种划分方式,各从一个角度解释了甘青藏区政教合一制的特点,但从中亦不难发现相互抵牾之处。如按照吴均的标准,卓尼土司政教合一制可归类为隆务模式;而按照王献军的标准,则隆务寺政教合一制又要归于拉卜楞模式之中。这种由于划分标准而导致的类型学上的内在矛盾,从深层次上反映出目前学术界对于甘青藏区政教合一制的研究还存在难以克服的缺陷,需要从根本上加深对政教合一制的理解及对甘青藏区政教合一制史料的进一步梳理。

---

①吴均:《论安木多藏区的政教合一制统治》,载《青海民族学院学报》(哲学社会科学版)1982 年第 4 期,第 17 – 28 页。

②陈光国:《青海藏族史》,西宁:青海民族出版社,1997 年,第 345 – 347 页。

③王献军:《试论甘青川滇藏区政教合一制的特点》,载《西藏民族学院学报》(哲学社会科学版)2004 年第 2 期,第 19 – 21 页。

④丹曲、谢建华:《甘肃藏族史》,北京:民族出版社,2003 年,第 266 – 274 页。

二、政教合一的概念与特点

对于甘青藏区政教合一制认识上的分歧,说到底反映了学术界对整个藏区政教合一制认识上的差异。目前学术界关于藏区政教合一制的认识主要有三种观点。第一种观点以东嘎·洛桑赤列为代表,他认为:"所谓政教合一,是指世俗国王和教主由一个人来担任。在这一制度产生之前,经过了一个政教分离的阶段……然后才发展成为集国王与教主于一身而形成政教合一制度的。"①第二种观点以王献军为代表,他认为:"判断一个制度是不是政教合一的标准,不应是'政教二者的首领都是一个人',关键是要看'政权与教权是否合二为一了'。至于政教二者合而为一的'一'是一个人也好,或是一个家族、一座寺院也好,这些都是形式问题,我们可以把它作为划分不同类型、不同模式或不同阶段的政教合一制之标准,而不能把它作为划分是否是政教合一制之标准。因为无论政教二者是合到一个人身上,还是合到一个家族、一座寺院之上,总之政教二者已经合而为一了,它们都应算是政教合一制,区别只是采用了不同的表现形式而已。"②第三种观点以李文萍为代表,她认为:"'政教合一制'之特点固然体现在世俗权力与宗教权力的紧密结合上,但两者不同的结合方式才是判断其是否为'政教合一制'的关键。……只有当教权凌驾于政权之上、由宗教首领或宗教集团掌控国家或地区的政治权力时,这样形成的政治制度才可称为'政教合一制'。"③

---

①东嘎·洛桑赤列:《论西藏政教合一制度·藏文文献目录学》,陈庆英译,北京:中国藏学出版社,2001 年,第 3 页。

②王献军:《对"政教合一制"定义的再认识》,载《西藏研究》2002 年第 2 期,第 113 页。

③李文萍:《从西藏地方与中世纪西欧"政教合一制"形成之比较谈"政教合一制"的认识与把握》,载《西藏研究》2006 年第 3 期,第 20 - 21 页。

由此可见,目前学术界围绕藏区政教合一制的认识还主要集中在“形式论”的层面,亦即主要关注的对象为教权与政权结合的方式之上。那么究竟什么是政教合一呢?

毋庸讳言,世界古代的文化无不以宗教作为重要内容。就宗教作为世界观和人生观而言,它是意义的意义,代表着社会、文化价值的“终极存在”。正是在这个意义上,我们可以说,宗教并不仅仅是信仰,还是范铸人们行为的神圣准则,“事实构成了维系社会秩序和人际关系的政治律法体系(民俗、习惯法、神判)”①。换言之,宗教不仅为人们提供了信仰的意义,确定了人在世界中的位置和人生价值,成为人们社会行为的规范,同时也是一种广义的政治规范和文化规范,并为之提供存在的理由和意义。从宗教作为社会理想和价值目标而言,它具有结构化或建构社会的能力,“人们在宗教信仰与宗教仪式中建构起世界创生(包括人的起源)与延续的图景,确立人与超越人的存在或力量的关系,塑造人的道德规范与行为准则,建树社会群体的生活模式”②。

宗教的这种社会功能,首先使各个时期的统治者均试图将宗教掌握在自己手中,“运用宗教来巩固自己的统治秩序,实现其多层面的社会控制”③。另一方面,则是宗教领袖试图借助自身所积累的社会资本,获得世俗权力,巩固宗教利益。因而有人指出:“宗教从其产生的那一时刻起,就成为人类精神的向导,或是惟一的,或是诸多向导之一。作为精神的向导,它本身就是一种权威。作为精神的向导,它必然要与社会的权威,特别是政治权威(统治者或统治集团)形成

①吕大吉:《宗教学通论新编》,北京:中国社会科学出版社,1998年,第711页。

②金泽:《宗教人类学导论》,北京:宗教文化出版社,2001年,第3页。

③王晓朝:《宗教学基础十五讲》,北京:北京大学出版社,2003年,第225页。

特定的关系，或者它本身就既是精神向导又是社会权威，或者它从属于社会权威，或者它站在与社会权威对立或游离的立场上。”[①]在双向的推动下，宗教与政治经常结合在一起，形成了宗教领袖与统治者的结合、教会与国家的结合、教权与政权的结合。于是，在几千年的世界文明史中，“宗教与国家……在统治阶级手里，常常揉为一体”[②]。

政治与宗教结合在一起，形成政教合一，具有两种相反的动力。对统治集团而言，为了追求自身的特殊利益，不仅需要论证自身政治经济利益的普遍性，还需要以精神道义的普遍代表自居。宗教恰恰满足了世俗的统治集团为追求全面统治而必然僭越形而上意义界的要求，因为“对统治对象而言，政教合一使权力的统治范围从外在的政治、经济诸领域扩大到为内在的精神意识统治。……对人心的统治是权力可能达到的最彻底的统治”[③]。对宗教团体而言，则存在两种情形：一是借助统治集团的扶持，维护、扩张宗教利益；一是宗教的权力世俗化，通过借鉴世俗世界的政治统摄力量的建构方式，使宗教世界与世俗世界一体化。

政治与宗教结合的两种相反方向的动力，构成了两者相互结合的互为消长的两极：宗教居于国家权力之上，或国家的权威压倒宗教的权威。由此导致宗教在政治中的作用会因时因地有异。卢埃林将宗教的政治作用分为三种形式：“第一，权力直接依靠宗教，如神权政治就是如此；第二，宗教可以用来使统治精英合法化；第三，宗教可为谋求权力的人提供受他们操纵的深层次结构、信仰和传统。”[④]吕大

①金泽：《宗教人类学导论》，第144页。

②启良：《东方文明畅想录》，广州：花城出版社，2001年，第139页。

③尤西林：《阐释并守护世界意义的人》，西安：陕西人民出版社，2006年，第187页。

④特德·C.卢埃林：《政治人类学导论》，朱伦译，北京：中央民族大学出版社，2009年，第80页。

吉将宗教为统治秩序服务的方式分为三种:(1)宗教国家化为国教;(2)政教合一,即"君权与神权,政权与教权合二而一的政治制度。这种体制在不同的国度和历史时期,其结合有不同的程度,其有不同的形式,二者完全结合者就形成'神权政治',未完全合一者,有如……'国家宗教'或'国教'"①;(3)非国教形式的宗教与统治阶级。

宗教在政治中所发挥的作用不同,也就构成了政教合一的不同形态。何光沪将政教合一理解为政教关系,即宗教与政治的结合。他根据宗教与政治结合的程度,将政教合一分为三种情形:神权政治,即宗教与政治、教会与国家、神权与政权的完全结合;国教统治,即被抬高到统治地位的宗教在思想领域内的控制;介于上述两者之间的,则是温和的政教合一。② 不同形式的政教合一,则体现了政权与教权之间的结合形态,反映着两者之间存在的权力的特定结构。

通过上述的分析,可以认为政教合一就是历史上形成的政治与宗教结合在一起的情形。它既可能是世俗的统治者为确立自身的神圣合法性,强化对被统治者心灵的统治,将宗教作为思想控制的工具,使教权依附于政权;也可能是宗教为自身利益,通过寻求政权的支持,或者以教权而治民,形成政教合一。根据宗教与政治结合的程度,可以将历史上的政教合一分为:神权政治、温和政教合一与国教统治三种形态。在此三种形态下,又因世俗权力与宗教权力、国家与教会、统治者与宗教领袖之间的力量对比,及总体上的国家权力与宗教权威之间的结构性关系,可对每一类型做进一步的划分。如神权政治,可分为政权统摄教权的神权政治与教权统摄政权的神权政治。前者由统治者兼任宗教领袖,如大祭司、总主教等;后者则由宗教领

①吕大吉:《宗教学通论新编》,北京:中国社会科学出版社,1998 年,第 721 页。

②何光沪:《言有尽》,济南:山东友谊出版社,2005 年,第 204 页。

袖兼任政权领导者,尽管有时并不直接在名义上具有此类职务、名衔。温和政教合一的某些情况类似于神权政治,但在程度上不如前者那么强,如在政权统摄教权的类别中,政治首领虽然也兼任宗教领袖,但对宗教的控制和利用并不严格,其神圣合法性也并不完全依赖宗教;在教权统摄政权的类别中,宗教领袖名义上为政教合一的首脑,但实际上并不过多干预政治事务,以致在该体制中政治权力的来源及其运用并不完全取决于宗教权威。故而,再加上国教统治,政教合一实际上可以划分为三种形态五大类别。

另外值得强调的一点是,政教合一并不是根本制度,所以它可以在各种社会形态中以不同面目呈现出来。它可以在部落社会中,与部落制度结合在一起;也可以在奴隶社会中,与奴隶制度结合在一起;同样,它也可以在封建社会中,与君主制结合在一起,或与帝国制结合在一起。而且,尤其重要的是,这种政教合一也并不一定只存在于国家的政治层面,它也可以在某个区域社会中存在,并分别与区域社会的具体政治特点结合在一起,呈现出各自政教合一的特点。但,区域性政教合一的存在,总要以国家政权的认可与支持为前提。

三、甘青藏区政教合一制的模式

藏传佛教在甘青藏区的传播,得益于元明清三代国家政权的提倡与支持,同时也与宗教积极寻求地方政治势力的支持有着密切关系。国家政权不仅给予了藏传佛教在甘青藏区传播的政治合法性,还通过大量的册封,提高了藏传佛教宗教领袖的政治地位与宗教地位,在区域社会中实现了政权与教权的结合。所以,我们可以将国家政权在区域社会中的存在,看作是一种松散的政教合一。当然,在这种形态中,与其说是为了利用宗教赋予国家政权以神圣合法性,毋宁说是国家政权为了在甘青藏区建立特殊的统治秩序而对宗教的利用。正是在“众封多建”政策的指导下，形成了甘青藏区互不统属的形态各异的寺院集团。

甘青藏区互不统属的形态各异的寺院集团，造成了寺院林立的局面。它们以社会精神指导的权威身份，积极寻求与地方政治势力的结合，进而形成了各具特色的地方性政教合一模式。造成这一情势的基本动力，当然首先是藏传佛教力量试图借助国家权力与世俗封建领主发展与巩固教权。藏传佛教不仅在甘青藏区的传播如此，在整个蒙藏地区的传播也是如此。五世达赖喇嘛谈及四世达赖喇嘛为何要转生于蒙古王公家族中时，直言不讳地说：“像雪域西藏这样的地方，最初也难以仅用佛法进行教化，必须依靠政治的方法。这在蒙古也是同样，因此达赖喇嘛会在蒙古王族中降生。”①藏传佛教通过与世俗封建领主的合作，特别是借助活佛转世制度在封建领主家族中寻访转世灵童，逐渐确立了政教合一的基本雏形。而另一方面则是世俗封建领主在藏传佛教的影响日益深入人心的条件下，为了实现对人心的统治，积极扶持藏传佛教，并将之纳入到自己的统治制度之中。由清代所奠定的甘青藏区政教合一制的底色，在进入近代历史时期后，具有了更加完备的形态和浓厚的色彩。

总之，在三种力量的推动下，散处于甘青藏区境内的众多藏传佛教寺院，成了维护和建构区域社会制度与秩序的重要力量。这种宗教权力根据与世俗封建领主结合的方式及其内部权力的制度性安排，形成了不同的政教合一模式。

1. 神权政治形态下的教权统摄政权模式。这种政教合一模式的

①五世达赖喇嘛阿旺罗桑嘉措：《一世－四世达赖喇嘛传》，北京：中国藏学出版社，2006年，第261页。

基本特点是以寺主活佛作为政教集团的首领，以宗教权威而统摄教区内的政教大权。寺主活佛是教区内的神圣化存在，不仅是佛的化身，还是佛在人间的存在；不仅是教区内的根本导师，还是众生的怙主。甘青藏区虽然存在庞大的活佛群体，每个活佛都是神圣的存在，但只有寺主活佛才是权威中的权威，位于权力结构的顶端。不仅如此，因为寺院是寺主活佛的寺院，所以寺院的教权与政权的权力来源及其合法性，都将来自寺主活佛。换言之，在这个政教合一模式的权力运作机制中，所有的权力与权威并不是依靠自身而获得的，而是必须得到寺主活佛的认可与任命，才能得到教民的支持与服从。因而，所有的权力都是委任性权力，不过是寺主活佛权力的代理人；所有的权威都是借势权威，不过是借助寺主活佛的神圣权威性而具有的权威性。尽管每个寺院都有非寺主活佛，他们也在日常生活中发挥重要作用，甚至拥有自己独立的所属部落或寺院，但只有得到寺主活佛的任命，他们才能参与整个寺院的管理，进入到整体性的政教权力体系之中。在这类政教合一模式中，拉卜楞寺为典型代表。

近代时期，拉卜楞寺已经成为甘青藏区最大的藏传佛教寺院，“该寺的范围，不但大于县境，而且若依所属一百零八寺而论，已多伸入青海、西康、蒙古各地，也不仅在一省之内；即一百零八之数，也是仪式的，不是实际的；实际则远超一百零八，而在二百以上”①。也就是说，拉卜楞寺作为一个政教集团，除了本部以外，还拥有众多的属寺，从而成为藏传佛教格鲁派六大宗主寺之一。为了加强对寺院的管理，一世嘉木样（1648—1721）于 1709 年创建拉卜楞寺之初，就着手建立了寺院内部的管理组织：拉章组织与寺院组织。所谓拉章组织，即负责嘉木样拉章的综合事务以及财产管理的组织，由襄佐（意

①李安宅：《李安宅藏学论文选》，北京：中国藏学出版社，1990 年，第 6 页。

为总管）与捏力哇（意为管家）具体负责。寺院组织主要包括两级，即寺院组织与扎仓组织，分别由总法台和扎仓法台负责。三世嘉木样（1792—1855）时，设立了拉卜楞寺的最高权力机构——磋钦措兑，即“僧俗会议”，成员包括寺院当权上层、黄河南前首旗蒙古亲王代表、主要属寺所在地的千百户代表，由襄佐主持，定期召集例会，商决教区政教大事。四世嘉木样（1856—1916）时改组寺院权力机构：（1）成立了拉章仲贾措多，意为嘉木样座前会议，由襄佐、司食长、司服装长、经务长、秘书长、承宣长、嘉木样代表、管家等组成，负责嘉木样本人的日常生活及拉章相关事宜；（2）“成立管理全寺教务的‘磋庆磋多’（教务会议），由磋庆慈哇（大法台）主持”；[①]（3）扩大卫队组织，规定担任卫士数年便可以派到属寺或部落担任“更察布”（又写作更擦布、更拭布等）或“郭哇”。1940年，五世嘉木样还成立了由嘉木样亲自领导、襄佐主持的嘉木样办公厅，即议仓，统辖寺院及部落的一切政治、宗教、军事大权，仲贾措多与磋庆磋多逐渐被议仓所取代。[②] 可见，在拉卜楞寺政教集团内，政教权力无论是分属由襄佐领导的政权系统，还是由总法台领导的教权系统，其最高权力始终掌握在寺主活佛嘉木样手中，并可根据嘉木样的意志，随时决定寺院权力的组织结构。即使襄佐和总法台也不具有自身的权威性，他们均由嘉木样任命，代表嘉木样处理政教事务。其中尤以襄佐为甚，任襄佐者或为俗人或为活佛，他的权力始终直接承受于嘉木样活佛，为借势权威。

2. 神权政治形态下的政权统摄教权模式。这种政教合一模式的基本特点是世俗封建领主作为政教首领，以政治权力统摄所辖区域

①孙尔康：《拉卜楞寺政教合一制的发展》，载《西北民族学院学报》（哲学社会科学版）1979年第1期，第51页。

②洲塔：《甘肃藏族部落的社会与历史研究》，兰州：甘肃民族出版社，1996年，第233页。

社会的政教大权。世俗封建领主或为土司,或为千百户,或为土官,他们在中央政府的支持下,掌握着统治区域内的政治权力,俨然一方诸侯,从而或迫使宗教势力依附自己,或积极扶持宗教势力,总之以与其掌握行政权力相似的办法,牢牢地控制着辖区内的宗教权力,并以世俗封建领主的身份兼具宗教领袖的身份。因而,宗教权力所及的范围就是世俗封建领主的势力范围,宗教权威所能达到的最高高度就是世俗封建领主的权力高度。宗教领袖的权威性并不必然来自世俗封建领主,但只有接受封建领主的宗教领袖地位,并接受其任命,才能在宗教体系内掌握实际权力;否则就会受到封建领主的打击。这种模式在甘青藏区的典型代表就是卓尼土司的政教合一制。

卓尼土司崛起于元明时期,并在明代赐姓为杨,至清代已经成为甘青土司中势力最强者。在势力扩张过程中,卓尼土司家族积极利用藏传佛教势力,将辖区内的卓尼大寺牢牢掌握在自己手中,并通过自己的政治影响,提高卓尼大寺的地位。明代禅定寺被封为僧纲,清代又晋封为呼图克图。卓尼土司以卓尼大寺为宗教核心,将辖区内所有寺院置于卓尼大寺的统辖之下,又将卓尼大寺掌握在自己家族手中,从而形成了以政治权力统辖宗教权力的政教合一制。该模式的基本特点就是:"政属于土司,教属于僧纲……兄任民长,管理民政,弟任寺主主持宗教,历代相传,土司长子承袭土司,次子例袭僧纲。遇独子时,土司兼任僧纲……凡政治力量所及之区,悉负有宗教力量配合其间,此卓尼政教之最大特色。"①

3. 温和政教合一形态下的教权统摄政权模式。在这类政教合一模式中,寺主活佛作为宗教领袖,名义上是政教集团的首脑,但并不

①杨复兴:《安多藏区甘南卓尼之现况》,载中国人民政治协商会议甘肃省卓尼县委员会文史资料委员会:《卓尼文史资料》第1辑,1984年,第56-57页。

掌握实权，或者并不掌握政权。换言之，实际掌权者虽然在名义上代表寺主活佛，但其权力及权威性并不来自寺主活佛的授命。其典型性，又可分为塔尔寺模式与隆务寺模式。

塔尔寺是甘青藏区中仅次于拉卜楞寺的藏传佛教大寺，同为藏传佛教格鲁派六大宗主寺之一。它的最高权力机关是总法台领导下的全体僧人经堂会议，下辖噶尔克会议、大吉哇和大拉章三个机构。总法台总揽全寺政教大权，一般由该寺或寺外有影响、有经济实力和佛学造诣的高僧（多为转世活佛）担任。噶尔克会议类似全体僧人经堂会议的常务委员会，由总法台、大襄佐、大僧官、大老爷和六族干巴组成。总法台任职期间，居住大拉章内，拉章组织即由总法台任命的大襄佐负责管理。大僧官是由总法台任命，管理全寺僧人生活和学经纪律、纠察犯戒行为的僧职。总法台的行政办事机构设在大吉哇（亦称吉索），负责管理本寺的内外事务，设有吉索第巴，俗称吉哇老爷。大老爷协同大僧官、六族干巴总揽全寺的内部事务；二老爷负责对外联络；三老爷负责财务；四老爷负责管理杂务。六族干巴是塔尔寺六部落在寺僧人的代表，一般由大僧官负责推举，每部落1人。由此看来，似乎所有的权力都来自总法台的授命。实际上，总法台又由六族干巴共同推举。因而可以说，塔尔寺政教合一模式不过是由名义上代表寺主活佛的总法台与代表六部落的干巴协商决定制。

隆务寺是近代甘青藏区的第三大寺院，建立于元代，初为萨迦派寺院，由隆务土官家族掌握政教大权。明末，隆务寺改宗格鲁派，采取活佛转世制度，以夏日仓活佛世系为寺主，确立了以夏日仓为政教领袖的政教合一制。在夏日仓之下，分设昂欠组织、寺院组织与行政组织。在昂欠组织中，设襄佐，总管昂欠内一切事务，并代表寺主夏日仓处理对外事务。在寺院的教务方面，设总法台一名，一般任期三年，代表夏日仓总揽教务大权，法台下设干巴会议，总管全寺的宗教及行政事务执行情况。行政组织则由昂领导，负责管理隆务寺所属各部及对外事宜。襄佐、总法台处理寺院内宗教事务，由夏日仓任命，其权力及权威性来自夏日仓；昂总揽民政、司法及军事大权，名义上接受夏日仓的领导，但并不由夏日仓任命，其权力来源自传统，即"该寺昂有六家人轮流充当，世代接替，外人不得与也"①。由此造成了隆务寺政教合一模式的两个特点：(1)夏日仓作为政教领袖，根据传统不能直接行使对所属部落的管理权；(2)隆务寺教务系统受隆务昂实际管理的地域范围的限制，即教区很难超越政区。

4. 温和政教合一形态下的政权力摄宗权力式。这类模式的特点是世俗封建领主为维护自身的统治，或因应藏传佛教宗教势力的要求，或积极主动扶持藏传佛教的传播，为其修建寺院，并以政治首领在名义上兼任宗教首领，实际上并不直接插手宗教事务。换言之，世俗封建领主虽然名为政教首领，但其关注的重点还在世俗事务的管理上，并不积极谋求宗教的权威性，以致宗教内部仍然按照自身的特点构建自身的权威性和权力体系，只是需要得到世俗封建领主的认可。这类模式以囊谦千户政教合一模式为代表。

囊谦千户为玉树各部之长，"有分土，有分民，领袖各族，而无管理各族之实权"②。据 1958 年统计，囊谦千户直辖 7 个百户部落，36 个百长部落，52 座寺院。③ 据说囊谦千户崛起于 9 世纪中叶，历朝历代依附中央王朝，先后被册封为"王""千户"。藏传佛教形成后，崇信

①《循化厅为隆务寺准备攻打河南蒙古上的禀》，青海省档案馆，档案号：7－永久－2727。

②周希武：《玉树调查记》，西宁：青海人民出版社，1986 年，第 23 页。

③陈庆英：《中国藏族部落》，北京：中国藏学出版社，2003 年，第 20－27 页。

噶举派,元代则尊崇萨迦派,具有“内崇噶举,外尊萨迦”[①]的特点。元明时期,在囊谦境内,修建了大量噶举派与萨迦派寺院,并在萨迦派的支持下,领有境内政教大权。格鲁派势力崛起后,又积极与之交好,得到格鲁派势力的青睐。据说,固始汗曾颁给囊谦王文册,确认他为领地内三所寺院的寺主,僧俗皆为其属民。[②] 其后,囊谦千户在领地内的政教大权多次得到中央政府与格鲁派政教势力的确认。囊谦千户以政权统辖教权,不过是借宗教力控制思想领域,加强统治,并维持与中央政府及宗教势力的关系,这也造成了领地内各藏传佛教寺院林立的局面。囊谦千户对领地内各寺院的管理,并不十分严格,名义上为各寺院的寺主,以直辖四大寺院控制领地内的众多寺院,但总的来说寺院的管理权仍由各寺院自行决定,如萨迦派寺院仍由后藏萨迦寺选派堪布与喇贵管理。

5. 国教统治形态。这类政教合一模式在甘青藏区比较普遍,基本特点是世俗封建领主行使政治权力,统辖领地内的民政、司法、军事、财政大权;宗教领袖管理寺院事务及领地内的宗教事务;双方互不干涉。宗教不过是世俗封建领主借以维护和巩固自身统治的一种手段,即以藏传佛教的宗教力量,加强对所属民众的思想控制。因而,世俗封建领主积极倡导和推行扶持藏传佛教的政策,通过资助寺院修建的方式,成为寺院的大施主或根本施主,以福田施主关系,维护双方的共同利益。这类政教合一模式的典型代表即青海蒙古各部与藏传佛教的关系。

和硕特蒙古控制藏区后,不仅固始汗与达赖喇嘛结成了施主福

①星全成、马连龙:《藏族社会制度研究》,西宁:青海民族出版社,2000年,第17页。

②玉树藏族自治州概况编写组:《玉树藏族自治州概况》,西宁:青海人民出版社,1985年,第53-54页。

田关系,留居在青海境内的蒙古各部,为了加强对藏、土、裕固等族的统治,也积极扶持藏传佛教,兴建新寺,扩建旧寺。这类情形普遍存在于甘青藏区的各大寺院,如拉卜楞寺、郎木寺、塔尔寺、东科尔寺、夏琼寺等等。由此也可以看出,蒙古王公的布施,特别是属民与土地的布施,是甘青藏区以教权统摄政权和以政权统摄教权两类政教合一模式确立的重要途径。除此之外,蒙古王公也积极在自己的领地内兴建大量寺院,作为维护自身统治的基本工具。

四、小结

藏传佛教作为藏化的佛教,具有与其他佛教教派不同的特点,表现为超强的社会干预能力和介入能力。它深深浸入藏、蒙、土、裕固等族群的本土文化之中,积淀为社会结构中的深层结构,成为意义中的意义,因而也就具有了建构社会秩序的能力。这种结构化的能力表现在政治方面,就是以宗教所具有的文化权力、符号权力,侵入政治领域,以宗教的价值观、宗教的制度,重建政治秩序。在甘青藏区,政教合一的不同形态与模式,则体现了结构二重性的特点,即藏传佛教力量与传统制度力量的相互博弈。它是在甘青藏区自身社会发展中,宗教权力与政治权力、僧团与世俗领主、宗教市场与政治市场力量对比在特定时期呈现出来的基本格局。

对甘青藏区政教合一制的研究,不仅可以展现藏传佛教作为结构化的结构所具有的结构能力,还可以揭示宗教的文化权力与象征性符号系统运用对政治社会的影响。这对于重新审视国家政权在甘青藏区合法性的重建及国家权力行动效能的提高,以及对区域社会的再认识与和谐社会秩序的建构,均具有重要意义。因而,在今后甘青藏区政教合一制的研究中,还有很长的路要走。

王树楠在甘肃的仕学(1896—1906)述评

陈光辉

王树楠(1851—1936),字晋卿,号陶庐老人,河北新城人,近代著名方志学家、经史文学大师。清末历仕四川、甘肃、新疆等西部省区,官至新疆布政使,中华民国肇造,任清史馆总纂。王树楠一生经历、交游、著作丰富,在近代中国历史人物研究中占有一席之地。揆诸先贤之作,则多及王树楠学问、人生及新疆经略之研究①,而对其在甘肃近十年的宦海生涯少有述论。笔者以为此一阶段,对王树楠之为学与宦途均具有重要影响,且考其论著,对于研究近代甘肃社会亦有重要价值,故不揣谫陋,仅就所见史料,对其在甘肃的活动做集中的梳理与分析,以期有所裨益,尚祈方家指正。

①主要研究成果有王维庭:《王晋卿先生传略》,载《文献》1998 年第 2 期;戴良佐:《王树楠与〈新疆图志〉》,载《中国地方志》2002 年第 3 期;乔治忠、刘芹:《史家王树楠及其〈欧洲族类源流略〉》,载《史学月刊》2007 年第 8 期;刘芹:《王树楠对管子思想的解读和阐发》,载《管子学刊》2008 年第 4 期;刘芹:《论王树楠对整理编纂乡邦文献和地方志的贡献》,载《山东理工大学学报》(社会科学版)2009 年第 1 期;刘芹、董广伟:《王树楠欧洲史著述探析》,载《齐鲁学刊》2009 年第 1 期;褚红:《王树楠与他的〈畿辅方言〉》,载《语文学刊》2009 年第 12 期;薛宗正:《王树楠的西疆诗作》,载《新疆大学学报》(哲学·人文社会科学版)2011 年第 5 期;袁澍:《王树楠与近代新疆开发建设》,载《新疆社科论坛》2001 年第 1 期;袁澍:《王树楠与近代中国西部开发》,载《新疆师范大学学报》(哲学社会科学版)2001 年第 1 期等。

一、仕途跌宕及入甘端倪

王树楠于光绪十二年(1886)进士及第,分户部广西司任主事,未任而旋改四川知县,光绪二十年(1894)因事解职,入两江总督张之洞幕府。二十二年(1896)四月入陕甘总督陶模幕府,拉开在甘肃十年仕宦生涯的序幕。对于此段历史,以往的研究多含混之处,故仍需笔墨以考证之。

王树楠殿试以三甲引见,经过朝考列二等,即"以主事用签分户部广西司行走"①。其时,与之相熟的吴汝纶劝他改任知县,"一官一邑,尚可为民造福;京官碌碌,徒耗岁月耳"②。他于是年冬"遵海防例捐知县,新班先选用"③。至光绪十三年(1887)五月,经部选授四川青神县知县。在四川期间,王树楠先后任职青神、眉州、彭山、资阳、新津、富顺、铜梁等地,颇受四川总督刘秉璋赏识,期许其"年强才练,能任劳怨"④。

王树楠在四川看似一帆风顺的仕途生涯却在光绪二十年(1894)戛然而止。是年九月给事中吴光奎奏参四川省吏治贪纵、滥刑私押等弊。其中,"调署富顺县知县王树楠,在资阳县任内刑狱毙者多人,虽非同案重犯,究属疏于防范,且有案犯因杖责过多后病故,亦属有

---

①秦国经:中国第一历史档案馆藏《清代官员履历档案全编》,第 7 册,上海:华东师范大学出版社,1997 年,第 239 页。

②王树楠:《陶庐老人随年录》,载《近代稗海》第 12 辑,成都:四川人民出版社,1988 年,第 367 页。又据尚秉合《故新疆布政使王公行状》(见《近代稗海》第 12 辑)记此话为王树楠自叹,王树楠晚年自述当更可信也,兹不采尚说。另,尚文中记王树楠中进士后"用工部主事",当为户部,又是一误,常为引者不察而误引,特于此指出。

③秦国经:中国第一历史档案馆藏《清代官员履历档案全编》,第 27 册,上海:华东师范大学出版社,1997 年,第 674 页。

④王树楠:《陶庐老人随年录》,第 374 页。

违定例”[①]。王树楠因此交部议处，十月被革职。川督刘秉璋因不能保全王树楠而心有歉疚，勉励他：“一时之得失，不足为君荣辱。张公爱才，此行必有嘉会，扶摇直上转瞬间事耳，老夫当拭目俟之。”[②]其后，“事为两江总督张之洞所闻”[③]，王树楠遂于光绪二十一年（1895）三月被“电调两江委办防务洋务文案”[④]。

光绪二十一年（1895）六月中旬，王树楠入两江总督张之洞幕府，办理防务、洋务文案。时值甘肃河湟地区回乱，陕甘总督杨昌濬征军火于两江，以“军情紧急，请借前膛洋枪三千杆，大铜火三百万颗，两磅快炮十尊，派员星驰解甘，价归协饷扣抵”[⑤]。迭经电文相商，张之洞与杨昌濬议定，委派沈锡周、王树楠、施焕负责，向甘肃解运军火。此即王树楠所称“（光绪二十一年）十月文襄檄余解赴甘肃”[⑥]。所运军火计“法毛瑟枪二千枝，弹二百万，火药二十万斤，铜火六百万颗，又克虏伯快炮弹一千颗……至敝处所派之员，仍令协解到地交纳，以昭慎重”[⑦]。因事关重大，王树楠等人随解运队伍而行，直至甘肃。光绪二十二年（1896）正月，王树楠到达兰州，时杨昌濬因镇压回乱不力而被革职，以陶模代之。由此开始，王树楠便结识了“第一知己上司”陶模，迎来自己政治生涯的一次重要转折。四月，陶模延请王树楠进

①《清实录·德宗朝实录》卷350，光绪二十年九月癸卯，北京：中华书局，1987年，第511页。

②王树楠：《陶庐老人随年录》，第375页。

③尚秉合：《故新疆布政使王公行状》，载《近代稗海》第12辑，成都：四川人民出版社，1988年，第420页。其中具体细节笔者未找到相关资料，颇为遗憾。

④秦国经：中国第一历史档案馆藏《清代官员履历档案全编》，第7册，上海：华东师范大学出版社，1997年，第239页。

⑤《杨制台来电》（光绪二十一年闰五月二十二日寅刻到），载苑书义、孙华峰、李秉新：《张之洞全集》，第8册，卷203，电牍34，石家庄：河北人民出版社，1998年，总第6530页。

⑥王树楠：《陶庐老人随年录》，第375页。

⑦《致陕西张护抚台》（光绪二十一年十月十九日巳刻发），载苑书义、孙华峰、李秉新：《张之洞全集》，第8册，卷207，电牍38，石家庄：河北人民出版社，1998年，总第6745页。

入幕府,开启了王树楠"宦游陇上十余年间"[①]的仕宦生涯。

由此可见,王树楠由川入两江,不过三四月时间,却为人生难得之机遇。换言之,张之洞于其间居中协调,实为关键之枢机。张之洞委派王树楠等人解运军火的动机,虽然已难揣测,但也不难发现其中对王树楠等人的赏识与抬举之意。故王树楠等人至兰州后,张之洞即请杨昌濬代为保举王树楠等人运解军火之功。后因杨已革职,即改请陕西巡抚魏光焘保举。盖因张之洞已知魏光焘于"西宁哆巴逆堡五次痛剿,毙悍贼数千,势蹙投诚,勒斩巨憝马大头、丁三及大小逆目八十余名,呈缴马、枪甚伙",所谓"麾下捷音叠奏,保案必多",故而以运解西路军火"数多质重,途远运艰,与寻常劳绩不同",借机提出"同知衔前四川铜梁县知县王树楠,请开复原官,仍留原省补用,并免缴捐复银两"。[②] 魏光焘受托,即于光绪二十五年(1899)正月在甘肃西宁等处肃清案内奏保王树楠,补缺后以直隶州知州留原省补用,从而为王树楠在甘肃重启仕途打开了大门,并为之奠定了较好的人际关系。

二、宦迹与政声

王树楠因"委解甘肃军火经陕甘总督杨昌濬发往西宁前敌效力,随同官军攻克北大通十大回庄出力"[③],于光绪二十二年(1896)四月入陕甘总督陶模幕府专办折奏。适值应对河湟回民起义的关键时刻,王树楠勤勉任事,得到陶模的赏识和提携。是年十月由陶模在北

---

①戴锡章:《西夏纪·王树楠序》,罗矛昆点校,银川:宁夏人民出版社,1988年,第6页。

②《致陕平番魏抚台》(光绪二十二年三月初八日午刻发)、《魏抚台来电》(光绪二十三年三月十七日亥刻到),载苑书义、孙华峰、李秉新:《张之洞全集》,第9册,卷211,电牍42,石家庄:河北人民出版社,1998年,总第6958页。

③秦国经:中国第一历史档案馆藏《清代官员履历档案全编》,第7册,第239页。

大通保案内奏保开复，二十三年（1897）九月以原官原衔开复留于甘肃补用。其后他多年居于陶模幕府，至光绪二十五年（1899）正月任中卫知县、光绪二十九年（1904）十二月任平庆泾固化道、光绪三十年（1904）二月署巩秦阶道、光绪三十一年（1905）七月署兰州道。其间，王树楠每任一地，诸事亲力亲为，颇有宦绩。

1. 兴修水利，造福地方

兴修水利，招募流民，开垦荒地，历来是地方官重要德政之一。中卫“左联宁夏，右通庄浪，东阻大河，西据沙山……边陲要路”[①]，地理位置重要；濒临黄河，沟渠众多，灌溉垦殖，农业十分发达，然“查郡渠工，创自乾隆年间，利擅鱼盐，富甲通省。嗣因毁于兵燹，需款过巨，无力重修，人民迁徙，地遂荒废”[②]。王树楠正式到中卫接印视事后，即实地考察其水利工程。中卫县众多河渠中七星渠最大，但因山洪之害废弛已久，历任知县以工程繁难而未修复。陶模以此问王树楠：“汝到任后，亲身踏勘，究竟能兴复与否，据实告余，此关乎国课民生最大且要者，吾之委汝署理此缺，正为此也。”王答曰：“天下无不可为之事，但患人不为，非必不能为也。”[③]我们从王树楠的回答中可见其自信干练和勇于任事的霸气。而王树楠任职青神县时，曾经“兴筑鸿堰，引江水溉田数万亩，县以大富”[④]，此应是王树楠得以任职中卫的重要因素。

王树楠首先通过当地绅士询问七星渠兴废的缘由，四月又亲自

①〔清〕黄恩锡撰修：《中卫县志》卷1，载《中国方志丛书·塞北地方》，第5号，台北：成文出版社，1968年，第38页。

②王钟翰点校：《清史列传》，第15册，卷59，《崧蕃》，北京：中华书局，1987年，总第4607页。

③王树楠：《陶庐老人随年录》，第377页。

④尚秉合：《新城王公墓志铭》，载汪兆镛：《清代碑传集三编（二）》，卷21，监司四，周骏富：《清代传记丛刊》综录类六，第125册，台北：明文书局，1975年，第407页。

带同宁安巡检童爱忠赴宁安堡查勘渠工。由是得知，全渠受山洪冲毁的四处为：渠口、小径沟、丰城沟、红柳沟。细致分析各处存在的问题后，王树楠与渠绅议定解决办法，分别治理。针对渠口易受山洪冲击，他在渠口修进水闸、退水闸各三座，同时修筑低堰，连接渠口，将山洪泄入黄河，以有效解决山洪冲击堵塞渠口的问题，“工竣之后，已经暴水数次，颇无妨碍，似可一劳永逸”①。小径沟改修飞桥，渠水从桥上流，山水从桥下流。红柳沟重修暗洞，使山水从洞上流，渠水从洞中流出以灌白马通滩。至于修渠所需的万余银两，王树楠提出由仓粮变价支付，等渠修成后由受益的土地所有者摊还。全渠告成后，“数十万亩荒田，尽成沃壤……不费国家一钱，而国课骤增，县以大富”②。此种两便之法，深受好评。光绪二十八年(1902)，陕甘总督崧蕃拟拨勇兴修荒芜已久的白马通滩，即选派王树楠任其事。王树楠仿照修筑七星渠按亩出夫的旧例，计划开渠 81 里。渠成，与七星渠相接，两渠全长 180 里，灌溉田地 6 万余亩，对恢复和发展当地农业生产起到了重要作用。故崧蕃盛赞“昔时硗确，一旦变为沃壤，逃亡复业者甚多”，并强调“俟中卫渠工修竣，凡宁郡近河州县，查勘可兴水利之处，皆令仿照接修”。③ 可见王树楠已成为兴修水利的楷模。

通过这两项工程，王树楠的才能得到展现，他不拘成法，勇于任事，兴修水利，灌溉荒地，造福地方百姓，增加赋税，利国利民。光绪二十八年(1902)陕甘总督崧蕃奏称：“中卫县知县王树楠敏干廉勤尽心民事，近年开办渠工扩充水利，于国计民生大有裨益，且该员留心时务学有根底贯通中西，具有深识，实为当时有用之才。”④

---

①王钟翰点校：《清史列传》，第 15 册，卷 59，《崧蕃》，总第 4608 页。

②尚秉合：《故新疆布政使王公行状》，第 420 页。

③王钟翰点校：《清史列传》，第 15 册，卷 59，《崧蕃》，总第 4607 页。

④秦国经：中国第一历史档案馆藏《清代官员履历档案全编》，第 7 册，第 239 页。

2. 开办统捐,整顿财税

厘金自诞生以来即有诸多弊端,局卡众多,官吏需索刁难,商民偷漏绕越,与创办时"无损于民,有益于饷……经久而便民"[①]的初衷大相径庭。《辛丑条约》签订后,为了给"裁厘加税"做准备,面临严重财政困难的清政府着手试办统捐。

晚清统捐始于光绪二十九年(1903),由江西最早试办。该年三月,护理江西巡抚柯逢时奏"厘金改办统捐,商民称便,拟请土货改从一律",得到许可后"即督饬认真办理,剔除中饱,以期裕课恤商"[②]。户部亦认为"预筹便商裕饷之道,惟统捐最为善策"[③],奏请朝廷饬谕各省筹办统捐。

光绪三十一年(1905),陕甘总督升允因甘肃每年厘金只四十万两,怀疑其中弊端。光绪三十年(1904)尚在陕西巡抚任上,升允就曾上奏:"筹办陕省百货统捐,请仿照烟厘坐贾办法,略为变通,以期简易可行。"[④]故此时,他奏调王树楠"署皋兰道"[⑤],以主持甘肃省改办统捐事宜。又面谕王树楠:"甘省厘金百弊丛生,非商贩脚夫偷漏绕越,即局卡书巡需索卖放,种种弊端不可枚举,亟宜遵旨筹办统捐,整齐划一以裕饷项而便商民。"[⑥]

光绪三十一年(1905)七月,王树楠上任伊始,即抱定脚踏实地的

---

①雷以诚:《请推广捐厘助饷疏》,载王树敏、王延熙:《皇朝道咸同光奏议》卷37,台北:文海出版社,1969年,第1985页。

②《清实录·德宗朝实录》卷513,光绪二十九年三月甲戌,北京:中华书局,1987年,第782页。

③《户部奏请饬各省筹办统捐折》,载《东方杂志》1904年第4期,财政,第80页。

④《清实录·德宗朝实录》卷529,光绪三十年四月壬子,北京:中华书局,1987年,第43页。

⑤尚秉合:《故新疆布政使王公行状》,第421页。

⑥《委正任皋兰县知县潘龄皋等会商大布统捐札》(光绪三十一年八月初六日),载彭英甲:《陇右纪实录》第3卷,兰州:甘肃官书局石印,1911年,第1页。

决心，“凡厘政当因当革博访周咨，总期于饷项有裨，于商民无损，决不存五日京兆之心”[①]。经由翔实的调查，他看到“布匹乃厘金大宗”[②]，甘肃进口大布每年不下十万卷，抽厘三四道不等，“约略计算每年共应收厘银二十余万两”，然而光绪三十年(1904)“各局卡抽收布匹厘金统计不过五万余两”[③]。由此，他认识到在大布的厘金收受过程中，必定存有诸多弊端，于是决定甘肃裁厘统捐，以大布为开端。光绪三十一年(1905)八月，王树楠委派皋兰知县潘龄皋会同商办大布统捐，“总以裕国便商剔除中饱为主义”[④]，与省城布商筹商办法，同时派甘肃候补道霍勤煒赴陕西三原筹办大布统捐。

选择于陕西三原设立大布统捐局，不避麻烦隔省设局，一方面考虑到“衣被为比户所需，甘肃产棉甚少，民间不谙织纺，故输入货品布匹实为大宗”[⑤]；另一方面是鉴于“三原向囤各路布为发甘大布总庄”，故在三原县城设立大局，发给木质刻有“办理甘肃大布统捐驻扎三原大局关防”一颗，凤翔府城设立分局，虢川镇、益门镇各设分卡归凤翔分局经理，“遇有发甘大布一律收捐给票以利遄行”[⑥]。同时为了防止绕越，他还在西安、略阳、安边设置百货统捐局兼查入甘大布。

①《委正任皋兰县知县潘龄皋等会商大布统捐札》(光绪三十一年八月初六日)，载彭英甲:《陇右纪实录》第3卷，第1页。

②《督宪升饬令税厘总局核议大布统捐章程》(光绪三十一年十一月十八日)，载彭英甲:《陇右纪实录》第3卷，第7页。

③《正任皋兰县知县潘龄皋等会议大布统捐情形禀》(光绪三十一年八月初九日)，载彭英甲:《陇右纪实录》第3卷，第2页。

④《正任皋兰县知县潘龄皋等会议大布统捐情形禀》(光绪三十一年八月初九日)，载彭英甲:《陇右纪实录》第3卷，第6页。

⑤〔清〕傅秉鉴:《甘肃清理财政说明书》(一)次编上，页52，清宣统年间石印本，载北京图书馆出版社影印室:《清末民国财政史料辑刊》，第18册，北京:北京图书馆出版社，2007年，第324页。

⑥《税厘总局核议大布统捐章程并请札委各员前赴陕西各处设局开办详》(光绪三十一年十二月初九日)，载彭英甲:《陇右纪实录》第3卷，第12页。

为了避免厘金局卡层层需索，在设局之处征收入口税，发给盖戳单据，由入境、落地、查验三处严查，“无论为白布色布运往何处，于入境时统收库平纹银一两四钱，听其所之，不再重征”[①]。甘肃候补道霍勤燡率同局委各员于光绪三十一年（1905）九月抵达三原，经过查访拟定大布统捐章程，包括设立局卡、刊发关防、拣派局员、慎选书巡、宽收严查、盖用戳记、入甘查验、缴销原票、委员巡查银数、详核月报、优给薪工、功过赏罚等[②]，详细规定了开办大布统捐的方方面面，由此开启了甘肃的统捐。经过扎实的准备，甘肃大布统捐于光绪三十二年（1906）正式开办，行之有效“逐推行于百货，增设西安、凤翔、略阳、安边、靖边各局”[③]。甘肃省财政收入增长迅速，光绪三十三年（1907）即“岁收银二十三万两”[④]。

对于改办统捐，升允曾指出其“有益于公实非浅鲜，以故两年来凡兴办学堂、巡警、农工商矿各事，尚不致仰屋徒嗟者，大都取给于此”[⑤]。甘肃统捐收入较之前厘金大幅度提高，基本上实现了整顿厘金弊端、增加财政收入的目的，而财政收入的增加又为同期甘肃新政的举办提供了资金保障，促进了清末甘肃各项事业的近代化历程。王树楠作为甘肃统捐的开办者，整顿财税，革除弊端，裁撤局卡，“商

①《税厘总局筹议大布统捐大概办法详》（光绪三十一年八月二十三日），载彭英甲：《陇右纪实录》第3卷，第5页。

②《大布统捐章程十七条》，载彭英甲：《陇右纪实录》第3卷，第12-20页。

③刘郁芬监修，杨思、张维等纂修：《甘肃通志稿》，载邵国秀：《中国西北稀见方志》（二），北京：中华全国图书馆文献缩微复制中心，1994年，第548页。

④〔清〕傅秉鉴：《甘肃清理财政说明书》（一）次编上，页53，清宣统年间石印本，载北京图书馆出版社影印室：《清末民国财政史料辑刊》，第18册，北京：北京图书馆出版社，2007年，第326页。

⑤《陕甘总督升允奏三十二年改办统捐收支数目折》，载《政治官报》光绪三十四年八月二十一日第320号，第14页。

民宿困,一旦蠲除,皆大欢悦"[①]。王树楠升任新疆布政使后兰州道由彭英甲接任,甘肃统捐亦办得有声有色。[②]

3. 查禁义和团,发展教育

庚子事变时,山西义和拳民由包头入宁夏,宁夏道、府招拳民入署。及拳民入中卫,王树楠则严禁百姓容留拳民、学习拳术,并且密禀魏光焘主全省严禁义和拳,全省获安。王树楠任巩秦阶道时,创办中学堂,并亲任教习。光绪三十一年(1905)五月,陕甘总督升允改求古书院为存古学堂,聘学政叶昌炽为经学总教习,兰州道王树楠为史学总教习,以造就人才,保存国粹。[③]

三、经世之学

王树楠仕宦甘肃的十余年间,正值中国"数千年未有之变局"[④],东西方的相遇以一种近乎悲壮的方式在近代中国演绎着。列强的侵凌,民族危机的加深,救亡图存成为时代的主题。受此时代思潮的影响,在勤于政务的同时,王树楠亦尽心于经世之学的探究,著书立说,关心西北边疆局势,不失为一种有益的探索。

1. 著书立说,倡导变革

在甘肃期间,王树楠政务繁忙,但"材力精强,自入仕,终日案牍,

①尚秉合:《故新疆布政使王公行状》,第421页。

②王树楠在晚年所撰《陶庐老人随年录》中曾经抱怨彭英甲没有遵守定章,又复添设局卡增税,从而导致收入大减;袁澍《王树楠与近代中国西部开发》(《新疆师范大学学报》哲学社会科学版,2001年第1期)认为王树楠离任后人去政亡,后继者用人不当,以致财税改革以流产告终,此说不确。按:彭英甲接手后亦尽心办理,规章、机构更完善,统捐收入同样保持了增长,支持了清末甘肃各项新政事业的举办,对此笔者另有专文论述,兹不赘述。

③慕寿祺:《甘宁青史略》(二)卷26,载中国西北文献丛书编辑委员会:《西北史地文献》第22卷,兰州:兰州古籍书店影印,1990年,第177页。

④李鸿章:《筹议海防折》,载《李鸿章全集》第1册,海口:海南出版社,1997年,第828页。

仍终日著书”[①]。其间撰写《彼得兴俄记》、《欧洲族类源流略》(1896年)、《欧洲战事本末》(1901 年)、《希腊学案》(1903 年)、《希腊春秋》(1905 年),系统地介绍欧洲各国情况。他虽为官西北,但近代西方列强的入侵,引发其强烈的危机忧患意识,因而“尤锐意当世有用之学”[②],撰写欧洲史学著述,开阔了中国人向西方学习的视野。他倡导学习西方以救亡图存,顺应时代潮流,在中国近代史学上具有重要地位和作用。[③]

王树楠撰写《彼得兴俄记》受到传教士李提摩太《列国兴盛变通记》的影响。李提摩太与张之洞关系密切,1895 年曾到湖北拜见张之洞,因而与王树楠有所接触。正是依据《列国兴盛变通记》,兼采其他史书,王树楠编撰而成了《彼得兴俄记》一书。作为当时较早介绍彼得一世变法的著述,王树楠“述俄皇彼得变法之效,详记之,以为用人行政者警焉”[④],具有很浓厚的借鉴意味。他认为俄国的强大源于彼得一世的变法改革,“凡西人新法善政,无不一一见之施行。……呜呼,变法之效,何其彰彰也”[⑤],这对推动变法图强成为社会主流思潮起了促进作用。

《欧洲族类源流略》《欧洲战事本末》是两部关于欧洲的专门史学论著。前者是关于欧洲民族史的专著,以地域为中心,从种族、文化、外交等方面梳理欧洲各国民族源流,尤其注重中西文化的差异比较与融合吸收。后者以纪事本末体叙述欧洲十余国的战事,并分析其成败缘由,以为中国借鉴。

---

①尚秉合:《故新疆布政使王公行状》,第 423 页。

②吴闿生:《陶庐诗续集》序,载《陶庐丛刻》二十,光绪至民国年间刻本。

③刘芹、董广伟:《王树楠欧洲史著述探析》,载《齐鲁学刊》2009 年第 1 期,第 69 页。

④王树楠:《彼得兴俄记·序目》,载《陶庐丛刻》十,光绪至民国年间刻本。

⑤王树楠:《彼得兴俄记》,载《陶庐丛刻》十,光绪至民国年间刻本,第 3 页。

《希腊学案》4卷采用学案体编撰,梳理古希腊学术思想及传承,介绍古希腊学术、思想、文化、科学,同时进行中西比较,寻求中国文化在世界中的位置。其在介绍希腊文化时,始终以中国传统文化为认知的前提和基础,通过中西方史学发展的对比,"考其时,中西史学皆在东周之后,遥遥相望,后先辉映,讵不奇哉"[①]。《希腊春秋》8卷采用编年体形式,将希腊近两千年历史置于中国历法下,介绍古希腊的政治和文化。他认为"希腊者,欧洲之唐虞也""雅典为泰西之邹鲁"[②],强调中国和希腊是东西方文化的源头。章士钊后来曾欲改其为中小学教材,认为"《希腊春秋》详实有用,将嘱朋僚,比照西文,略加考订,使成学校参考用本"[③]。

通过以上几部欧洲史学著作,王树楠对欧洲政治、军事、经济、学术、思想、文化、科学等诸方面做了系统介绍,并与中国国家、民族的前途和命运相关联,顺应了时代思潮。李肖聃在《湘学略》中将王树楠与黄遵宪、王先谦等人并列,认为这些史学撰述是当时先进的中国人继魏源之后,向西方学习,探索救国救民真理中不可或缺的一部分。[④]

2. 关注西北边疆安全

西方列强对中国边疆地区虎视眈眈,意图染指,严重的边疆危机,引发国人的关注。王树楠熟稔欧洲各国历史,又身在西北,因而尤为关注西北边疆局势。自阿古柏事件之后,沙俄意欲染指我国新疆的意图昭然若揭。为了强化对边疆地区的治理,稳固边防,清政府

---

①王树楠:《希腊春秋》卷4,《陶庐丛刻》二十四,光绪至民国年间刻本,第33页。

②王树楠:《希腊春秋》卷1,《陶庐丛刻》二十四,光绪至民国年间刻本,第1页。

③王森然:《近代名家评传二集》,北京:生活·读书·新知三联书店,1998年,第44页。

④李肖聃:《邵阳学略第十》,载钱基博、李肖聃《近百年湖南学风·湘学略》,长沙:岳麓书社,1985年,第161页。

最终在左宗棠、刘锦棠等人的建议下，于光绪十年(1884)设置新疆省。然而，只要中国积弱的局面没有真正改变，就不可能真正杜绝帝国主义者的觊觎。

日俄战争爆发后，消息传来，立即引起了王树楠的关注，随即通盘谋划西北边疆大局。他认为新疆早为俄国所觊觎，在东北为日本所败，将会转向西北，以谋攫取势力范围，因而提议与英国立约通商以遏制俄国吞并新疆的野心。新疆"东扞长城，北蔽蒙古，南连卫藏，西倚葱岭以为固，居神州大陆之脊，势若高屋之建瓴，得之则足以屏卫中国，巩我藩篱，不得则关陇碍其封，河湟失其险，一举足而中原为之动摇"①，具有非常重要的战略地位。左宗棠曾言："是故重新疆者所以保蒙古，保蒙古者所以卫京师。……而况今之与昔，事势攸殊，俄人括境日广，由西而东万余里，与我北境相连，仅中段有蒙部为之遮阂，徙薪宜远，曲突宜先，尤不可不预为绸缪者也。"②正所谓"新疆有事，则列强哄起相与效尤，天下大势有不堪设想者"③，王树楠敏锐地觉察到"俄人久抱并吞亚洲之志"，而中国与土耳其首当其冲，但随着俄国在克里米亚战争中的惨败，受制于英法等国，丧失了欧洲霸主地位，便转而向远东地区扩张，矛头直指中国。

伴随着中日甲午战争和日俄战争，朝鲜和东北沦为日本势力范围。"东方之势力既入于日本之范围"，使得俄国"不能甘心于我国，别思以所得者偿所失，为桑榆收复之计"，因而"此后新疆之役其必谋所以先人而发者"。面对此种情形，王树楠主张：(1)内修政治，选拔

①钟广生、瑟龠甫：《新疆志稿》卷1，《新疆建置志序》，页1，《中国方志丛书》西部地方第20号，台北：成文出版社，1968年，第9页。

②左宗棠：《遵旨统筹全局折》(光绪三年六月十六日)，左宗棠撰、刘泱泱等校点《左宗棠全集·奏稿六》，长沙：岳麓书社，2009年，第649页。

③王树楠：《陶庐老人随年录》，第388页。

能臣干吏，开发农田水利，注重发展生产，以备绸缪未雨之谋；(2)外结强邻，以联休戚相关之谊。他认为俄国意谋印度，新疆之得失关乎英属印度的安危，必然遭到英国的反对。因而中国可"东联日本之邦交，西缔英人之密好"，利用列强间利益冲突以维护中国的利益。① 王树楠从内政和外交两方面，提出了应对措施，可谓颇有见地。

面对19世纪末以来列强对中国肆意侵凌，纷纷划定势力范围，瓜分豆剖之势，王树楠为中国前途旦夕忧思："今中国西北大势，已在其(俄)掌握之中，吾恐将来求为土耳其，而不可得也。"②正是这种危机忧患意识，使得近代国人越发关注西北边疆安全，并为之摇旗呐喊、出谋划策，回顾王树楠之思想当仍不失其意义。

四、仕学之议

王树楠为官甘肃以"善理财，革弊政"而闻名，光绪三十二年(1906)三月清廷"擢甘肃平庆泾固化道王树楠为甘肃新疆布政使"③。王树楠由四品道员迁升从二品的布政使可谓超擢，仕途前景广阔。这为其在甘肃的仕途画上了圆满的句号，也是对其为官甘肃期间治绩的认可。十年甘肃仕学，不仅重启了王树楠的仕途，也成为他关注西北边疆问题的开始。因而可以说，十年甘肃生涯，既成就了其政声，也为中国近代思想史增添了一抹色彩。

1. 为人豁达，勇于任事，重情义，使其得以拥有良好的人际网络。王树楠以才干而受赏识，然不恃才傲物，而是知恩图报。陶模举荐其任中卫知县，盖赏其才，中卫是冲繁疲的要缺，"直省府州县等缺，地

①王树楠：《陶庐老人随年录》，第386－388页。

②王树楠：《致何善孙》其二，《陶庐笺牍》卷4，《陶庐丛刻》十五，光绪至民国年间刻本。

③《清实录·德宗朝实录》卷557，光绪三十二年三月乙未，北京：中华书局，1987年，第386页。

方之要简不同,人才之优绌各异,必人地相宜,方于吏治民生均有裨益",冲繁疲难四者俱全或兼有三项之缺最为紧要,例由各省督抚"于见任属员内,拣选熟谙吏治、品级相当之员具题调补"[①]。其间不难看到陶模对王树楠的赏识和提拔。王树楠亦勇于政事,不为举荐留非议,尤颇感怀其恩,陶模去世后,即以"陶庐"命名自己的书斋。其后,王树楠无论是因兴修水利而得到崧蕃的赏识,补平庆泾固化道,还是被升允调署兰州道,均不负所委。

2. 正是在甘肃的十年任职经历,使得王树楠"熟习西北形势、户口、蓄耗、财赋丰绌及文治武备"[②],致力于地方各方面建设,兴修水利,发展农业,开办统捐,整顿财税,政绩卓异,推动了清末甘肃地方社会改革和发展。

3. 王树楠作为传统士大夫,"凡公所至,以便民为先,以革弊为要,故所至民喜,所去民思"[③],具有中国传统循吏的典型特征;受时代思潮的影响,又具有相当的新视野、新知识,撰写了一系列欧洲史学著作,顺应了时代潮流。

4. 王树楠于甘肃期间,属意西北边疆局势,并提出切实措施,防范俄国对新疆的蚕食,将经世之学转为实践,值得当代学人所学习。

5. 其政治才干在地方政治实践中得到完美的展示,积累了资历,形成了干练、果敢的风格。"公勇于任事,能为人之不能为"[④],能力得到肯定,进入最高统治者的视野,为其仕途的畅达奠定了基础。

6. 王树楠在甘肃的经历,为其之后在新疆采取的诸项措施奠定

①《清实录·世宗朝实录》卷113,雍正九年十二月戊申,北京:中华书局,1985年,第510页。

②吴闿生:《陶庐诗续集》序,载《陶庐丛刻》二十,光绪至民国年间刻本。

③尚秉合:《新城王公墓志铭》,载汪兆镛:《清代碑传集三编》(二),卷21,监司四,周骏富:《清代传记丛刊》综录类六,第125册,台北:明文书局,1975年,第411页。

④尚秉合:《新城王公墓志铭》,第409页。

了基础,如在新疆垦荒、改革财税、开办实业、兴办教育等。

后人曾议其:“自公出仕即以文学名天下……故人以老师病儒目公,实公之治绩在边陲,其功于斯氏甚大,人反不尽知之。”[①]正因如此,考察王树楠在甘肃的活动,揭开那一段湮没乃至被人遗忘掉的史事,认真思考其所作所为,对王树楠做出中肯全面的评价,铭记其对甘肃以及西北近代开发所做出的贡献,仍具有重要的意义。这种研究也可为我们更深入细致地了解清末甘肃政治、社会状况提供丰富而宝贵的资料。同时,正如王树楠自言“我生值末世,一官走风尘”[②]。通过王树楠个案的分析,也可为我们了解晚清官员的末世心理打开一扇窗户。

①尚秉合:《新城王公墓志铭》,第 407 页。

②王树楠:《由皋兰赴中卫途中即景寄何善孙并简陶拙存》,载《文莫室诗集》卷 8,《陇尘集》,《陶庐丛刻》十九,光绪至民国年间刻本。

清朝国家权力在甘青藏区的黄昏影像

——以光绪三十一年循化厅保九冲突事件为例

米　龙

大凡一个政权初兴之际，锐意进取，开疆拓土，形成统合之势。鼎盛之际，国威煊赫，抚近驭远，莫不来归，可谓事事得心应手。所谓"一叶落而知秋"，至其衰败之时，则处处困顿，虽小莫御。清朝自雍正初年平定罗卜藏丹津，逐渐在甘青藏区踏勘土地，清查人口，次第设立厅县，驻防军队，不断在空间上拓展国家权力。然而在"因其旧俗而治"的思想框架内，清朝对甘青藏区蒙藏等民族的治理，文化权力交由藏传佛教宗教上层，基层社会管理沿用扎萨克、土司与土官制度，并未将国家权力植根于社会有机体内。因而，随着国家权力在甘青藏区的衰弱，不仅对僧俗上层的约束力大不如前，即便对普通社会治安问题亦不能措置自如，甚至漠视、挑战国家权力在地方社会的权威性的事件层出不穷。光绪三十一年发生在循化厅藏区①九房头与保安堡居民间的冲突及其演化为四庄藏民围攻保安堡的事件，就突出地体现了清朝国家权力在甘青藏区的黄昏影像。

①循化厅藏区是指清代由甘肃省西宁府循化厅行使行政、司法、民事等权的藏文化区，地域相当于今"甘肃省甘南藏族自治州之合作市、夏河县、玛曲县与青海省黄南藏族自治州之同仁县、泽库县、河南蒙古族自治县以及海东地区之循化撒拉族自治县南山地区"。见杨红伟：《晚晴循化厅所辖藏区部落冲突与演进》，载《中国藏学》，2009 年第 4 期，第 24 页。

一、循化厅藏区“西番”与保安堡的沿革

清朝平定罗卜藏丹津之乱后，鉴于西番人等自明以来“或为喇嘛耕地，或为青海属人，交纳租税，惟知有蒙古，而不知有厅、卫、营、伍官员”，清政府即“相度地方，添设卫所”，并将“番人心服之头目给与土司千百户、土司巡检等职衔分管，仍令附近道、厅及添设卫所官员管辖”。[①] 雍正四年(1726)，青海都统达鼐会同西宁总兵官周开捷，在循化厅藏区境内清查田土，安插降番，归河州同知管理。乾隆二十七年(1762)，移河州同知于循化营，办理“一切命盗词讼案件”与“番民完纳粮赋”事宜，由此而称“循化厅”[②]。

其时，循化厅所辖区域，以积石关为界，称口内12族，口外撒拉回民8工、西番49寨、南番21寨、保安4屯。西番49寨，即包括今天青海省循化撒拉族自治县、同仁县与泽库县的各藏族部落，即所谓“西番、南番皆吐蕃之遗种也。吐蕃在唐而盛，至宋而衰。其后转相分析，自成部落，散处西宁、河州口外”[③]。“寨”即部落的别称。部落大小不同，故有千户部落、百户部落的区分。又因地缘与宗教的关系，部落之间结成各种形式的部落联盟。九房头即为恩沾木(藏语音译，又作银占木等)，千户部落七庄之一，归上龙布十八寨总管昂管理。龙布即藏语音译，通常译为隆务，意即农业区；故上龙布十八寨总管昂，又称隆务昂。

隆务昂家族兴起于元代，并在隆务河流域创建了著名的隆务寺。起初，隆务寺信奉萨迦派教法，采取家族内部的叔侄相传的方式，在隆务河流域建立起政教合一制度。明代后期，隆务寺改宗格鲁派，采

---

①《西藏研究》编辑部：《清实录藏族史料》第7册，拉萨：西藏人民出版社，1982年，第332页。

②〔清〕龚景瀚：《循化志》，李本源校，西宁：青海人民出版社，1981年，第30页。

③〔清〕龚景瀚：《循化志》，第169－170页。

取活佛转世制度，以夏日仓活佛世系为寺主，总掌政教大权。但实际上，由于传统的关系，在夏日仓活佛与隆务昂之间形成了分工，前者主管宗教事务，后者管理俗世，两者相得益彰。随着隆务寺所属子寺的不断增加，隆务昂的管辖权也不断扩大，至清朝年间，隆务昂俨然成为区域社会的部落联盟首领，管理着整个隆务河流域的大小部落。循化厅成立后，清政府即册封夏日仓活佛为诺门罕，令隆务昂管理隆务河流域。

在清朝因俗而治的政策之下，循化厅“西番”社会呈现出浓厚的部落性与宗教性色彩。部落性表现为“部落始终是人们的界限，无论对别一部落的人来说或者对他们自己来说都是如此：部落、氏族及其制度，都是神圣而不可侵犯的，都是自然所赋予的最高权力，个人在感情、思想和行动上始终是无条件服从的”①；而“凡是部落以外的，便是不受法律保护的。在没有明确的和平条约的地方，部落与部落之间便存在着战争，而且这种战争进行得很残酷，使别的动物无法和人类相比”②。宗教性则表现为两个方面：一是古老的苯教文化根深蒂固，春种秋收、婚丧嫁娶无不受其诸多仪轨的影响和制约，尤以每年农历六月的“六月会”祭祀活动最为隆重③；二是藏传佛教的广泛传播，并糅合苯教及民间信仰的神灵，渗透到民众的日常生活的各个方面，尤其是独具特色的活佛崇拜色彩非常浓厚。

保安堡始建于明代前期，初为保安站，后设保安操守所，毗邻恩

①中共中央马克思恩格斯列宁斯大林著作编译局编译：《马克思恩格斯全集》第 21 卷，第 112 - 113 页。

②中共中央马克思恩格斯列宁斯大林著作编译局编译：《马克思恩格斯全集》第 21 卷，第 112 页。

③陈景源、庞涛、满都尔图：《青海省同仁地区民间宗教考察报告》，载《西北民族研究》1999 年第 1 期，第 56 - 73 页。

沾木部落。清初，保安堡设守备 1 名，驻军 120 人。[①] 雍正七年(1729)，川陕总督岳钟琪因“西宁镇属河州保安堡地方孤处口外，四面环番”，奏请“于撒喇地方安设营汛，弹压化诲、教养训练”。[②] 同年七月，清政府应请“添设陕西河州协游击一员、千总一员、把总二员、兵八百名，驻扎萨拉地方”[③]，称“循化营”，以保安营属之。乾隆四十六年(1781)设西安将军，移河州协，恢复河州镇；裁循化营游击，“改设参将一员、中军守备一员、千总把总各一员、额外外委二员”，又“增设保安营把总一员”[④]。其时保安营额设都司 1 人，把总 2 人，经制外委把总 2 人，额外外委 2 人，兵 520 人，内马兵 50 人、步兵 100 人、守兵 350 人、屯防兵 20 人。[⑤] 随着保安营的设置及其驻军规模的不断扩大，保安堡汉人与穆斯林数量逐渐增多。因而，保安堡不仅成为清朝在隆务河流域经营的军政中心和深入藏区的前哨，同时也成为不同族群接触与交流的前沿。

汉文化、伊斯兰文化、藏文化在保安堡相接，汉族、回族、保安族、撒拉族、藏族、土族在此相聚，相应地，不同的社会组织形式亦在此接触。由此，活动在保安堡附近的人们，作为负载着特定族性、文化性与社会组织特点的社会行动者，难免会产生各种各样的龃龉。因而，如何避免纠纷的发生、避免纠纷扩大为社会冲突，以及如何处理纠纷，就成为摆在循化营、循化厅与保安营面前的一道难题，成为考量其在区域社会内行使国家权力效能的重要标准。

---

①［清］王全臣：《河州志》卷 1，康熙四十六年木刻本，第 17 页。

②［清］龚景瀚：《循化志》，第 26 – 27 页。

③《西藏研究》编辑部：《清实录藏族史料》第 1 册，拉萨：西藏人民出版社，1982 年，第 338 页。

④［清］安维峻总纂：《甘肃全省新通志》卷 41《兵防治 · 兵志》，载《中国西北文献丛书》第一辑，第 402 页。

⑤［清］龚景瀚：《循化志》，第 93 – 100 页。

二、保九冲突事件的经过

保九冲突是光绪三十一年(1905)保安堡居民与以九房头为首的当地藏民,因在“六月会”上发生口角而引发的一次社会冲突事件。所谓“六月会”,因每年六月中下旬举行而得名,藏语称“鲁若”,意为六月的祭神盛会。“六月会”在整个隆务河流域的藏、土族群中具有重大影响,每年六月十七日从四合吉村开始,然后次第展开。祭祀的对象以山神和保护神为主,其中最普遍的保护神就是二郎神。各个村庄“六月会”的祭祀活动由法师(藏语称拉哇)主持,盖因“法师具有神可附体的灵性,神附体后可替神传谕”①,俗称“发神”。在整个祭祀期间,法师成为世俗社会的领导者。

保安堡城西,有一座由来已久的二郎庙,即为城外麻巴部落以九房头为首,包括尕济墩、下拉巴图、石哈龙等四庄藏民的祭祀之地。每年农历六月二十三日,四庄村民即在法师的带领下,汇聚二郎庙,举行盛大的祭祀活动,引来附近村镇居民围观。光绪三十一年六月二十三日,“九房头、尕济墩、下拉巴图、石哈龙四庄番子在二郎庙跳会,汉番聚观,适汉民石得福亦如番巫发神,伊表兄刘成向前责殴不应为此。番众见之不服,经汉番老人劝阻各回。汉人有转至河滩东岸率家巷口者,正番子迎神过身,彼此詈言,飞石互击,打伤九房头番子四名”。② 事情的起因为,大概在围观的汉民看来,由汉民发神不合规矩,故有“汉人刘成嫌石得福为合什跳神,口角撕扭”③;而在番民看

①薛艺兵:《青海同仁六月会祭神乐舞的结构与意义》,载《民族研究》2003 年第 1 期,第 65 页。

②《甘肃按察使、布政使就保安汉番冲突给循化厅的札》,青海省档案馆,档案号:7 - 永久 - 3052。

③《循化厅为查办保安汉番械斗给甘肃臬、藩宪台上的禀》,青海省档案馆,档案号:7 - 永久 - 3052。

来,祭祀期间本来就可能存在多个法师,为众神的代言人,石得福既然能够发神,必为神所选定,即为法师,就不能禁止他跳神。因而在番民看来,汉人的行为无疑是"将法师用石打了,会场闹了"[①]。在会场中,双方的冲突为汉番老人制止,祭祀活动得以进行。然而,双方在迎神的过程中再次发生冲突,就为事件的扩大化埋下了祸根。

堡内乡绅得知这一消息后,心知惹下麻烦,赶紧商议对策。次日,乡绅"前往九头房讲说,即在会上闹事之少年均须查明罚处,不可寻仇,该番目等亦已答应。讵绅耆等回城后,忽九房头吉旦本、七苟他等带领番众扑至北关厢房,打毁一店,抢去寄居之王姓家俱货物等件,旋又抢去磨面妇人衣服粮食驴头,践踏菜园数处。从此两造成仇,断绝往来"[②]。为了缓和双方的矛盾,保安营都司刘贵和随即派"城中两个副爷、五爷及麻巴当卡庄红布从中当乡",又请麻巴千户与"替尕滩老僧们当乡"[③]。因而,在接下来的20余日,表面上看起来似乎双方的冲突已经平息下来。

然而,由于在赔偿的问题上并没有达成一致的协议,隐藏着的矛盾进一步激化了。到了"七月十五日早城中放牲畜出牧,番子忽来抢去骡子卅七头、驴十七头、牛十八条,另有过客贩羊八只亦被抢去。汉人闻知,即出阻挡,杀毙番子法师一人,汉人赵闯遇左臂带枪伤一处。十七日城内背水被番子枪杀韩福一人"[④]。堡内居民无意当中杀毙法师,进一步激怒了四庄藏民。是日夜晚九房头"杨华、七旬他已

---

①《九房台为与保安城内的冲突上的番禀》,青海省档案馆,档案号:7-永久-3050。

②《甘肃按察使、布政使就保安汉番冲突给循化厅的札》,青海省档案馆,档案号:7-永久-3052。

③《九房台为与保安城内的冲突上的番禀》,青海省档案馆,档案号:7-永久-3050。

④《甘肃按察使、布政使就保安汉番冲突给循化厅的札》,青海省档案馆,档案号:7-永久-3052。

作云梯，率领番众，自亥时至寅鸣枪四路攻围，妇女等一夜惊惶莫息，兵民等俱各操戈待旦。至十六日自辰至申围困甚紧，其北路原系咽喉，该下拉巴图番众围定大道，其阜高愈城壁，鸣枪如雷，子落如雨，街巷不敢行走"。[①] 九房头对保安堡的包围，对堡内居民的生计产生了严重影响。首先是日常用水无法保障，"四面攻城，断绝水路，民心惶报，哀声盈巷。自本月十五日闭城，正值两黄不接之际，有无不齐，惶恐太甚，梗绝水路，惶上加惶。人畜渴得半死半活，于十七日合城兵民，任死而出，实得渴死，莫如杀死。势急无奈，男妇出城取水，该尕济墩叛贼等高山望见取水，追至河畔，寡不敌众，枪伤兵丁二名，一伤略轻，一伤极重，朝夕九死一活"[②]。其次是庄稼无法收割，"在田者不得收，在场者不得碾，禾穗芽烂，一若镜花水月"[③]。

无奈之下，堡内居民冒死突围，向循化厅求救："泣恳公祖大人怜悯子民性命，大发慈悲，迅速拨队以济涸鲋而救残生，引领翘首，若望云霓，则地方幸甚，老弱幸甚。"[④]循化厅不敢怠慢，随即一面上报省、府，一面派把总张良栋与总役杨荣材、马元等前往弹压。十九日把总等到保，会同替尕滩寺工拭卜（意即管家）弹压。次日，把总等人会同隆务寺寺主夏日仓活佛工拭卜及隆务昂管家同往九房头讲和。当中城内居民出城背水，因兵丁林茂之妻唐氏落后，又被九房头番民枪伤左乳，韩双喜水磨一盘亦被拆毁。随后把总等与工拭卜等公议"城中

①《保安城绅民为九房头等番民围城上循化厅的禀》，青海省档案馆，档案号：7－永久－3067。

②《保安城绅民为九房头围城断水上循化厅的禀》，青海省档案馆，档案号：7－永久－3067。

③《保安城绅民为九房头围城断水上循化厅的禀》，青海省档案馆，档案号：7－永久－3067。

④《保安城绅民为九房头等番民围城上循化厅的禀》，青海省档案馆，档案号：7－永久－3067。

与九房头纳出银叁千两,杂色布廿五匹,作为亡魂念经超度之费,使将骡驴牛羊一并退回两造,暂行各收庄稼。廿二日把总等将此项银两布匹送往九房头,闻番子已宰食牛三条,户主拉去骡子十头,转告汉人以此短数,先不答应。把总等只得将银布送还汉人,回营销差"①。

接到回报,循化厅同知王开斌决定二十七日亲往保安堡进行处理。不料二十八日循化厅同知一行甫抵保安堡外,"尚未抵馆,绅耆老幼男妇等齐候北门外,祝香跪迎。厅主乘轿徐行,而合营官弁、众姓人等恭迎",不料四庄番民突至,"一股由南门力进,一股由教场口攻进,一股由西北菜园一带攻进。枪中串通王锡之衣袖,幸未中伤"②。可见四庄番民本意三面攻进保安堡,不期循化厅同知一行到来,遂放弃攻击。至此,保九冲突暂告一段。

三、循化厅对保九冲突的处理

保九冲突初起,王开斌原以为按照惯例,调隆务昂及当地各部落头人当乡,即可很快平息事端。不料事情的发展远远超过了他的预料,因而到达保安堡当日,即责怪堡内居民:"无端起衅,前后伤彼六人,杀毙一人,致滋焚拆水磨,枪伤背水男妇三人。又彼此竖旗放枪骂詈,不能出城收获,倘不为麦錙铢唐突乡老,断不决裂至此。即后短交牲畜,能听乡老之言,亦不至月久不了,是在有心滋蔓。"③同时,他又与刘都司商议,"谕调隆务昂锁并原办乡老屡次谕调九房头三庄

①《甘肃按察使、布政使就保安汉番冲突给循化厅的扎》,青海省档案馆,档案号:7－永久－3052。

②《循化营参府为奉查保九冲突具的移》,青海省档案馆,档案号:7－永久－3051。

③《循化厅为查办保安汉番械斗给甘肃臬、藩宪台上的禀》,青海省档案馆,档案号:7－永久－3052。

为首起事各犯”[①]。八月初一、初二,隆务昂与麻巴千户相继到达保安堡,进行调停。一切看起来均向结案的方向发展。然而到了初五日,循化厅票传两造头人,将各起事凶犯交案质讯,并没有得到双方的响应。更为意料之外的是,夏日仓管家等因彼番等恃刁而去,千户也借口有病在身回家。

王开斌眼见调解无望,随即以武力解决进行恫吓,引起四庄番民恐慌,头人始来保安堡。他又进一步威胁道:“此次目无王法,未必中无良民,第一经大兵,玉石俱焚;若或逃走,不仅房产树木一并充公,任人承领,不得复为己有,且出赏格通拿,何处活命?现在只欲缴出刀枪,荡平铁城山土圈,娘娘山土坑,将滋事首要各犯,赶紧交出,不欲人人皆到。如有冤抑,准即伸雪,命价亦照番规议结给。”[②]在隆务昂的主持下,四庄番民答应退出部分抢来的牲畜、财物,对于毁坏等物亦分别照赔。然而,堡内居民并不能接受赔给四庄400两白银的命价。王开斌、刘贵和反复劝说无效。此时,隆务昂亦因堡内居民不接受所议命价及凶犯不能到案,悻然离去。

无奈之下,循化厅只得考虑真正借助武力。经与保安营都司刘贵和、循化营参府谭应春商议,王开斌随即上报陕甘总督,请河州镇予以支持。河州镇随即委派罗管带率领马步军士,于八月二十八日抵达保安堡。以武力作为后盾,循化厅的态度明显强硬起来,谕令隆务昂、麻巴千户、四屯红布来保安堡。九月十二日,再次谕令众乡老3日内按名将传票内各案犯送至保安堡。然而,至十七日,差役回报,要犯杨华、七荀他已逃。得知此信,循化厅极为恼火,于十九日谕令

①《循化营参府谭为保九冲突移请事》,青海省档案馆,档案号:7-永久-3083。

②《循化厅为查办保安汉番械斗给甘肃臬、藩宪台上的禀》,青海省档案馆,档案号:7-永久-3052。

夏日仓管家及新旧昂:"似此情形显系受贿故纵,殊堪痛恨。仍应勒令即日交出,以凭讯明究惩而结斯案,合行谕饬,谕致仰管家昂锁等遵照即将此案要被杨华、七荀他二犯刻速交出,勿得延误,致干重咎。"[①]至九月二十二日,"九房头三庄二十余人到案,首犯七荀他等数犯,抗不到案。循化厅因会商罗管带并标下将汉番两造已经到案人等三十余人,各责打三十,当将汉民九名开放,其番子二十余人交差管押。"[②]循化厅只得再次退后期限,谕令各乡老及四庄头目,于十月三日将首犯解到。

然而至期,要犯仍未解到。此时循化厅因另有要事须返回循化,只得于初四日仓促审断,令双方签下和解甘结。甘结内容为:(1)除将为首滋事之汉民张四辈等9人,番民杨华等29人分别责惩外,所有番民抢掠汉民牲畜、衣服、菜园、粮面均着乡老、昂等查明退赔清楚;(2)番民共赔给汉民银223两5钱,汉民给番民共赔银289两;(3)令该两造交出凶器连存厅库,以靖地方,日后共敦和好;(4)约束年少不再无事生非。[③]

至此,表面上看来,保九冲突已得到解决,而实际上只是未了之案。循化厅于离开之际,曾吩咐众乡老将首犯解到后再行结案,而扣押之番民方得释放,并委托罗管带与刘都司代为处理。然而未及首犯到案,罗管带即将在押各犯释放,于十月初八带队回防。

四、国家权力在少数族群地区的末世景象

在循化厅藏区,保九冲突并不是一起罕见的社会冲突。与光绪

---

①《循化厅等为缉拿九房台要犯给隆务寺管家等的会谕》,青海省档案馆,档案号:7-永久-3053。

②《循化营参府谭为保九冲突移请事》,青海省档案馆,档案号:7-永久-3083。

③《保安、九房台为结案所据甘结》,青海省档案馆,档案号:7-永久-3055。

朝以来发生的其他社会冲突事件一样,其处理充满曲折起伏,其中固然折射出该区域社会特殊的权力结构及区域社会特点,但无论是作为冲突的对象,还是最终处理的结果,都使其与以往的社会冲突具有了方向性的改变,可以看作是清朝国家权力整体没落在少数族群地区的反映。

从区域社会的特点来说,在部落社会中,道德标准的相对性,使其呈现出典型的部落道德的性质。所谓"部落的道德",著名藏学家于式玉指出:"部落社会只有在部落以内才有道德和法律可言;部落以外,便惟力是视了。这种对内始讲道德,对外毫无道德可言的情形,在文学上叫作'部落的道德'。在部落道德之中两部落间有人发生纠纷,负责的不是当事人,而是他所隶属的部落全体。……集体的责任与部落的道德状态之下,没有'一人做事一人当'的观念——至多只有人情,只有循环报复而已。"[①]受此影响,循化厅藏区的部落间关系,特别是冲突一旦产生,就会演变为持续的循环报复,从而使循化厅藏区的社会冲突成为一种常态。[②]

在清朝"行黄教,即所以安众蒙古"的宗教政策影响下,使得藏传佛教寺院,特别是宗主寺院获得广泛的社会认同和牢固的社会基础,并与部落权力结合在一起,具有举足轻重的地位。在隆务河流域,完全是隆务寺的宗教范围,这"使隆务寺掌握着对区域社会的超强控制,使其宗教影响渗透到社会生活的各个方面,产生了因宗教控制而具有的各种利益。隆务寺由此成为区域社会的宗教中心、政治中心、

①于式玉:《于式玉藏区考察文集》,北京:中国藏学出版社,1990 年,第 17 - 18 页。

②杨红伟:《晚清循化所辖藏区的部落冲突与演进》,载《中国藏学》2009 年第 4 期,第 25 页。

教育中心、经济中心和社会生活中心"[①]。作为隆务寺政教集团对外事务的代言人,昂就成为处理各种社会纠纷不可或缺的核心人物。

以上两方面,部落制度依靠传统得以长期维持,宗教权力则凭借文化权力的优越性不断得以扩展。而与此相反,则是清朝的日益没落。自近代以来,清朝不仅在对外关系中丧权辱国,导致中国自身日渐积弱;即便在区域社会中,也因各族人民的不断反抗,统治日渐乏力。此点,正如同年查办番案委员甘肃候补道欧阳乐清所言:"伏查西宁府属四厅三县,均有土番,向以耕牧为业,星罗棋布,族类繁多。与蒙番、撒拉互相杂处,习尚大略相同。性极愚悍,动辄兴戎,往往以雀鼠细故,报复相寻。每经官查办,今年办结,明年又以他事相争,以致从前办结案件,一律据为口实,俗谓是有说词。此番案之所以不解办绝,因后案而揩前案也。若图办绝,是在地方文武,随案随办,遵办则结,否则惩办一次。如道光二十六年,前督宪布、青海达惩办循化南番黑错一案;光绪元年前督宪左惩办循化南番隆哇,光绪五年惩办循化西番什吉仓两案;光绪十二年前督宪谭惩办贵德阿拉乎等族一案,至今各族番言之犹复觳觫。但近以时势多艰,在各番族,以为势难兼顾,妄自鸱张。"[②]

时移势易,政府在处理循化厅藏区的社会冲突时,武力只是一种恫吓的手段,实际上并不具备实践上的可能性。这就进一步增强了政府在处理地方冲突时,对地方势力的依赖性。故在具办保九冲突时,曾调"隆务昂锁僧俗四屯头目,并恩占木千户七庄头目等五六十

---

①韦明、杨红伟、妥超群:《冲击与反弹:基督教与藏传佛教的早期遭遇》,载《兰州大学学报》(社会科学版)2010 年第 1 期,第 101 页。

②《查办番案委员甘肃候补道欧阳乐清关于查办番案的意见》,青海省档案馆,档案号:7 - 永久 - 3024。

人”[①]作为依赖,否则即寸步难行。由此,更增加了地方势力对清朝的怠慢之情。

清朝国家权力在少数族群地区削弱的另外一个表现,就是驻军的大量减少。地方政府的政治权威本来就不足以震慑或者压制各部落之间的冲突,“不得不依赖军事上的强制力维护统治”[②]。而同治回民大起义被镇压后,左宗棠“以国家养兵至二百余年,而仓卒时曾不得一兵之用,非尽兵不足恃,亦由饷糈太薄不能得其死力。于是疏请裁兵增饷,一举而汰之者几四万人……继而光绪年间再汰冗兵,今之所存视原额殆十分之二”[③]。受此影响,循化三营的兵额亦大大下降,其中循化营所余马兵36人,步兵69人,守兵66人,马15匹;保安营马兵19人,步兵88人,守兵120人,马10匹;起台堡营马兵14人,步兵30人,守兵29人,马10匹。由此可见即便从军事上来说循化厅也已经不占优势。

循化厅对保九冲突的草草结案,则进一步加剧了国家权力权威性在区域社会的衰落。这一点正如刘贵和向谭应春指出的那样:“现罗管带回防,千户、乡老等俱各星散,该首犯七荀他等恐愈难到案。并各番庄门首经路汉民尚不能行走。昨初九日据传号王怀英报称,隆务复挡阻汉商辛八十一等八人;初十日又报称九房头番子打伤城内汉民王八十、安凤二人。标下亦无如何。”[④]

保九冲突的处理过程,实质上即为以循化厅、保安营为代表的国家权力与以隆务昂、九房头为代表的地方社会间的博弈。博弈的参

①《循化营参府谭为保九冲突移请事》,青海省档案馆,档案号:7-永久-3083。

②杨红伟:《晚清循化藏区的权力运作机制》,载《江汉论坛》2008年第6期,第76页。

③〔清〕安维峻总纂:《甘肃全省新通志》卷41《兵防治·兵志》,载《中国西北文献丛书》第一辑,第403页。

④《循化营参府谭为保九冲突移请事》,青海省档案馆,档案号:7-永久-3083。

与者均对双方的力量做出权衡,并相应地改变自己行动的方向和力量的强度。因而,双方力量的对比,或者其中一方力量的变化,对于其中的博弈参与者,感觉最为灵敏,做出的反应也最为直接。在保九冲突和事后的处理过程中,无论是循化厅的妥协,还是强自恫吓,均表现为控制力的减弱。与此相反,藏传佛教势力则凭借强有力的文化资源垄断,不仅牢牢控制着地方社会,还在与清朝国家权力的博弈中占有越来越多的优势。至此,可以清晰地显示出清朝国家权力在循化厅藏区已呈现出黄昏的影像。同时,在保九冲突中,我们还可认识到各族际文化、习俗各有不同,因而族群间的交流应该尊重双方的文化与习俗;同时作为国家机构在解决族际冲突时,也必须充分地考虑到族际文化差异。唯有如此,族群间才能和睦相处,国家权威也才能得以充分维护和发挥。